CÉLIA PASSOS & ZENEIDE SILVA

Coleção Eu gosto m@is

INTEGRADO

CÉLIA PASSOS

Cursou Pedagogia na Faculdade de Ciências Humanas de Olinda, PE, com licenciaturas em Educação Especial e Orientação Educacional. Professora do Ensino Fundamental e Médio (Magistério), coordenadora escolar e autora de materiais didáticos.

ZENEIDE SILVA

Cursou Pedagogia na Universidade Católica de Pernambuco, com licenciatura em Supervisão Escolar. Pós-graduada em Literatura Infantil. Mestra em Formação de Educador pela Universidade Isla, Vila de Nova Gaia, Portugal. Formação em *coaching*. Professora do Ensino Fundamental, supervisora escolar e autora de materiais didáticos e paradidáticos.

VOLUME 3
EDUCAÇÃO INFANTIL

LINGUAGEM • MATEMÁTICA
NATUREZA E SOCIEDADE

5ª edição
São Paulo – 2022

IBEP

Coleção Eu Gosto M@is
Educação Infantil – Volume 3
© IBEP, 2022

Diretor superintendente	Jorge Yunes
Diretora editorial	Célia de Assis
Assessoria pedagógica	Daisy Asmuz, Mariana Colossal
Edição e revisão	RAF Editoria e Serviços
Produção editorial	Elza Mizue Hata Fujihara
Assistente de produção gráfica	Marcelo de Paula Ribeiro
Assistência editorial	Isabelle Ferreira, Isis Lira
Iconografia	RAF Editoria
Ilustrações	Carlos Jorge Nunes, Conexão Editorial, Imaginario Studio, José Luis Juhas/Ilustra Cartoon, Vanessa Alexandre
Capa	Aline Benitez
Projeto gráfico e diagramação	Nany Produções Gráficas

5ª edição – São Paulo – 2022
Todos os direitos reservados

DADOS INTERNACIONAIS DE CATALOGAÇÃO NA PUBLICAÇÃO (CIP) DE ACORDO COM ISBD

P289e   Passos, Célia

Eu gosto m@is: Linguagem, Matemática, Natureza & Sociedade / Célia Passos, Zeneide Silva. - 5. ed. - São Paulo : IBEP - Instituto Brasileiro de Edições Pedagógicas, 2022.
416 p. : il. ; 20,5 cm x 17,5 cm. - (Eu gosto m@is ; v.3)

Inclui bibliografia.
ISBN: 978-65-5696-247-4 (aluno)
ISBN: 978-65-5696-248-1 (professor)

1. Educação infantil. 2. Livro didático. I. Silva, Zeneide. II. Título. III. Série.

2022-2477	CDD: 372.2
	CDU: 372.4

Elaborado por Odilio Hilario Moreira Junior - CRB-8/9949

Índice para catálogo sistemático:
1. Educação infantil: Livro didático 372.2
2. Educação infantil: Livro didático 372.4

IBEP   **ABDR**

Rua Gomes de Carvalho, 1306 - 11º Andar - Vila Olímpia
São Paulo/SP - CEP 04547-005 Brasil
Tel.: (11) 2799-7799 - www.grupoibep.com.br/
Impressão - Gráfica Mercurio - Setembro de 2024

MENSAGEM AOS ALUNOS

QUERIDO ALUNO, QUERIDA ALUNA,

ESTE LIVRO FOI ESPECIALMENTE PREPARADO PARA VOCÊ QUE AVANÇA NA SUA VIDA ESCOLAR.

NELE, VOCÊ ENCONTRARÁ MUITAS ATIVIDADES QUE VÃO AJUDÁ-LO(A) A CONHECER MELHOR O LUGAR ONDE VIVE.

O LIVRO TRAZ ATIVIDADES PARA VOCÊ DESENVOLVER AINDA MAIS SUA CAPACIDADE DE COMUNICAÇÃO, A COORDENAÇÃO DOS MOVIMENTOS, O CONHECIMENTO DAS LETRAS E PALAVRAS, DOS NÚMEROS, DO SEU CORPO E DA NATUREZA, ALÉM DE POSSIBILITAR MUITAS BRINCADEIRAS COM OS COLEGAS.

APROVEITE BEM ESTE LIVRO E CUIDE DELE COM CARINHO. ELE SERÁ SEU COMPANHEIRO NO DIA A DIA.

UM GRANDE ABRAÇO,

AS AUTORAS

SUMÁRIO

LINGUAGEM **5**
MATEMÁTICA **165**
NATUREZA E SOCIEDADE **295**

ALMANAQUE **377**
ADESIVOS **409**

LINGUAGEM

SUMÁRIO

LIÇÃO/CONTEÚDO	PÁGINA
1. CANTIGAS E BRINCADEIRAS	7
2. NOMES	12
3. O ALFABETO	16
4. AS VOGAIS	21
VOGAIS CURSIVAS	25
ENCONTROS VOCÁLICOS	28
5. LETRA B (BONECA)	31
6. LETRA C (COBRA)	37
7. LETRA D (DOMINÓ)	45
8. LETRA F (FOCA)	52
9. LETRA G (GALO)	59
10. LETRA H (HIPOPÓTAMO)	66
11. LETRA J (JACARÉ)	70
12. LETRA K (KIRIKU)	77
13. LETRA L (LEÃO)	81
14. LETRA M (MAMÃO)	90
15. LETRA N (NUVEM)	96
16. LETRA P (PAPAGAIO)	104
17. LETRA Q (QUINTAL)	111
18. LETRA R (RATO)	116
19. LETRA S (SAPO)	123
20. LETRA T (TATU)	133
21. LETRA V (VACINA)	141
22. LETRA W (WILSON)	149
23. LETRA X (XISTO)	151
24. LETRA Y (YARA)	157
25. LETRA Z (ZEBRA)	159

LIÇÃO 1

CANTIGAS E BRINCADEIRAS

- CANTE COM A PROFESSORA E OS COLEGAS.
- CUBRA OS TRACEJADOS E PINTE O PEIXE.

PEIXE VIVO

COMO PODE O PEIXE VIVO
VIVER FORA DA ÁGUA FRIA?
COMO PODE O PEIXE VIVO
VIVER FORA DA ÁGUA FRIA?
COMO PODEREI VIVER,
COMO PODEREI VIVER
SEM A TUA, SEM A TUA,
SEM A TUA COMPANHIA?
SEM A TUA, SEM A TUA,
SEM A TUA COMPANHIA?

DOMÍNIO PÚBLICO.

- O PEIXE PODE VIVER FORA DA ÁGUA? POR QUÊ?
- VOCÊ GOSTA DE ESTAR NA COMPANHIA DE QUEM?

OBSERVE SEU CRACHÁ E ESCREVA SEU NOME NO TEXTO DA CANTIGA.

A CANOA VIROU

A CANOA VIROU

POIS DEIXARAM ELA VIRAR

FOI POR CAUSA DO(A) _____

QUE NÃO SOUBE REMAR.

DOMÍNIO PÚBLICO.

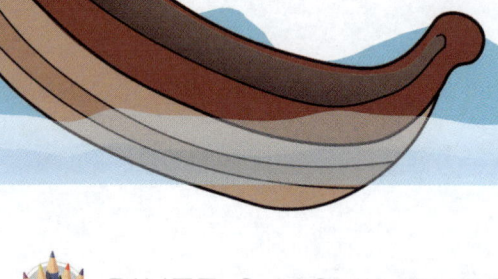

PINTE O MOVIMENTO DOS PEIXINHOS.

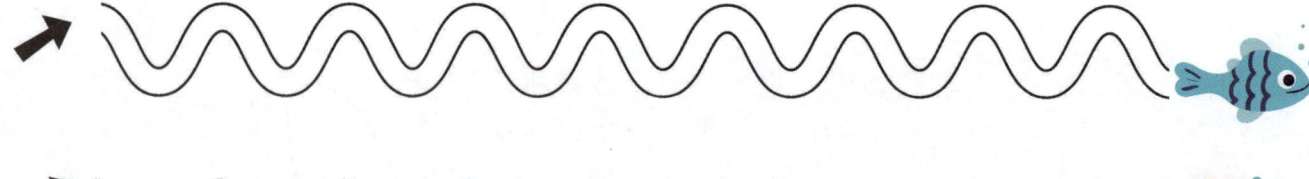

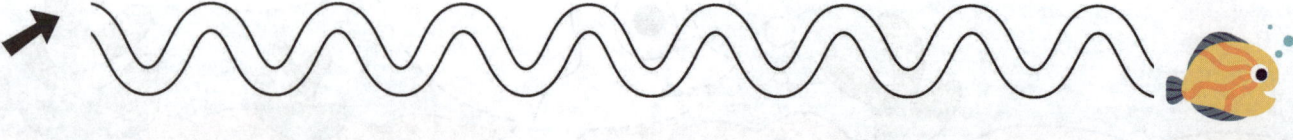

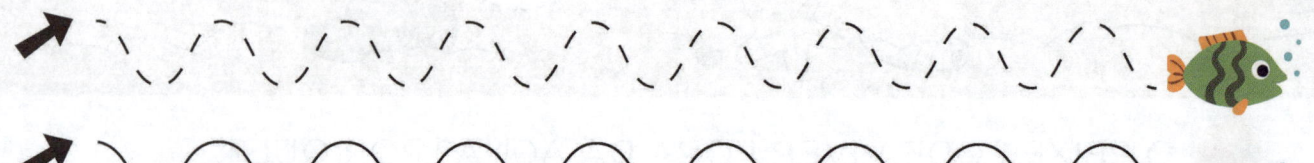

FREEPIK

🗨️ CANTE COM A PROFESSORA E OS COLEGAS. UM DE CADA VEZ VAI ENTRAR NA RODA.

CIRANDA, CIRANDINHA

CIRANDA, CIRANDINHA
VAMOS TODOS CIRANDAR!
VAMOS DAR A MEIA-VOLTA
VOLTA E MEIA VAMOS DAR.

O ANEL QUE TU ME DESTES
ERA VIDRO E SE QUEBROU
O AMOR QUE TU ME TINHAS
ERA POUCO E SE ACABOU.

POR ISSO, _____,
ENTRE DENTRO DESTA RODA,
DIGA UM VERSO BEM BONITO,
DIGA ADEUS E VÁ-SE EMBORA.

DOMÍNIO PÚBLICO.

✏️ ESCREVA SEU NOME NO TEXTO DA CANTIGA.

TRABALHANDO IMAGENS

🔍 OBSERVE A PINTURA DE RICARDO FERRARI.

RICARDO FERRARI

BRINCADEIRAS DE CRIANÇA, DE RICARDO FERRARI, 1951. ÓLEO SOBRE TELA, 120 CM x 190 CM.

💬 O QUE VOCÊ OBSERVOU NA PINTURA?

💬 O QUE AS CRIANÇAS ESTÃO FAZENDO?

💬 VOCÊ CONHECE ALGUMA DAS BRINCADEIRAS REPRESENTADAS POR RICARDO FERRARI?

✏️ CIRCULE NA PINTURA AS CRIANÇAS QUE BRINCAM DE PULAR CORDA.

💬 VOCÊ CONHECE ALGUMA CANTIGA PARA BRINCAR DE PULAR CORDA?

OBSERVE AS IMAGENS ABAIXO.

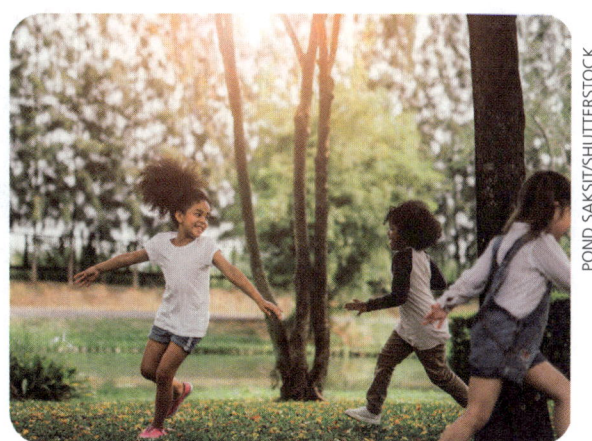

O QUE AS CRIANÇAS ESTÃO FAZENDO?

QUAL É O NOME DA SUA BRINCADEIRA PREFERIDA?

DESENHE SUA BRINCADEIRA PREFERIDA.

LIÇÃO 2

NOMES

OUÇA A LEITURA DA PROFESSORA.

> O NOME DO MEU AMIGO
> FOI O AVÔ QUE ESCOLHEU.
> NÃO É ROGÉRIO NEM RODRIGO.
> O NOME DELE É ROMEU.
>
> CADA UM TEM UM NOME
> ESCOLHIDO COM CARINHO.
> JOSÉ, CARLA, CAROL, AMANDA,
> QUAL É SEU NOME, AMIGUINHO?
>
> TEXTO ESCRITO PELAS AUTORAS.

RODRIGO	JOSÉ
AMANDA	ROMEU
CAROL	CARLA

QUEM ESCOLHEU O NOME DO AMIGO NO POEMA?

QUEM ESCOLHEU SEU NOME?

TRABALHANDO O TEXTO

REPITA COM A PROFESSORA OS NOMES CITADOS NO TEXTO.

ROGÉRIO   RODRIGO

ROMEU   JOSÉ

CARLA   CAROL

AMANDA

VOCÊ CONHECE ALGUÉM COM ESSES NOMES?

USE OS CRACHÁS E COPIE O NOME DE TRÊS COLEGAS DA TURMA.

RECORTE DE REVISTAS AS LETRAS QUE FORMAM SEU NOME. COLE-AS NO ESPAÇO ABAIXO, NA ORDEM CORRETA.

A PROFESSORA VAI LER AS PALAVRAS DO QUADRO. ASSINALE AS FIGURAS CORRESPONDENTES.

| AVIÃO | BOLO | CACHORRO | BONECA |

CIRCULE AS FIGURAS QUE TÊM O NOME INICIADO PELO MESMO SOM DA FIGURA EM DESTAQUE.

LIÇÃO 3

O ALFABETO

O ALFABETO É FORMADO POR 26 LETRAS. AS LETRAS **A, E, I, O, U** SÃO CHAMADAS **VOGAIS**. AS DEMAIS SÃO CHAMADAS **CONSOANTES**.
O ALFABETO PODE SER ESCRITO EM LETRAS **MAIÚSCULAS** OU **MINÚSCULAS**.
CADA LETRA DO ALFABETO TEM UM SOM.

RECITE COM OS COLEGAS AS LETRAS DO ALFABETO E DESCUBRA SEUS SONS.

Aa	Bb	Cc	Dd	Ee	Ff
Gg	Hh	Ii	Jj	Kk	
Ll	Mm	Nn	Oo	Pp	
Qq	Rr	Ss	Tt	Uu	
Vv	Ww	Xx	Yy	Zz	

✏️ COMPLETE O ALFABETO COM AS LETRAS QUE ESTÃO FALTANDO.

	B	C		E		G	H	
J	K		M			P	Q	R
S		U		W		Y	Z	

✏️ ESCREVA NO QUADRINHO A LETRA QUE:

ESTÁ ENTRE A LETRA **D** E A LETRA **F**.

ESTÁ DEPOIS DA LETRA **S**.

ESTÁ ENTRE A LETRA **A** E A LETRA **C**.

ESTÁ ANTES DA LETRA **L**.

ESTÁ ENTRE A LETRA **O** E A LETRA **Q**.

É A PRIMEIRA DO ALFABETO.

É A ÚLTIMA DO ALFABETO.

ESTÁ ANTES DA LETRA **N**.

AS LETRAS PODEM SER ESCRITAS DE DIFERENTES FORMAS.

OBSERVE AS ILUSTRAÇÕES E LEIA AS PALAVRAS.

🐸	SAPO	sapo	*sapo*
🦭	FOCA	foca	*foca*
🐒	MACACO	macaco	*macaco*
⚪	BOLA	bola	*bola*
🐱	GATO	gato	*gato*
🚢	NAVIO	navio	*navio*

FAÇA UM PAINEL DE LETRAS. PESQUISE, EM JORNAIS E REVISTAS, DIFERENTES TIPOS DE LETRA. RECORTE-AS E COLE-AS EM UMA FOLHA DE PAPEL.

✏️ COMPLETE O NOME DAS CRIANÇAS COM A LETRA INICIAL. DEPOIS, SIGA AS LINHAS EMBARALHADAS E COPIE A MESMA LETRA NO QUADRO.

☐ AULA

☐ DUARDO

☐ ERESA

☐ LÁVIO

☐ BIRAJARA

✏️ AGORA, RESPONDA.

QUANTOS NOMES INICIAM COM VOGAL? ☐

QUANTOS NOMES INICIAM COM CONSOANTE? ☐

SEU NOME INICIA COM VOGAL OU COM CONSOANTE?

☐ VOGAL   ☐ CONSOANTE

✏️ OBSERVE, NAS CENAS, A ATIVIDADE QUE CADA PESSOA ESTÁ REALIZANDO. DEPOIS, RELACIONE CADA CENA À FIGURA QUE MOSTRA O RESULTADO DA ATIVIDADE REALIZADA.

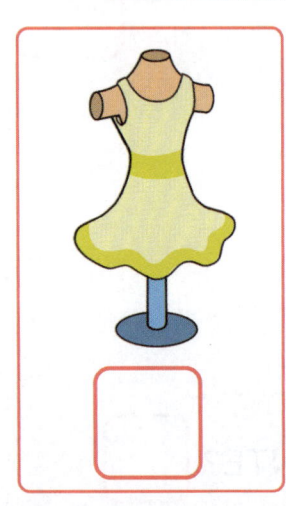

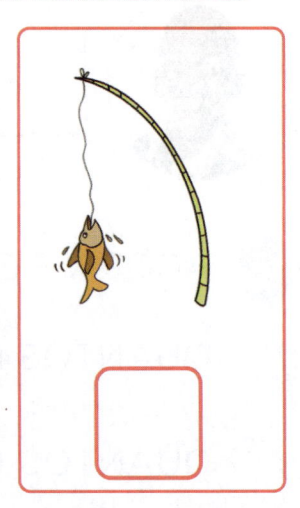

🗨️ ESCOLHA UMA DAS CENAS E PINTE-A. CRIE UMA HISTÓRIA COM A CENA QUE VOCÊ PINTOU E CONTE PARA OS COLEGAS E A PROFESSORA.

LIÇÃO 4

AS VOGAIS

ESCUTE A LEITURA DA PROFESSORA.

COM A LETRA "A", APRENDO RAPIDINHO.
COM A LETRA "E", É QUE EU FICO ESPERTINHO.
COM A LETRA "I", INTELIGENTE VOU FICAR.
COM A LETRA "O", OUÇA O QUE EU VOU FALAR.
COM A LETRA "U", UMA VEZ MAIS EU VOU DIZER.
COM AS VOGAIS, FICA FÁCIL APRENDER.

ELIANA. AS VOGAIS. DISPONÍVEL EM: HTTPS://WWW.LETRAS.MUS.BR/ELIANA/615962/. ACESSO EM: 3 JUN. 2022.

A a		ABELHA abelha
E e		ELEFANTE elefante
I i		IGUANA iguana
O o		OVELHA ovelha
U u		URSO urso

FOTOS: SHUTTERSTOCK

A PROFESSORA VAI LER O POEMA.

O **A** É UMA ESCADA ABERTA;
O **E**, UM PENTE EM PÉ;
O **I**, UM GRAVETO COM BONÉ;
O **O**, UM BOCEJO: OOOH!
O **U**, UMA FERRADURA.

– BELEZA PURA!

ESSA GAROTADA É DEMAIS!
ATÉ JÁ CONHECE AS VOGAIS!

GLÓRIA FUERTES. **O DRAGÃO POLICARPO**. TRADUÇÃO DE EUGÊNIO AMADO. RIO DE JANEIRO: VILLA RICA, 2003. P. 15.

AGORA, DESENHE O QUE CADA UMA DAS VOGAIS PARECE SER NO POEMA.

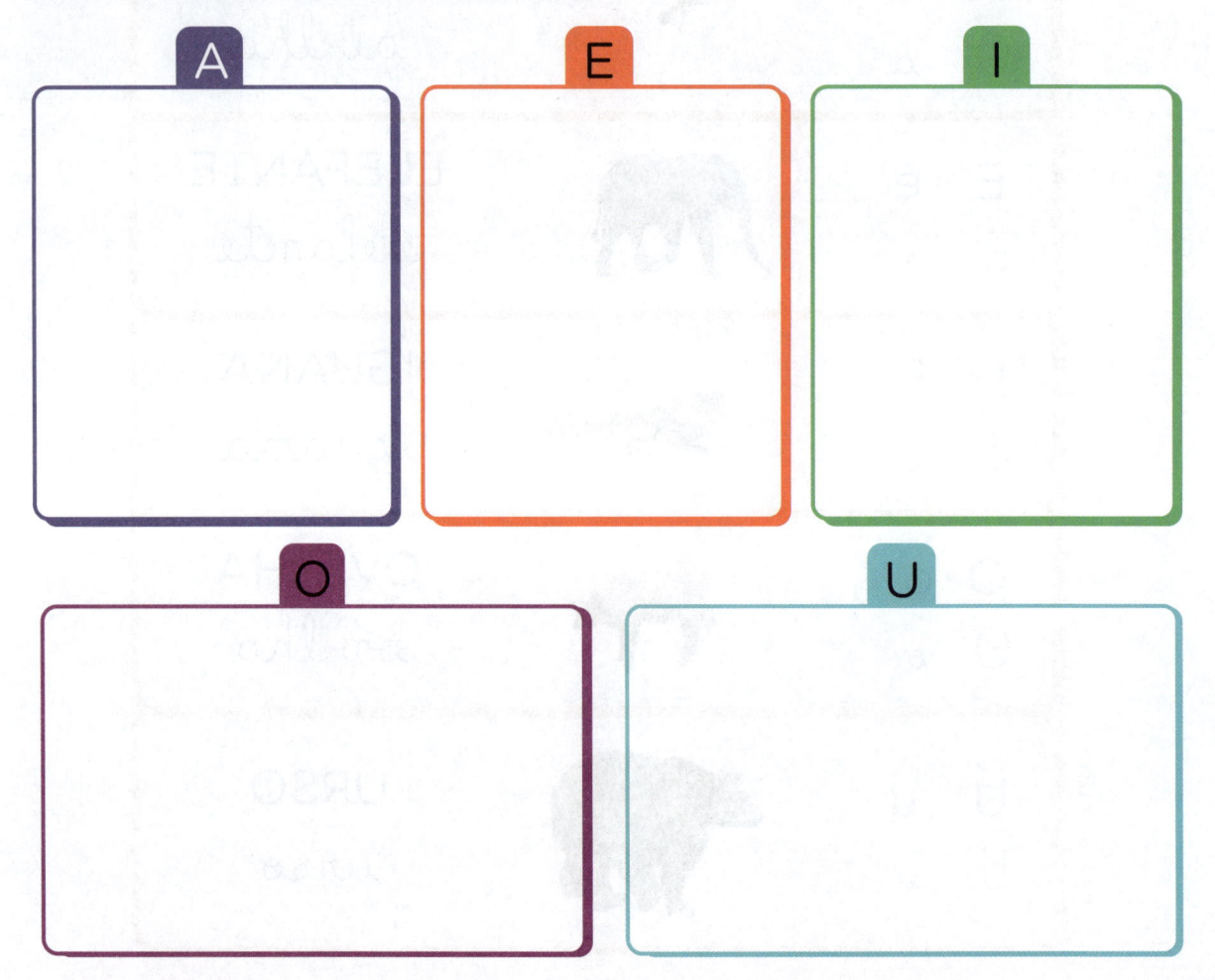

A	E	I

O	U

LIGUE AS FIGURAS QUE TÊM O NOME INICIADO COM A MESMA VOGAL.

ABELHA

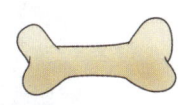

OSSO

ELEFANTE

IGREJA

ILHA

URSO

ONÇA

ANEL

UVA

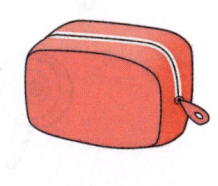

ESTOJO

COM A AJUDA DA PROFESSORA, COMPLETE O NOME DAS FIGURAS COM AS VOGAIS QUE ESTÃO FALTANDO.

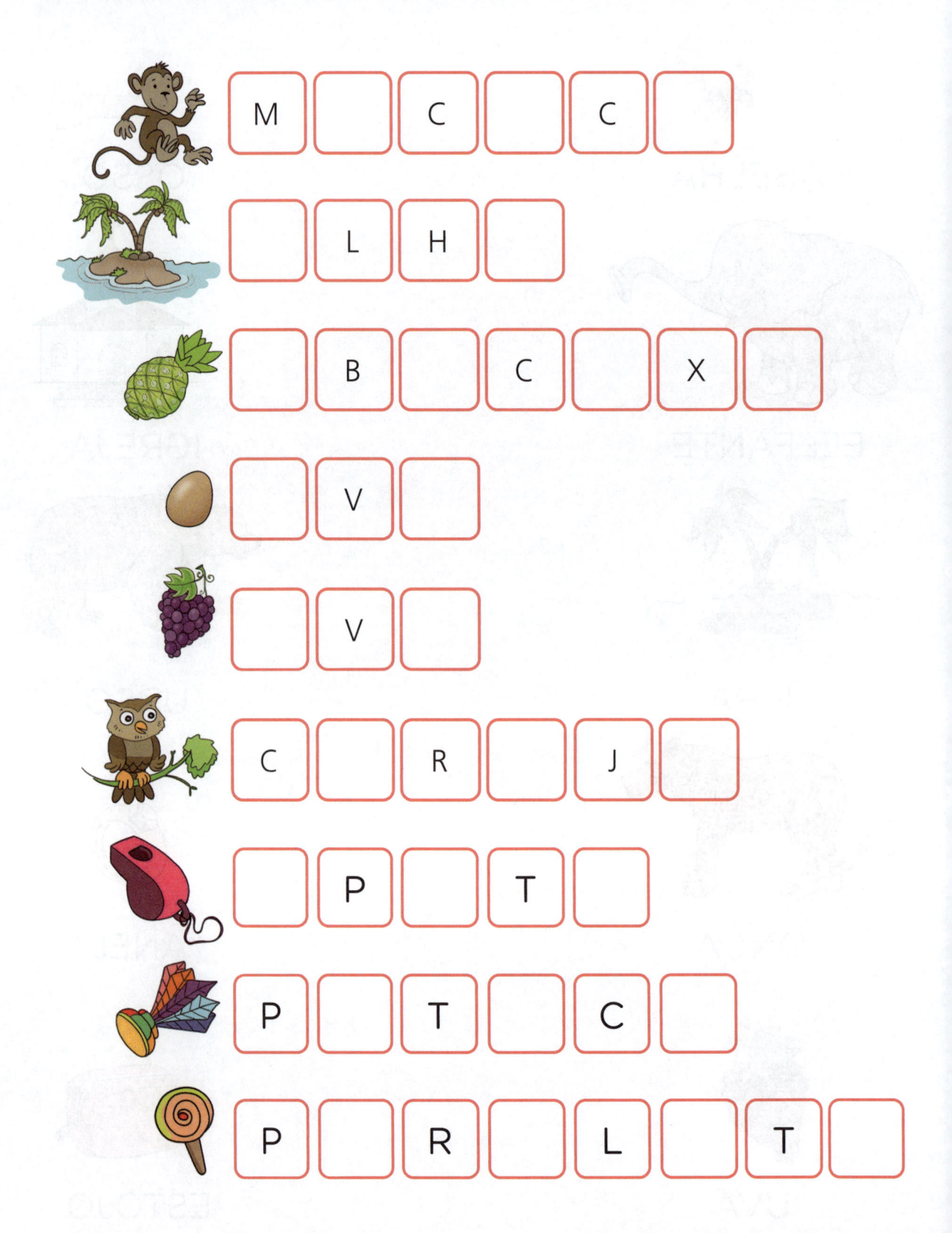

M _ C _ C _

_ L H _

_ B _ C _ X _

_ V _

_ V _

C _ R _ J _

_ P _ T _

P _ T _ C _

P _ R _ L _ T _

VOGAIS CURSIVAS

OUÇA AS QUADRINHAS QUE A PROFESSORA VAI LER.

EU SOU TODA REDONDINHA,
COMO A BOLA DE SOPRAR.
E, NO CANTO, TENHO UM RABINHO.
PODE VER, É SÓ PUXAR.

Aa

SOU FÁCIL DE FAZER,
UMA VOLTA PARA LÁ.
VEJA SÓ COMO PAREÇO
COM UM LAÇO DE ENFEITAR.

Ee

EU SOU SEMPRE
BEM MAGRINHA
E TENHO UM PONTINHO
EM CIMA DA LETRINHA.

Ii

EU TAMBÉM SOU REDONDINHA,
COMO UMA BOLA DE SOPRAR.
SÓ QUE O MEU RABINHO
DÁ UMA VOLTA PARA O AR.

Oo

SUBO E DESÇO DUAS VEZES,
PARA O "U" PODER FORMAR.
E AGORA É A SUA VEZ
DE TENTAR ME DESENHAR.

Uu

DOMÍNIO PÚBLICO.

COPIE AS VOGAIS.

✏️ LIGUE AS VOGAIS MAIÚSCULAS ÀS MINÚSCULAS.

A   E   O   U

I   a

i   e   o   u

✏️ LEIA E COPIE AS VOGAIS. DEPOIS, LIGUE CADA LETRA À FIGURA QUE TEM O NOME INICIADO POR ELA.

a		A
e		E
i		I
o		O
u		U

26

✏️ COPIE NO QUADRO A VOGAL INICIAL DO NOME DE CADA CRIANÇA.

ANA ☐ Ana ☐

ÊNIO ☐Ênio ☐

IARA ☐ Iara ☐

OLAVO ☐ Olavo ☐

ULISSES ☐ Ulisses ☐

✏️ ESCREVA SEU NOME E CIRCULE AS VOGAIS.

✏️ QUANTAS VOGAIS TEM SEU NOME? ☐

ENCONTROS VOCÁLICOS

ENCONTROS VOCÁLICOS SÃO ENCONTROS DE VOGAIS.

LEIA A TIRINHA.

MAURICIO DE SOUSA. CEBOLINHA. **MAGALI**, RIO DE JANEIRO, GLOBO, N. 78, P. 66.

CIRCULE OS ENCONTROS VOCÁLICOS QUE APARECEM NA TIRINHA.

| AI | AU | EU | OI | OU | UI |

JUNTE AS VOGAIS PARA FORMAR ENCONTROS VOCÁLICOS.

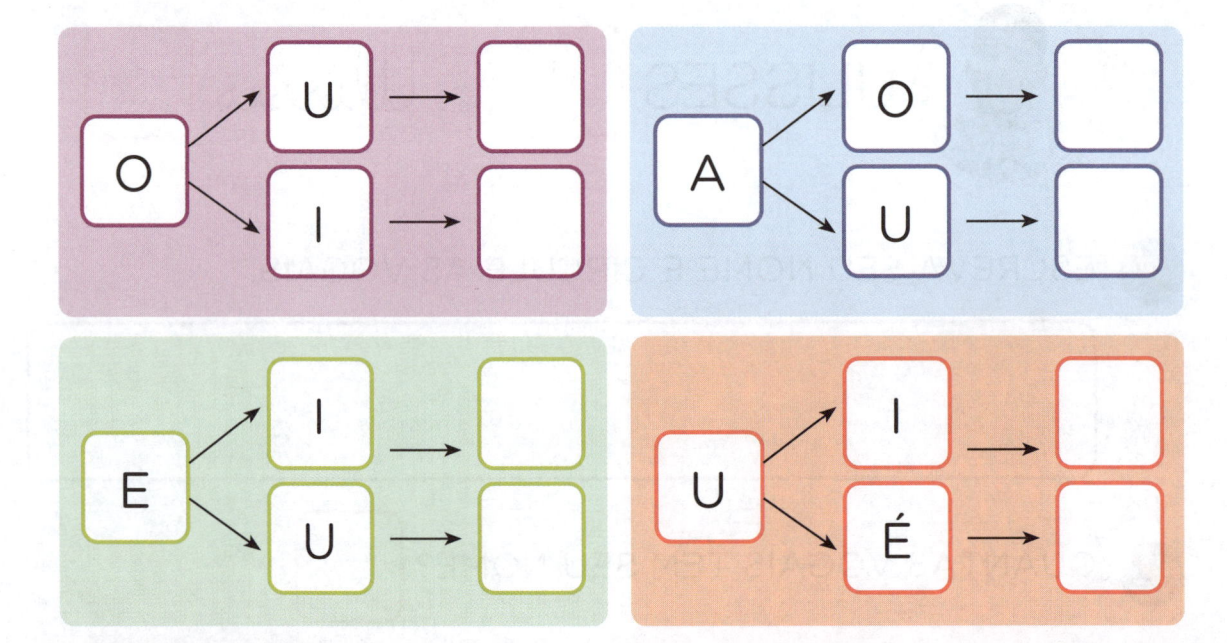

O → U → ☐
O → I → ☐

A → O → ☐
A → U → ☐

E → I → ☐
E → U → ☐

U → I → ☐
U → É → ☐

CANTE COM OS COLEGAS.

PEZINHO

AI BOTA AQUI,
AI BOTA AQUI O SEU PEZINHO.
O SEU PEZINHO BEM JUNTINHO COM O MEU.
E DEPOIS NÃO VÁ DIZER
QUE SEU PAR JÁ SE ARREPENDEU.
E DEPOIS NÃO VÁ DIZER
QUE VOCÊ SE ARREPENDEU.

DOMÍNIO PÚBLICO.

PINTE NA CANTIGA AS PALAVRAS ESCRITAS COM ESTES ENCONTROS VOCÁLICOS.

AI   EU   OI

TROQUE CADA SÍMBOLO PELA VOGAL CORRESPONDENTE E FORME ENCONTROS VOCÁLICOS.

★	▲	■	●	▬
A	E	I	O	U

✏️ OBSERVE A HISTÓRIA E COMPLETE OS BALÕES COM A FALA DE CADA PERSONAGEM. USE OS ENCONTROS VOCÁLICOS DO QUADRO.

> OI!   AU, AU!   EI!
> UI!   AI!

🗨️ COMO VOCÊ ACHA QUE TERMINA ESSA HISTÓRIA? CONTE PARA OS COLEGAS E PARA A PROFESSORA.

LIÇÃO 5

BONECA
boneca

B b
B b

BONECA DE LATA

MINHA BONECA DE LATA
BATEU A CABEÇA NO CHÃO.
LEVOU QUASE UMA HORA
PARA FAZER A ARRUMAÇÃO.
DESAMASSA AQUI, DESAMASSA ALI,
DESAMASSA AQUI, DESAMASSA ALI
PARA FICAR BOA.

DOMÍNIO PÚBLICO.

ba	be	bi	bo	bu
ba	*be*	*bi*	*bo*	*bu*
BA	BE	BI	BO	BU
Ba	*Be*	*Bi*	*Bo*	*Bu*

TRABALHANDO O TEXTO

- DO QUE A BONECA DA CANTIGA É FEITA?

- ONDE ELA BATEU A CABEÇA?

- CANTE NOVAMENTE COM OS COLEGAS. TROQUE A PALAVRA DESTACADA POR OUTRAS PARTES DO CORPO.

> MINHA BONECA DE LATA
> BATEU A **CABEÇA** NO CHÃO.
> LEVOU QUASE UMA HORA
> PARA FAZER A ARRUMAÇÃO.
> DESAMASSA AQUI, DESAMASSA ALI,
> DESAMASSA AQUI, DESAMASSA ALI
> PARA FICAR BOA.
>
> DOMÍNIO PÚBLICO.

- CUBRA O PONTILHADO, LEIA AS SÍLABAS FORMADAS E COPIE-AS.

ba be bi bo bu

Ba Be Bi Bo Bu

LEIA A FRASE E CONTE AS PALAVRAS. PINTE UM QUADRINHO PARA CADA PALAVRA.

BIANCA BRINCA COM O BAMBOLÊ.

☐ ☐ ☐ ☐ ☐ ☐ ☐

CONTE E PINTE QUANTAS VEZES ABRIMOS A BOCA PARA PRONUNCIAR:

BO-NE-CA ☐ ☐ ☐ ☐

BI-CI-CLE-TA ☐ ☐ ☐ ☐

BAM-BO-LÊ ☐ ☐ ☐ ☐

COMPLETE O NOME DE CADA FIGURA COM A LETRA QUE FALTA.

___ALEIA

___OLA

___E___Ê

🖍️ PINTE A SÍLABA INICIAL DO NOME DE CADA FIGURA.

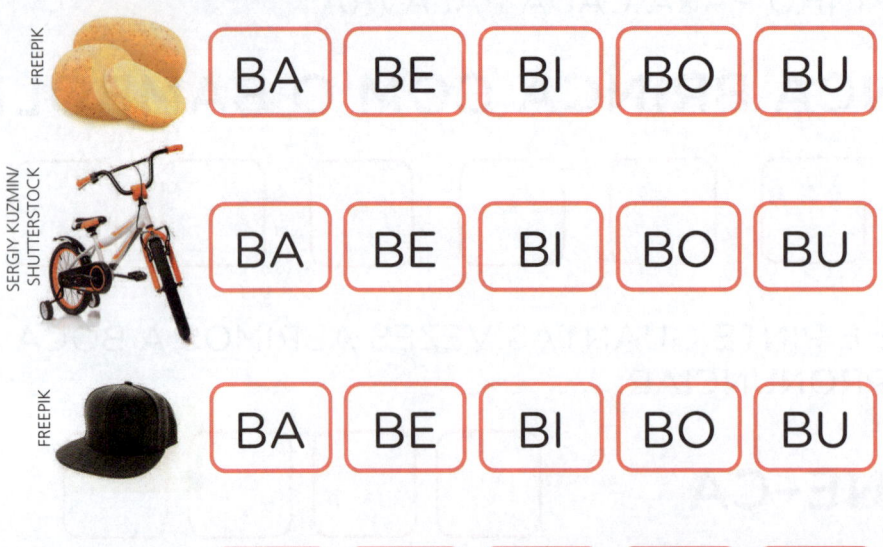

| BA | BE | BI | BO | BU |

| BA | BE | BI | BO | BU |

| BA | BE | BI | BO | BU |

| BA | BE | BI | BO | BU |

✏️ JUNTE AS SÍLABAS E ESCREVA O NOME DAS FIGURAS.

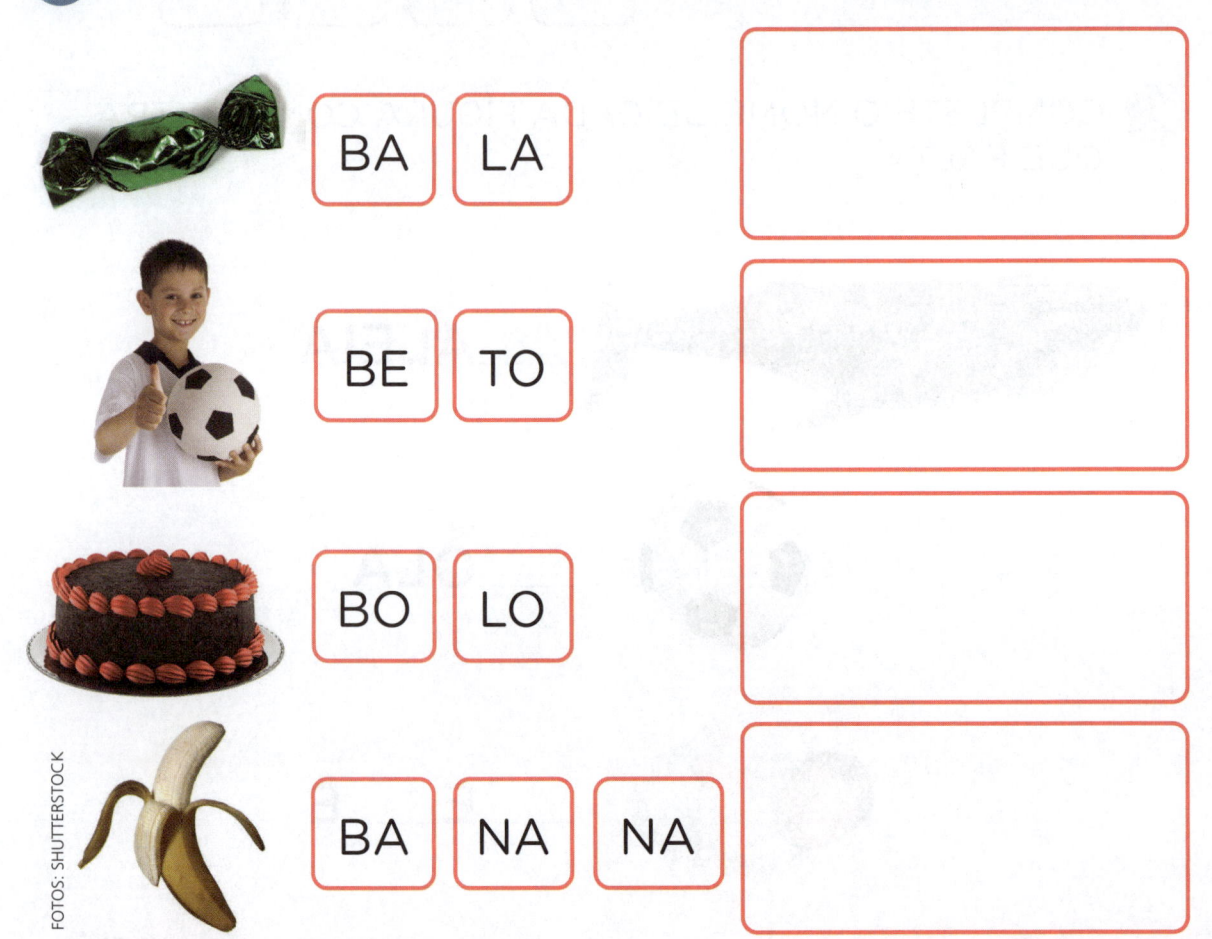

| BA | LA |

| BE | TO |

| BO | LO |

| BA | NA | NA |

34

PINTE AS FIGURAS QUE TÊM O NOME INICIADO PELA LETRA **B**.

OUÇA A ADIVINHA E ASSINALE A RESPOSTA.

> ÀS VEZES SOU GRANDE,
> ÀS VEZES SOU PEQUENA.
> ME CHUTAM COM OS PÉS,
> ME JOGAM COM AS MÃOS.
> SOU SEMPRE REDONDA,
> SEMPRE SOU DIVERSÃO.
> QUEM SOU EU?
>
> DOMÍNIO PÚBLICO.

BOTÃO   BOLA   BOTA

🖍️ PINTE DA MESMA COR AS PALAVRAS QUE COMEÇAM COM O MESMO SOM.

BULA	BOTA	BALA	BEBÊ
BOIA	BACANA	BICICLETA
BULE	BOLA	BICO	BECO

✏️ LIGUE CADA DESCRIÇÃO À RESPOSTA CORRETA. DEPOIS, COPIE O NOME DAS FIGURAS.

BRINQUEDO DE CHUTAR — BANANA

ANIMAL QUE VIVE NO MAR — BOLO

FRUTA QUE O MACACO GOSTA DE COMER — BOLA

COMIDA DOCE — BALEIA

FOTOS: SHUTTERSTOCK

LIÇÃO 6

COBRA   C c
cobra   C c

A COBRA
A COBRA NÃO TEM MÃO,
A COBRA NÃO TEM PÉ.
COMO É QUE A COBRA SOBE
NO PEZINHO DE LIMÃO?
COMO É QUE A COBRA SOBE
NO PEZINHO DE LIMÃO?
A COBRA VAI SUBINDO,
VAI, VAI, VAI.
VAI SE ENROLANDO,
VAI, VAI, VAI.

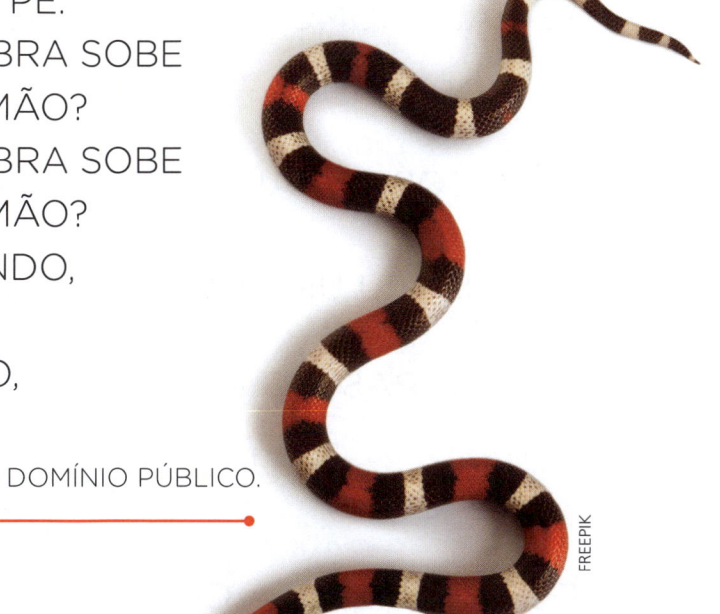

DOMÍNIO PÚBLICO.

FREEPIK

ca	ce	ci	co	cu
ca	ce	ci	co	cu
CA	CE	CI	CO	CU
Ca	Ce	Ci	Co	Cu

TRABALHANDO O TEXTO

✏️ CIRCULE A RESPOSTA DE ACORDO COM A LETRA DA CANTIGA. O QUE A COBRA NÃO TEM?

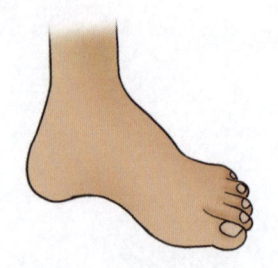

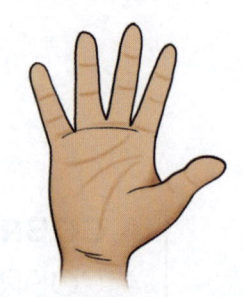

✏️ ASSINALE COMO A COBRA SOBE NO PÉ DE LIMÃO.

☐ CORRENDO.

☐ A COBRA VAI SE ENROLANDO.

🗣️ QUEM JÁ VIU UMA COBRA? ONDE?

✏️ CUBRA O RASTRO DA COBRA.

✏️ DESENHE A FRUTA CITADA NA LETRA DA CANTIGA.

✏️ **CUBRA O PONTILHADO, LEIA AS SÍLABAS FORMADAS E COPIE-AS.**

ca ce ci ce cu

Ca Ce Ci Ce Cu

✏️ **LIGUE CADA FIGURA À SÍLABA INICIAL DO NOME DELA.**

CA

CO

CU

CE

CI

LIGUE AS FIGURAS QUE TÊM O NOME INICIADO PELO MESMO SOM.

CAVALO

COPO

CUPIM

CADERNO

COLA

CIGARRA

CINEMA

CUBO

PINTE A FIGURA QUE TEM O NOME INICIADO COM A SÍLABA EM DESTAQUE.

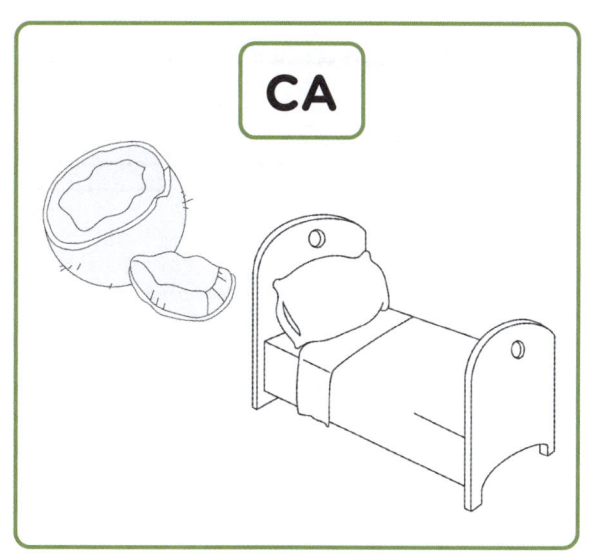

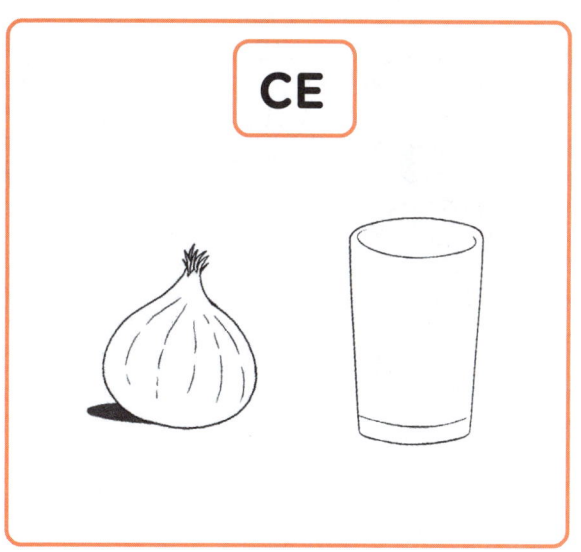

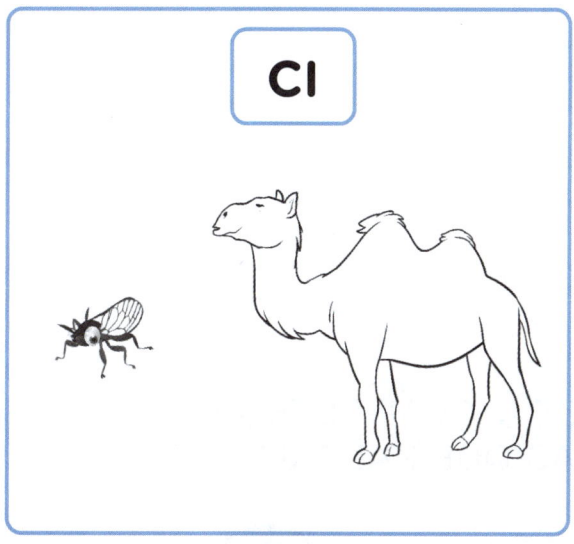

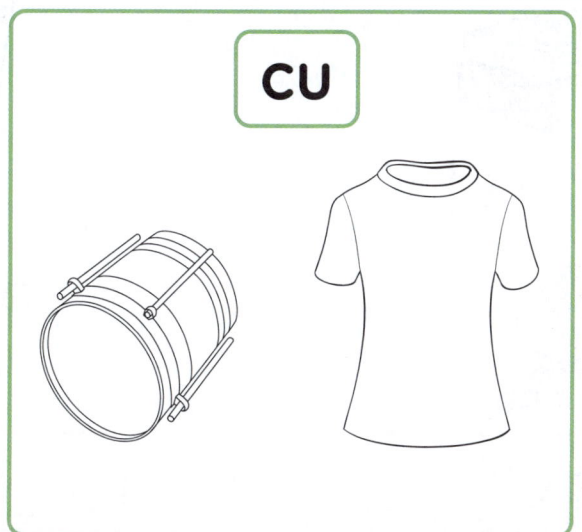

CA

CE

CI

CO

CU

JUNTE AS SÍLABAS PARA FORMAR PALAVRAS E ESCREVA AO LADO. DEPOIS, LEIA COM A AJUDA DA PROFESSORA.

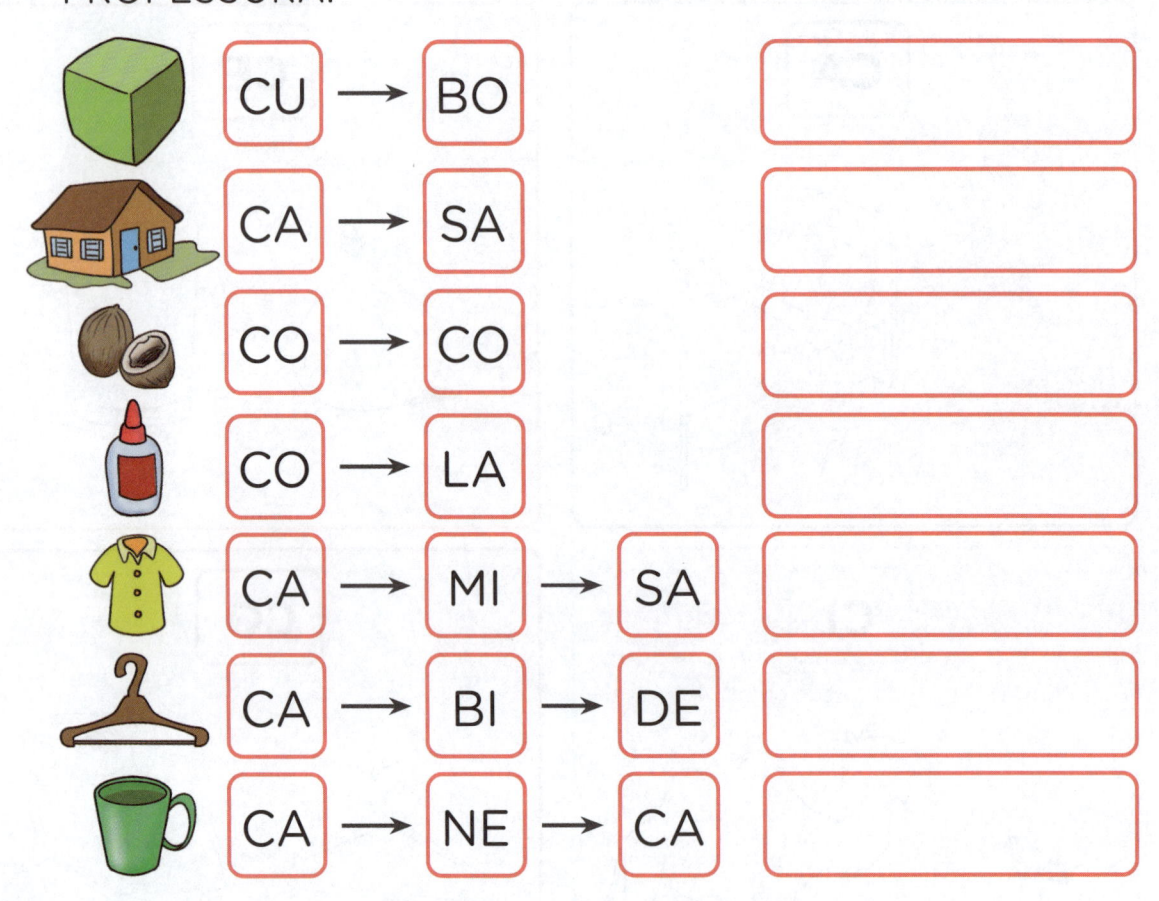

CU → BO

CA → SA

CO → CO

CO → LA

CA → MI → SA

CA → BI → DE

CA → NE → CA

COM AJUDA DA PROFESSORA, COMPLETE AS PALAVRAS COM AS SÍLABAS QUE FALTAM.

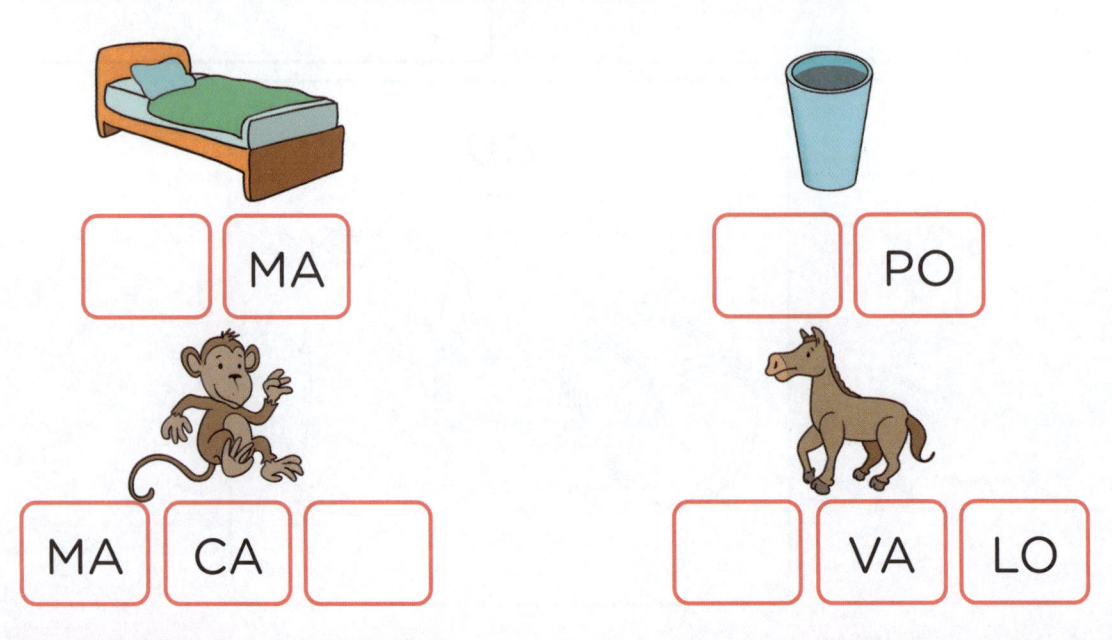

☐ MA

☐ PO

MA CA ☐

☐ VA LO

42

✏️ ESCREVA AS PALAVRAS DO QUADRO NA COLUNA CORRETA.

cabo Cibele cubo Celina coco Caio

c	C

✏️ COPIE O NOME DAS CRIANÇAS.

CAROLINA

CAMILO

TRABALHANDO A ORALIDADE

OUÇA A HISTÓRIA QUE A PROFESSORA VAI CONTAR. DEPOIS, FAÇA UM DESENHO E MOSTRE-O AOS COLEGAS.

LIÇÃO 7

DOMINÓ   D d
dominó   *D d*

DOMINÓ

POR ESTA RUA, DOMINÓ,
PASSOU MEU BEM, DOMINÓ.
NÃO FOI POR MIM, DOMINÓ,
FOI POR MAIS ALGUÉM, DOMINÓ.

OLHA O PASSARINHO, DOMINÓ.
CAIU NO LAÇO, DOMINÓ.
DAI-ME UM BEIJINHO, DOMINÓ.
E UM ABRAÇO, DOMINÓ.

DOMÍNIO PÚBLICO.

PÁSSARO DOMINÓ

PEÇAS DO JOGO DE DOMINÓ

da	de	di	do	du
da	de	di	do	du
DA	DE	DI	DO	DU
Da	De	Di	Do	Du

45

TRABALHANDO O TEXTO

✏️ ESCREVA O TÍTULO DA CANTIGA.

✏️ NUMERE DE ACORDO COM OS ACONTECIMENTOS NA CANTIGA.

✏️ CUBRA O PONTILHADO, LEIA AS SÍLABAS FORMADAS E COPIE-AS.

da   de   di   do   du

Da   De   Di   Do   Du

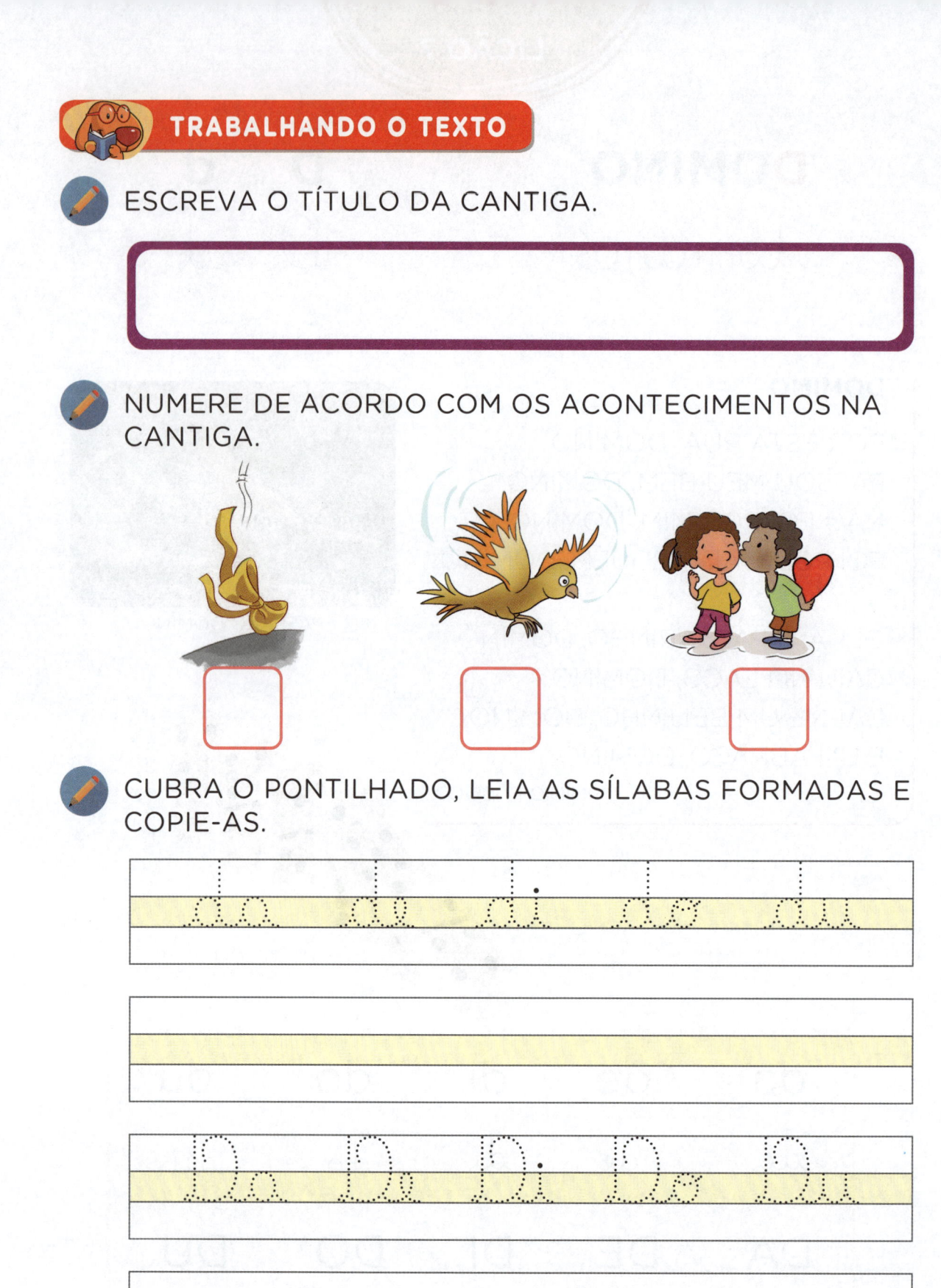

✏️ COMPLETE O NOME DAS FIGURAS COM AS LETRAS QUE FALTAM.

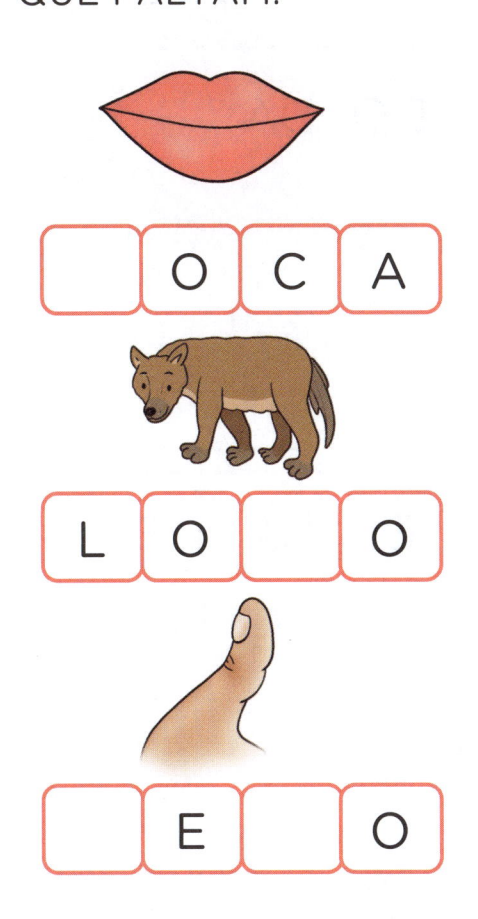

| | O | C | A |

| | A | | O |

| L | O | | O |

| | A | L | A |

| | E | | O |

| | O | | E |

✏️ LIGUE AS PALAVRAS IGUAIS.

DEDAL   cabide

CABIDE   doce

DIDI   dedal

DOCE   cocada

COCADA   Didi

ORDENE AS SÍLABAS E FORME PALAVRAS. DEPOIS, REPRESENTE CADA PALAVRA COM UM DESENHO.

DO DE	DO DA
_____	_____

DE BO	BI CA DE
_____	_____

PINTE AS SÍLABAS **DA**, **DE**, **DI**, **DO** E **DU** QUE APARECEM NO NOME DAS FIGURAS. DEPOIS, COPIE AS PALAVRAS.

DA DO

DE DO

DO MI NÓ

DU DU

LEIA A PALAVRA, COPIE-A E NUMERE A FOTO QUE CORRESPONDE A ELA.

1. bode

2. dia

3. cocada

4. Edu

5. cadeado

✏️ LEIA OS NOMES COM A AJUDA DA PROFESSORA. DEPOIS, COPIE-OS.

DANILO	
DAVI	
DALILA	
DIVA	

✏️ PROCURE E CONTORNE NO QUADRO ABAIXO AS PALAVRAS **DUDA**, **DEDO** E **DADO**.

BE	CA	DU	DA	BI
DE	DO	DI	DE	CA
DU	BA	CO	DA	DO

✏️ ESCREVA AS PALAVRAS DO QUADRO NA COLUNA CORRETA.

Dudu   dado   Diva   dedo

d	D

LEIA COM A AJUDA DA PROFESSORA.

> O DOCE PERGUNTOU PRO DOCE:
> — QUAL É O DOCE MAIS DOCE?
> O DOCE RESPONDEU PRO DOCE:
> — O DOCE MAIS DOCE
> É O DOCE DE BATATA-DOCE.
>
> DOMÍNIO PÚBLICO.

QUE PALAVRA MAIS SE REPETE NO TRAVA-LÍNGUA? CIRCULE-A.

LEIA OS DOIS VERSOS FINAIS DO TRAVA-LÍNGUA E ESCREVA DO QUE É FEITO O DOCE MAIS DOCE.

COM QUANTAS PALAVRAS SE ESCREVE **BATATA-DOCE**?

LIÇÃO 8

FOCA F f

foca

A FOCA

QUER VER A FOCA
FICAR FELIZ?
É PÔR UMA BOLA
NO SEU NARIZ.

QUER VER A FOCA
BATER PALMINHA?
É DAR A ELA
UMA SARDINHA.
[...]

VINICIUS DE MORAES. **A ARCA DE NOÉ**: POEMAS INFANTIS. SÃO PAULO: COMPANHIA DAS LETRINHAS, 2005. P. 56.

fa	fe	fi	fo	fu
fa	fe	fi	fo	fu
FA	FE	FI	FO	FU
Fa	Fe	Fi	Fo	Fu

TRABALHANDO O TEXTO

- QUE ANIMAL É CITADO NO POEMA?

  ☐ FOCA   ☐ BALEIA

- CIRCULE A PALAVRA **FOCA** NO POEMA.

- DESENHE NO NARIZ DA FOCA O QUE A DEIXA FELIZ.

- CONTE PARA OS COLEGAS E A PROFESSORA O QUE DEIXA VOCÊ FELIZ.

- CUBRA O PONTILHADO, LEIA AS SÍLABAS FORMADAS E COPIE-AS.

fa   fe   fi   fo   fu

Fa   Fe   Fi   Fo   Fu

ESCOLHA UMA DAS SÍLABAS DO QUADRO PARA COMPLETAR AS PALAVRAS E, DEPOIS, COPIE-AS.

FA   FO   FI

____CA   _____

____O   _____

____DA   _____

OBSERVE AS ILUSTRAÇÕES. DEPOIS, ESCREVA NOS QUADRINHOS A SÍLABA INICIAL DO NOME DE CADA FIGURA.

☐ CHADURA   ☐ GÃO   ☐ TA

☐ LHA   ☐ MÍLIA   ☐ NIL

CIRCULE NAS PALAVRAS AS SÍLABAS **FA**, **FE**, **FI**, **FO** E **FU**. DEPOIS, COPIE AS PALAVRAS.

faca *fita* *Felipe*

foto *fubá* *Fabiana*

ORGANIZE AS SÍLABAS E AS LETRAS DE ACORDO COM O MODELO.

CA	FA
FA	CA
F	A	C	A

| FA | FA | RO |

| CA | FO |

| VE | FI | LA |

COMPLETE AS PALAVRAS COM A SÍLABA QUE FALTA. DEPOIS, COPIE-AS.

| fa | fe | fi | fo | fu |

_____nil _____la bi_____

ca_____ _____ca _____ne

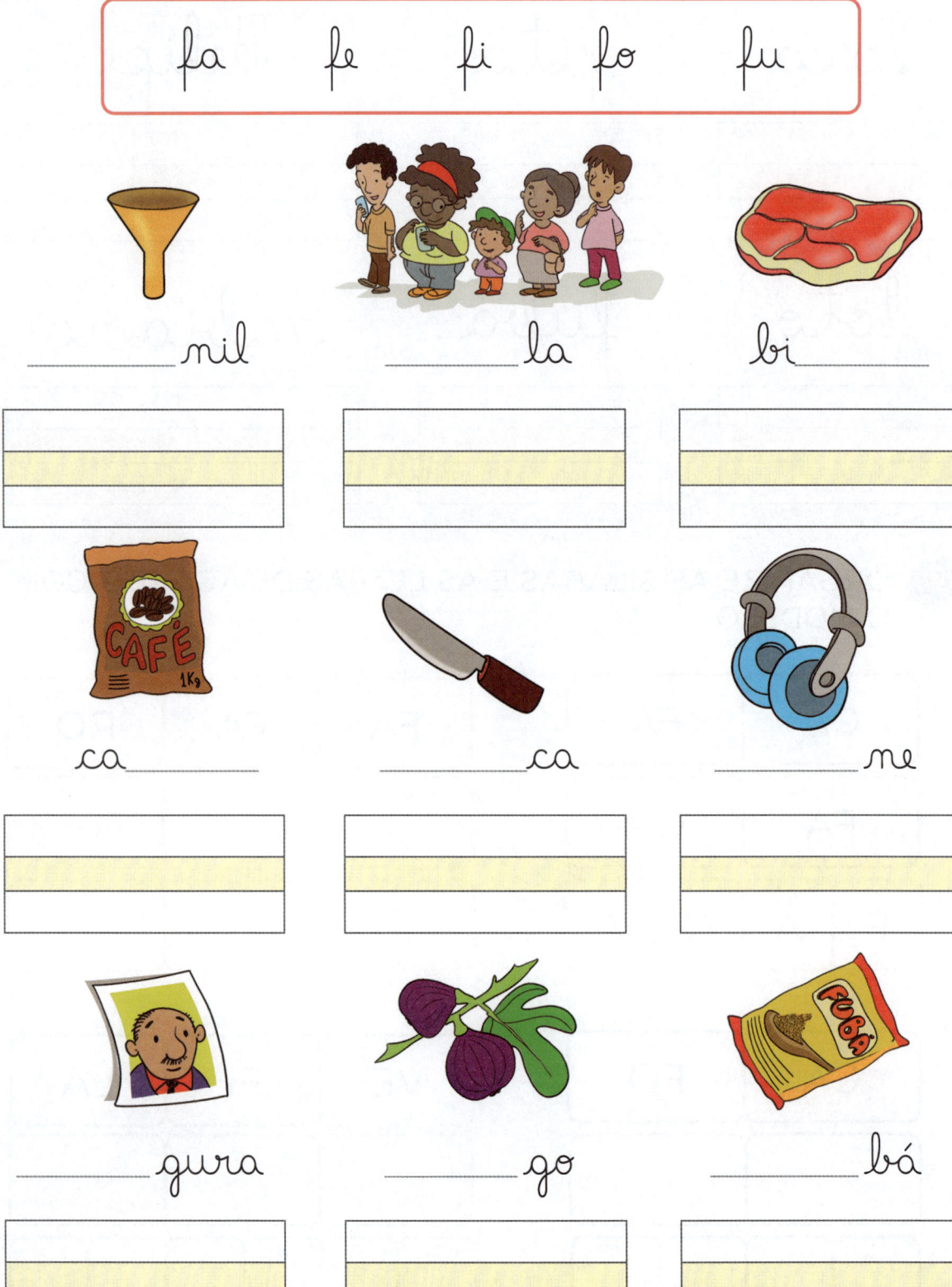

_____gura _____go _____bá

FORME PALAVRAS COM AS SÍLABAS DO QUADRO DE ACORDO COM A NUMERAÇÃO.

1	2	3	4	5
FA	BÁ	BO	CE	BE
6	7	8	9	10
DE	CA	FO	CU	DO
11	12	13	14	15
FU	DA	BI	CO	CI

1 — 7 _____

11 — 2 _____

13 — 7 _____

10 — 4 _____

8 — 7 _____

3 — 6 _____

13 — 9 — 10 _____

14 — 7 — 12 _____

15 — 12 — 6 _____

5 — 13 — 12 _____

PROCURE, EM JORNAIS OU REVISTAS, PALAVRAS COM A SÍLABA EM DESTAQUE E COLE-AS NO QUADRO CORRESPONDENTE.

FA

FE

FI

FO

FU

LIÇÃO 9

GALO
galo

G g
G g

GARNISÉ

É O REI DO TERREIRO!
CRISTA EMPINADA
ESPORA AFIADA
LÁ VAI O GARNISÉ
FAZENDO BANZÉ
CANTAR NO POLEIRO!
[...]

WANIA AMARANTE. **COBRAS E LAGARTOS**. SÃO PAULO: FTD, 2011. P. 18.

ga	ge	gi	go	gu
ga	*ge*	*gi*	*go*	*gu*
GA	GE	GI	GO	GU
Ga	*Ge*	*Gi*	*Go*	*Gu*

TRABALHANDO O TEXTO

QUE ANIMAL É O REI DO TERREIRO? COMO ELE É?

LIGUE AS PALAVRAS DO POEMA QUE TERMINAM COM O MESMO SOM.

TERREIRO

EMPINADA

GARNISÉ

BANZÉ

POLEIRO

AFIADA

QUANTAS LETRAS TEM A PALAVRA **GALO**?

CUBRA O PONTILHADO E LEIA AS SÍLABAS FORMADAS. DEPOIS, COPIE-AS.

ga ge gi go gu

Ga Ge Gi Go Gu

✏️ RISQUE A LETRA **G** DAS PALAVRAS.

| GATO | GAVETA | GEMA | GOLA |

| GELO | GOLEIRO | GULA | GIBI |

✏️ AGORA, COPIE AS PALAVRAS DE ACORDO COM AS INDICAÇÕES.

GA

GE

GI

GO

GU

LEIA AS PALAVRAS COM A AJUDA DA PROFESSORA. DEPOIS, PINTE AS SÍLABAS ESCRITAS COM A LETRA **G** SEGUINDO A COR E A POSIÇÃO INDICADA.

🟨 INÍCIO 🟥 MEIO 🟩 FIM

FOR | MI | GA   ZAN | GA | DO   GA | LE | GA

AR | GO | LA   CAN | GU | RU   MAN | GA

PA | GO | DE   GI | GAN | TE   GE | LA | TI | NA

GA | VE | TA   MÁ | GI | CO   CO | GU | ME | LO

PINTE OS NOMES QUE COMEÇAM COM **GA**. DEPOIS, COPIE AS PALAVRAS.

GATA

GALINHA

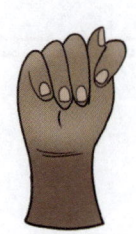

FIGA

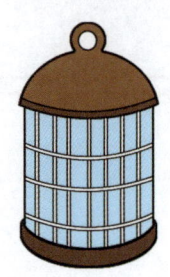

GAIOLA

✏️ COMPLETE AS PALAVRAS COM **GA**, **GE**, **GI**, **GO** OU **GU**. DEPOIS, COPIE-AS.

_____ DE - _____

_____ DO - _____

_____ MA - _____

FI _____ - _____

_____ RAFA - _____

✏️ IDENTIFIQUE E CIRCULE EM CADA QUADRO AS SÍLABAS QUE FORMAM A PALAVRA EM DESTAQUE.

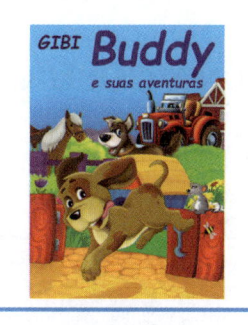

GA	GE	GI	GO	GU
BA	BE	BI	BO	BU

GIBI

BA	BE	BI	BO	BU
GA	GE	GI	GO	GU
DA	DE	DI	DO	DU

BIGODE

✏️ COM A AJUDA DA PROFESSORA, LEIA AS PALAVRAS. CIRCULE AS SÍLABAS **GA**, **GE**, **GI**, **GO** E **GU**. DEPOIS, COPIE AS SÍLABAS NOS QUADRINHOS.

gata	fogo	girafa

cogumelo	gelo	galinha

✏️ ESCREVA AS PALAVRAS DO QUADRO NA COLUNA CORRETA.

girafa   Gorete   Geni   gado   Guto

g	G

ACOMPANHE A LEITURA DA ADIVINHA.

> ELA ESTÁ NO **GAVIÃO**
> NA **GIRAFA** E NO **GAMBÁ**
> NA **GALINHA** E NA **GAIVOTA**
> E NO **GATO** ANGORÁ
>
> DOMÍNIO PÚBLICO.

QUAL SERÁ A RESPOSTA DA ADIVINHA? OBSERVE AS PALAVRAS DESTACADAS NO TEXTO E CIRCULE A RESPOSTA CORRETA.

| C | G | B |

HÁ QUANTOS NOMES DE ANIMAIS NO TEXTO DA ADIVINHA? CIRCULE OS NOMES NO POEMA. DEPOIS, PINTE O NÚMERO NOS QUADRINHOS A SEGUIR.

| 6 | 4 | 5 |

PINTE NO TEXTO DUAS PALAVRAS QUE RIMAM.

VOCÊ JÁ VIU UM GATO ANGORÁ DE PERTO?

LIÇÃO 10

HIPOPÓTAMO   H h
hipopótamo   *H h*

MINHA CASA

UM HIPOPÓTAMO NA BANHEIRA
MOLHA SEMPRE A CASA INTEIRA.

A ÁGUA CAI E SE ESPALHA,
MOLHA O CHÃO E A TOALHA.

E O HIPOPÓTAMO: "EU NÃO LIGO,
ESTOU LAVANDO O UMBIGO!"
[...]

SÉRGIO CAPPARELLI. **111 POEMAS PARA CRIANÇAS.** PORTO ALEGRE: L&PM, 2003. P. 87.

ha	he	hi	ho	hu
ha	he	hi	ho	hu
HA	HE	HI	HO	HU
Ha	He	Hi	Ho	Hu

TRABALHANDO O TEXTO

✏️ COPIE O NOME DO ANIMAL QUE ENTROU NA BANHEIRA.

💬 O QUE ACONTECE COM A ÁGUA QUANDO O HIPOPÓTAMO ENTRA NA BANHEIRA?

💬 O QUE O HIPOPÓTAMO DIZ?

💬 FALE A PALAVRA **HIPOPÓTAMO** BATENDO PALMAS. QUANTAS PARTES ESSA PALAVRA TEM?

✏️ CUBRA O PONTILHADO E LEIA AS SÍLABAS FORMADAS. DEPOIS, COPIE-AS.

ha he hi ho hu

Ha He Hi Ho Hu

LIGUE A LETRA **H** ÀS FIGURAS CUJO NOME INICIA COM ELA.

HELICÓPTERO

HÉLICE

HAMBÚRGUER

H

ELEFANTE

OVO

HOTEL

ESCREVA AS PALAVRAS DO QUADRO NA COLUNA CORRETA.

Hebe   hora   Hélio
hino   hélice   Helena

h	H

OUÇA A LEITURA DO NOME DAS CRIANÇAS E PINTE A LETRA INICIAL. DEPOIS, COPIE OS NOMES.

HELENA

HUGO

HÉLIO

HEITOR

LEIA AS PALAVRAS COM A AJUDA DA PROFESSORA. CIRCULE A LETRA **H**. DEPOIS, ILUSTRE-AS.

HOSPITAL

HOMEM

HIPOPÓTAMO

HIENA

LIÇÃO 11

JACARÉ   **J**   **j**

jacaré

> QUATRO PALAVRAS FORMAM MEU NOME.
> EU SOU UM RÉPTIL IMPORTANTE,
> FAÇO UM SOM ROUCO QUE
> PARECE O LATIDO DE UM CACHORRO.
> QUEM SOU EU?
>
> ZULEICA DE FELICE MURRIE. **VOCÊ SABIA?** NOMES POPULARES DOS ANIMAIS DA FAUNA BRASILEIRA DE **A** A **Z**. 2. ED. SÃO PAULO: BIRUTA, 2012. P. 40.

NATHAPOL KONGSEANG/SHUTTERSTOCK

ja	je	ji	jo	ju
ja	*je*	*ji*	*jo*	*ju*
JA	JE	JI	JO	JU
Ja	*Je*	*Ji*	*Jo*	*Ju*

TRABALHANDO O TEXTO

COPIE O PRIMEIRO VERSO DA ADIVINHA.

_____

PINTE CADA PALAVRA COM UMA COR.

JACARÉ-DE-PAPO-AMARELO

O QUE É PARECIDO COM O SOM QUE O JACARÉ-DE-
-PAPO-AMARELO FAZ? PINTE A RESPOSTA CORRETA.

O CANTO DE UM PASSARINHO.

O MIADO DE UM GATO.

O LATIDO DE UM CACHORRO.

CUBRA O PONTILHADO E LEIA AS SÍLABAS FORMADAS. DEPOIS, COPIE-AS.

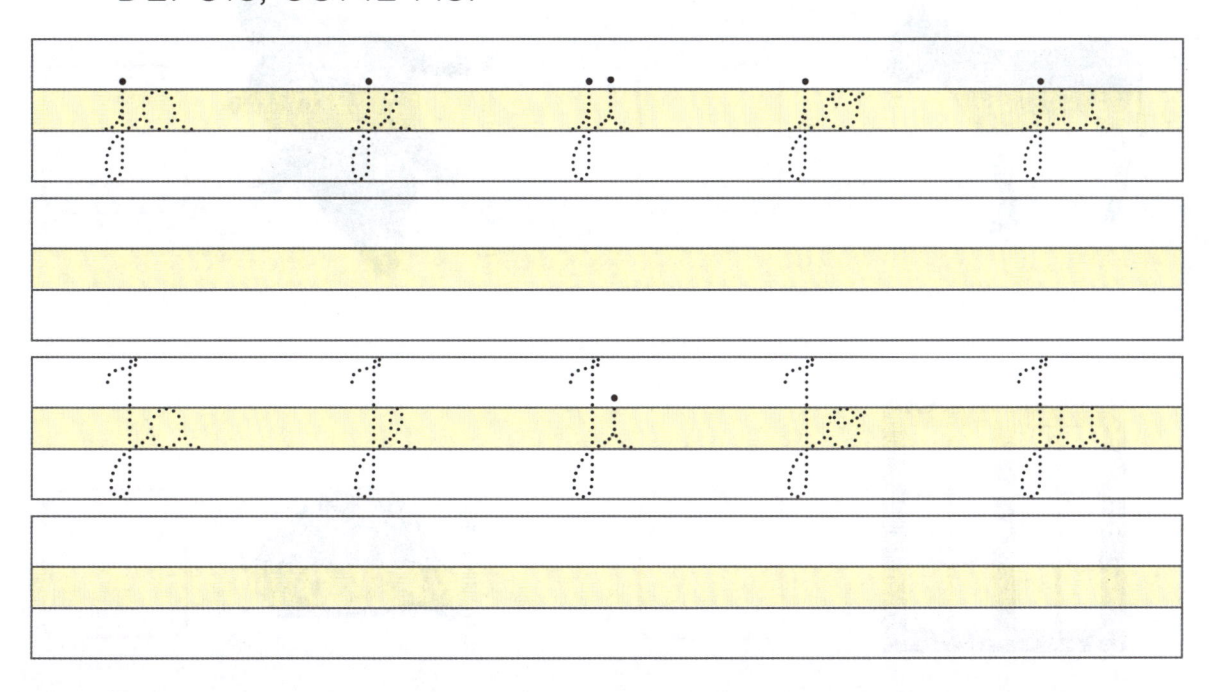

ja je ji jo ju

Ja Je Ji Jo Ju

ESCREVA NOS QUADRINHOS A SÍLABA INICIAL DO NOME DE CADA FIGURA.

JA   JE   JI   JO   JU

🖍️ **PINTE SOMENTE AS ILUSTRAÇÕES QUE TÊM O NOME INICIADO PELA LETRA J.**

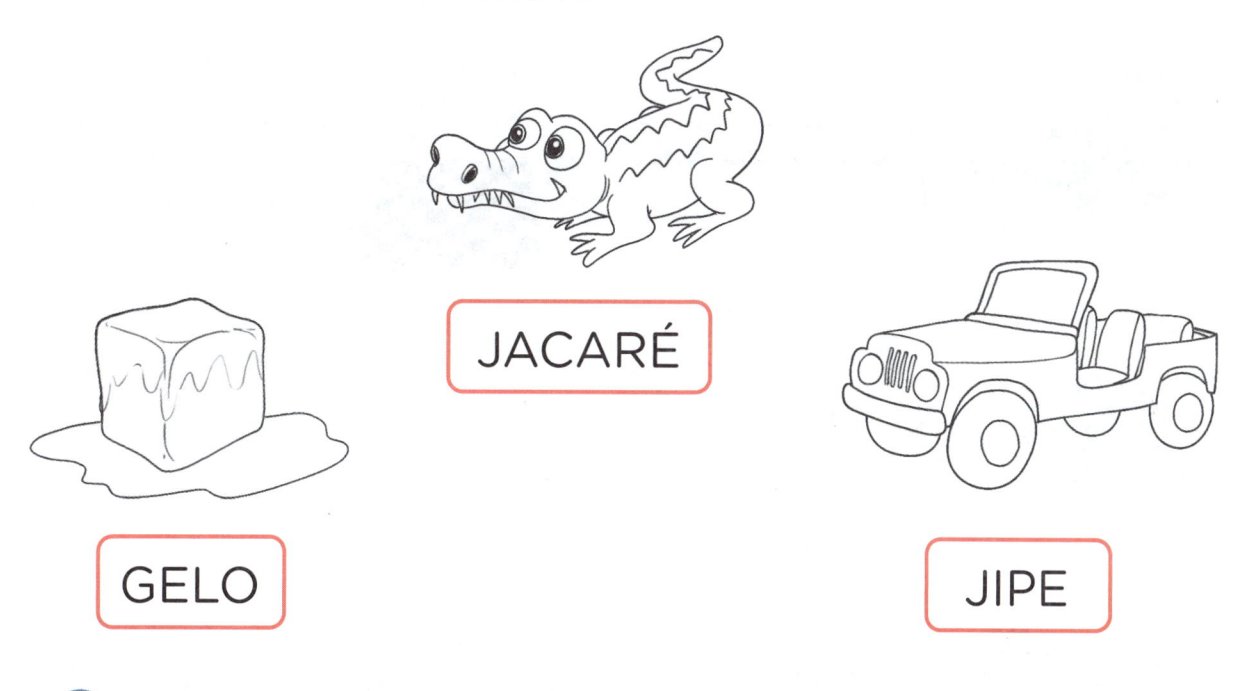

JACARÉ

GELO

JIPE

✏️ **COPIE O NOME DAS CRIANÇAS QUE INICIAM COM A LETRA J.**

GISELE

JENIFER

JANETE

JÚLIO

JOANA

GERALDO

✏️ CIRCULE, NAS PALAVRAS, AS SÍLABAS **JA**, **JE**, **JI**, **JO** OU **JU**.

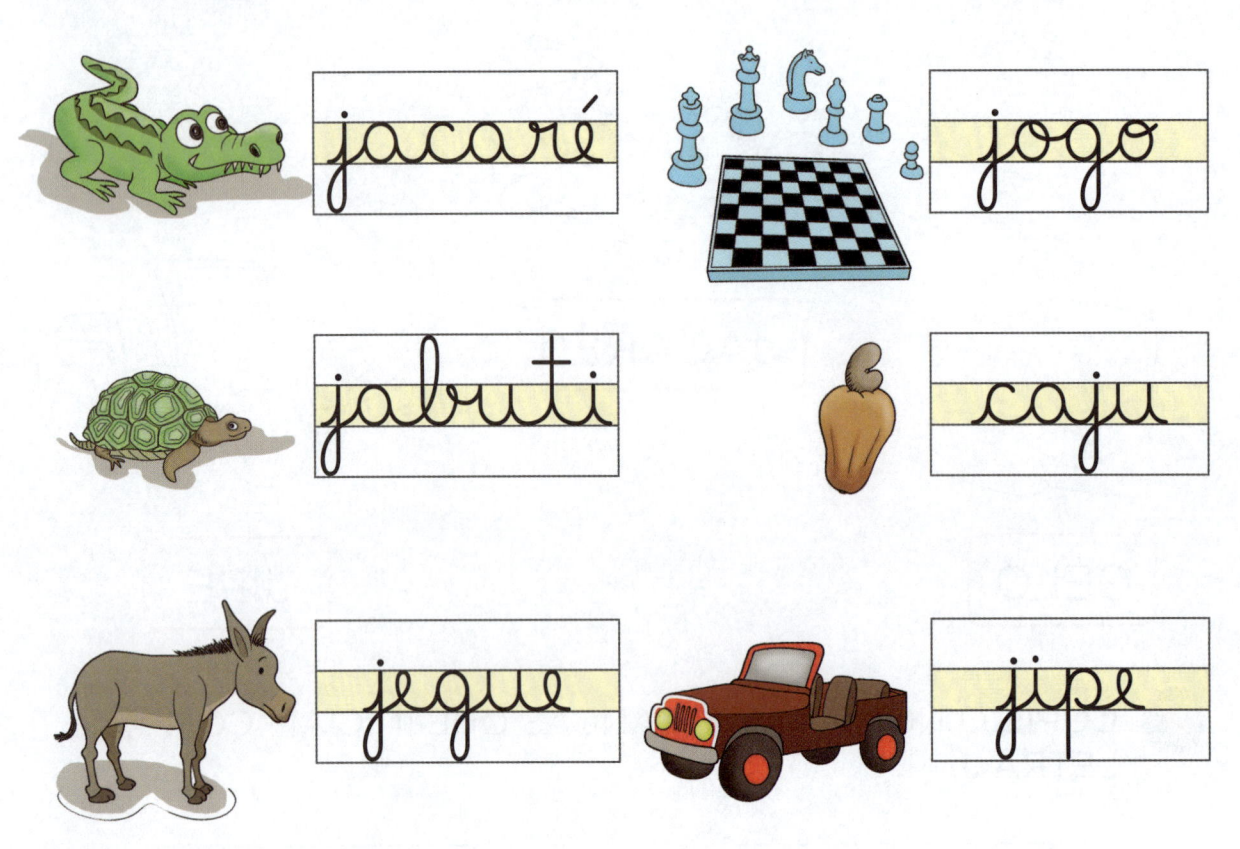

jacaré

jogo

jabuti

caju

jegue

jipe

✏️ JUNTE AS SÍLABAS, FORME PALAVRAS E ESCREVA-AS.

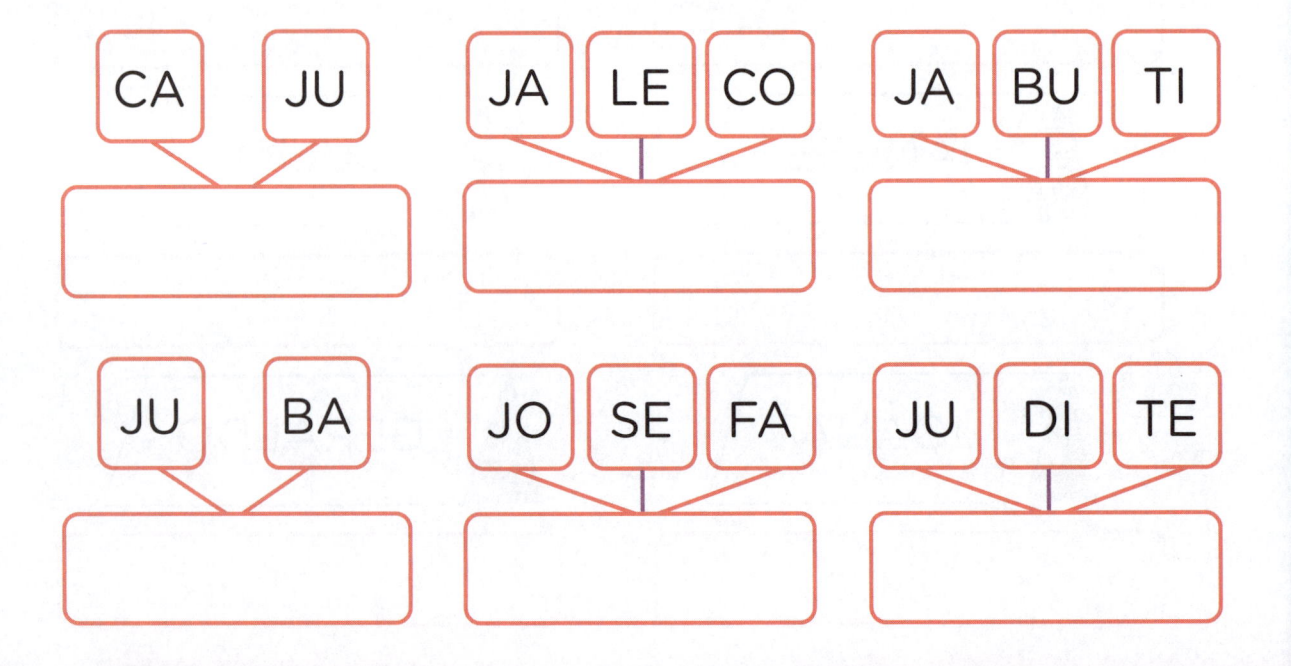

| CA | JU |

| JA | LE | CO |

| JA | BU | TI |

| JU | BA |

| JO | SE | FA |

| JU | DI | TE |

✏️ LIGUE AS PALAVRAS IGUAIS E COPIE-AS.

jaca	Juliana
jipe	janela
Juliana	João
janela	jipe
João	jaca

✏️ COM A AJUDA DA PROFESSORA, LEIA AS PALAVRAS A SEGUIR. DEPOIS, COPIE-AS.

jaca

beijo

caju

Joca

✏️ QUANTAS LETRAS TEM CADA PALAVRA?

JABUTI ☐   JENIPAPO ☐

JILÓ ☐   JIA ☐

JACARÉ ☐   JABUTICABA ☐

✏️ CIRCULE A PALAVRA QUE TEM A MENOR QUANTIDADE DE LETRAS.

✏️ SEPARE AS PALAVRAS EM SÍLABAS.

JOSEFA			
JANETE			
JUDITE			
JANICE			

✏️ ESCREVA AS PALAVRAS DO QUADRO NA COLUNA CORRETA.

Juca   judô   juba   Júlio

j	J

LIÇÃO 12

KIRIKU
Kiriku

K k
K k

Kiriku e o colar da discórdia
Michel OCELOT
EDITORA VIAJANTE DO TEMPO

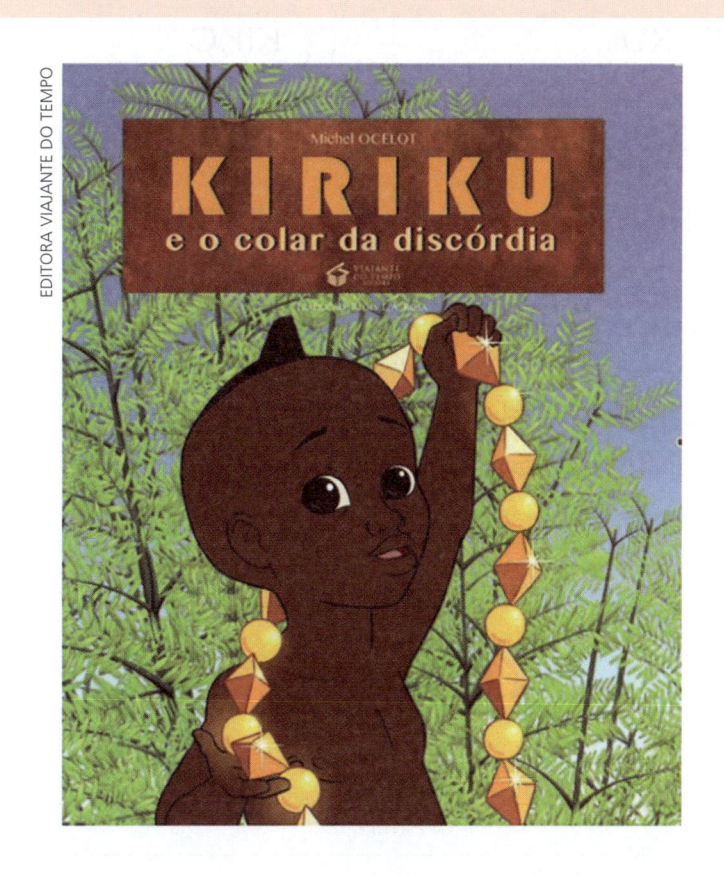

UMA AVENTURA EMOCIONANTE DO INCRÍVEL HERÓI AFRICANO, O PEQUENINO, ESPERTO E VALENTE KIRIKU.

UM COLAR DE OURO É DADO DE PRESENTE PELA MALVADA KARABA, A FEITICEIRA, PARA SER USADO PELA ALDEÃ MAIS HONRADA DA ALDEIA. ISSO GERA DISCÓRDIA, POIS O COLAR ATRAI A COBIÇA E A RAIVA DE TODAS AS MULHERES DA ALDEIA. ESSE CONFLITO REQUER O TALENTO E A CRIATIVIDADE DE KIRIKU, QUE VÊ ADULTOS SE COMPORTANDO COMO PESSOAS IMATURAS E EGOÍSTAS.

KIRIKU E O COLAR DA DISCÓRDIA. DISPONÍVEL EM: HTTP://VIAJANTEDOTEMPO.COM/LOJA/KIRIKU-E-O-COLAR/. ACESSO EM: 3 JUN. 2022.

TRABALHANDO O TEXTO

MARQUE UM **X** NAS RESPOSTAS CORRETAS.

QUAL É O NOME DO PEQUENO HERÓI AFRICANO?

☐ KIRIKU   ☐ KIKO

QUAL É O NOME DA MALVADA DA HISTÓRIA?

☐ KARLA   ☐ KARABA

VOCÊ SABE O QUE SIGNIFICA A PALAVRA **DISCÓRDIA**?

CUBRA O PONTILHADO PARA FORMAR LETRAS E, DEPOIS, COPIE-AS.

k k k k k k k

K K K K K K

A LETRA **K** É MAIS USADA EM NOMES PRÓPRIOS E EM PALAVRAS DE ORIGEM ESTRANGEIRA.

✏️ ACOMPANHE A LEITURA DOS NOMES QUE A PROFESSORA VAI FAZER. DEPOIS, COPIE-OS.

Keli

Kauã

Kleiton

Karina

✏️ RISQUE A LETRA **K** NAS PALAVRAS A SEGUIR.

KIKO

KÁTIA

SKATE

KUNG FU

KIWI

- ACOMPANHE A LEITURA DA PROFESSORA.

> **KETCHUP CASEIRO**
>
> *INGREDIENTES*
> 1 LATA DE EXTRATO DE TOMATE
> 1/2 LATA DE VINAGRE (UTILIZAR A LATA DE EXTRATO DE TOMATE COMO MEDIDA)
> 2 COLHERES (SOPA) DE AÇÚCAR
> 1 COLHER (CHÁ) DE SAL
> 1 COLHER (CHÁ) DE MOLHO DE PIMENTA
>
> *MODO DE FAZER*
> EM UMA TIGELA MISTURE TODOS OS INGREDIENTES E ESTÁ PRONTO.

- COPIE NO ESPAÇO ABAIXO O TÍTULO DA RECEITA.

- MARQUE COM UM **X** OS INGREDIENTES DA RECEITA DO *KETCHUP*.

  ☐ EXTRATO DE MILHO ☐ VINAGRE
  ☐ EXTRATO DE TOMATE ☐ SAL
  ☐ ÁGUA MINERAL ☐ AÇÚCAR
  ☐ MOLHO DE PIMENTA ☐ CANELA

- VOCÊ COSTUMA USAR *KETCHUP* NAS REFEIÇÕES? EM QUAIS ALIMENTOS?

LIÇÃO 13

LEÃO   L I

leão   L l

> **L** DE LIMÃO E LARANJA,
> LUA, LÍRIO, LAÇO E LIÇÃO.
> LUZ, LIVRO, LETRA E LEITURA
> LEOPARDO, LOBO E LEÃO.
>
> DARCI MARIA BRIGNANI. **DE A A Z, DE 1 A 10**.
> SÃO PAULO: IBEP, 2012. P. 12.

la	le	li	lo	lu
la	le	li	lo	lu
LA	LE	LI	LO	LU
La	Le	Li	Lo	Lu

TRABALHANDO O TEXTO

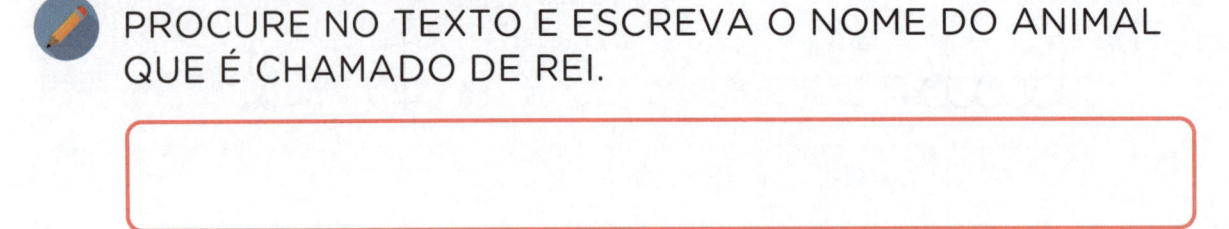

✏️ PROCURE NO TEXTO E ESCREVA O NOME DO ANIMAL QUE É CHAMADO DE REI.

💬 QUE NOMES DE FRUTAS VOCÊ OUVIU NESSE TEXTO?

✏️ FALE O NOME DOS ANIMAIS. CIRCULE APENAS OS ANIMAIS QUE FORAM CITADOS NO TEXTO.

ERIC ISSELEE/SHUTTERSTOCK
ERIC ISSELEE/SHUTTERSTOCK
FREEPIK
PHOTOMASTER/SHUTTERSTOCK

💬 VOCÊ JÁ VIU ALGUM LEÃO?

✏️ CUBRA O PONTILHADO, LEIA AS SÍLABAS FORMADAS E COPIE-AS.

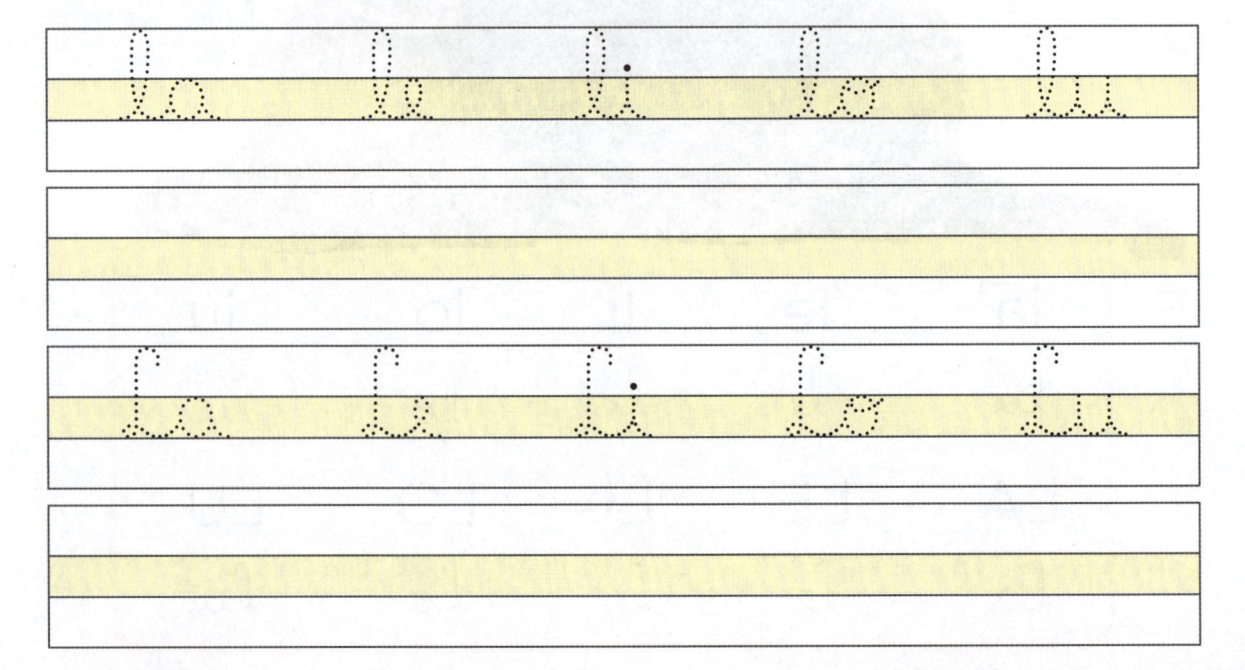

la   le   li   lo   lu

La   Le   Li   Lo   Lu

82

✏️ DESCUBRA O NOME DAS FIGURAS NO TEXTO DA QUADRINHA E ESCREVA-OS.

✏️ HÁ QUANTAS LETRAS EM CADA PALAVRA? CONTE E ESCREVA.

LIMÃO ☐

LARANJA ☐

LEITURA ☐

✏️ LIGUE AS PALAVRAS QUE INICIAM COM A MESMA SÍLABA.

LOBO

LIXO

LIMÃO

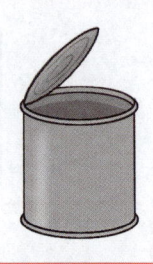

LATA

LAÇO

LOCOMOTIVA

🖍️ ENCONTRE AS SÍLABAS **LA**, **LE**, **LI**, **LO** E **LU** NO QUADRO E PINTE-AS.

LE	BA	CO	LI	JA
FO	JE	LA	BU	FE
DI	LU	JI	GA	LO

AS LETRAS ESTÃO EMBARALHADAS. COLOQUE-AS NA ORDEM CORRETA PARA FORMAR O NOME DAS FIGURAS. DEPOIS, COPIE AS PALAVRAS FORMADAS.

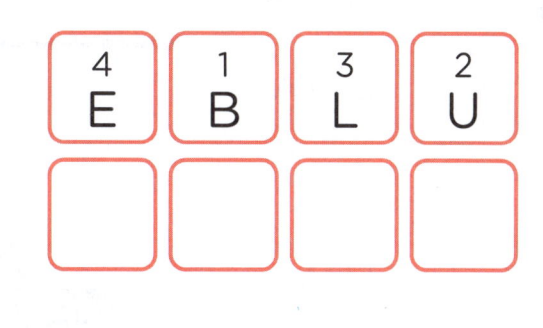

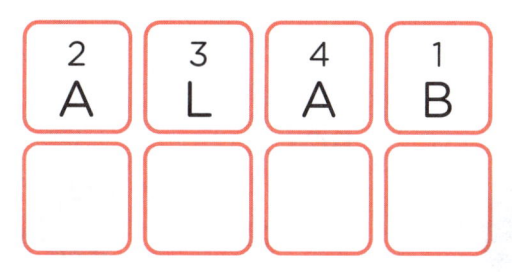

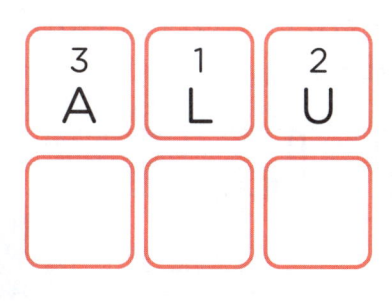

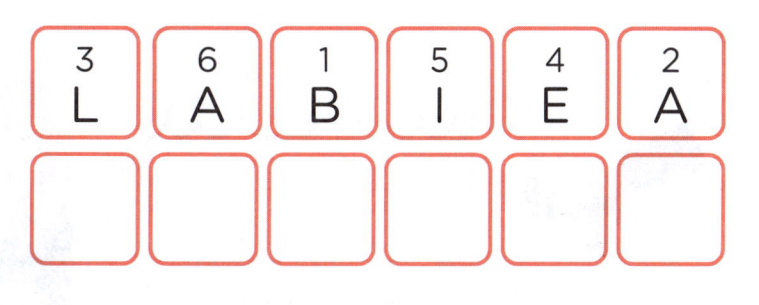

4	1	3	2
E	B	L	U

2	3	4	1
A	L	A	B

3	1	2
A	L	U

3	6	1	5	4	2
L	A	B	I	E	A

✏️ ASSINALE COM UM **X** O NOME DE CADA FIGURA.

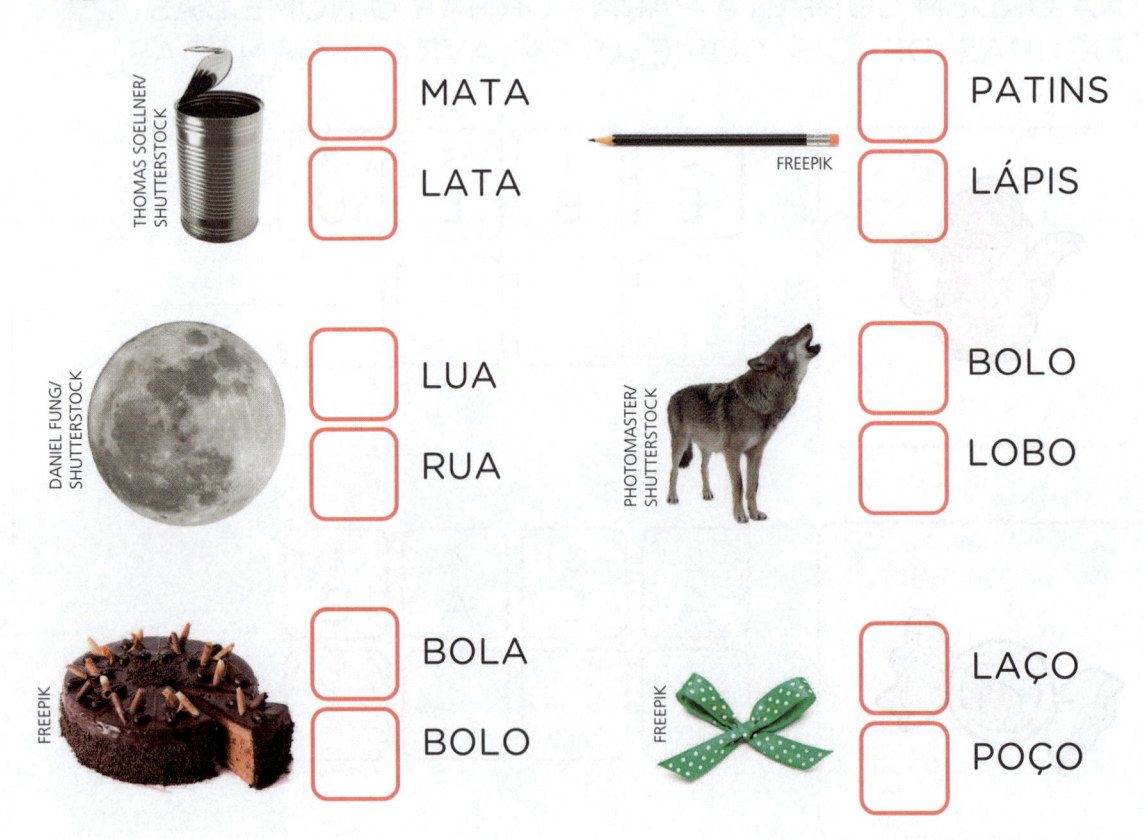

	MATA		PATINS
	LATA		LÁPIS

	LUA		BOLO
	RUA		LOBO

	BOLA		LAÇO
	BOLO		POÇO

✏️ LEIA AS PALAVRAS COM A AJUDA DA PROFESSORA. DEPOIS, COPIE-AS.

lobo

lata

luneta

leão

OBSERVE AS IMAGENS. DEPOIS, COMPLETE AS PALAVRAS COM AS SÍLABAS DO QUADRO E COPIE-AS.

| la | le | li | lo | lu |

ma____

____xo

____garto

mo____

ga____

ge____

LEIA OS NOMES COM A AJUDA DA PROFESSORA. DEPOIS, COPIE-OS.

LARA		LAILA	
LEDA		LEO	
LUCILA		LETÍCIA	
LORENA		LUCAS	

✏️ **COMPLETE AS PALAVRAS COM AS SÍLABAS LA, LE, LI, LO E LU E COPIE-AS.**

_____ MÃO - _____

_____ VA - _____

BA _____ - _____

BU _____ - _____

CAME _____ - _____

✏️ **ESCREVA AS PALAVRAS DO QUADRO NA COLUNA CORRETA.**

lobo   Lígia   lado
lata   Leda   Luana

l	L

NUMERE AS PALAVRAS DE ACORDO COM AS FIGURAS.

1	2	3	4	5
6	7	8	9	10
11	12	13	14	15

☐ BOLO ☐ ELEFANTE ☐ DADO

☐ FACA ☐ *KIWI* ☐ HIENA

☐ ABACAXI ☐ GALO ☐ IOIÔ

☐ JANELA ☐ CAJU ☐ LEÃO

☐ OVO ☐ MOLA ☐ URUBU

LIÇÃO 14

MAMÃO M m
mamão

SOBREMESA

MINHA MAMÃE QUER MAMÃO
O MEU PAPAI QUER PAPAIA
MEU IRMÃO SÓ QUER LIMÃO
MINHA IRMÃ PEDE ROMÃ
CAROLA QUER ACEROLA
A ANA PEDE BANANA
A TATI QUER ABACATE
A TIA QUICA QUER CAQUI
E A MARA, MARACUJÁ.

MAS É PRA JÁ.

CIÇA. **ROLA RIMA**.
RIO DE JANEIRO:
NOVA FRONTEIRA, 2012. P. 7.

ma	me	mi	mo	mu
ma	*me*	*mi*	*mo*	*mu*
MA	ME	MI	MO	MU
Ma	*Me*	*Mi*	*Mo*	*Mu*

TRABALHANDO O TEXTO

- O QUE É SOBREMESA?

- QUEM PEDIU BANANA? E ABACATE?

- O QUE A MARA QUER?

- QUANTAS FRUTAS SÃO CITADAS NO TEXTO?

- DE QUE FRUTA VOCÊ MAIS GOSTA? DESENHE.

- CUBRA O PONTILHADO, LEIA AS SÍLABAS FORMADAS E COPIE-AS.

ma   me   mi   mo   mu

Ma   Me   Mi   Mo   Mu

PINTE TODAS AS FIGURAS QUE COMEÇAM COM A LETRA **M**.

MOEDA   MULA   CAMA   MINHOCA

BOLA   MELÃO   MENINA   MILHO

ESCREVA A SÍLABA QUE FALTA NO INÍCIO DAS PALAVRAS. DEPOIS, COPIE-A AO LADO DE CADA DESENHO.

	CA	CO
	LA	
	MÃO	
	TO	

LEIA E RELACIONE AS PALAVRAS QUE COMEÇAM COM A MESMA SÍLABA.

MACACO	MILHO
MESA	MOTO
MICO	MULHER
MOLA	MALA
MULA	MENINO

✏️ ESCREVA A SÍLABA INICIAL DO NOME DE CADA FIGURA E COPIE A PALAVRA FORMADA. UTILIZE AS SÍLABAS DO QUADRO A SEGUIR.

| MA | ME | MI | MO | MU |

____ÇÃ - _____

____SA - _____

____EDA - _____

____RO - _____

FOTOS: SHUTTERSTOCK
CASA DA MOEDA DO BRASIL

✏️ OUÇA A LEITURA DA ADIVINHA E DESENHE A RESPOSTA AO LADO.

O QUE É, O QUE É?

PULO DE GALHO EM GALHO,
TENHO UMA CAUDA LONGA
E ADORO COMER BANANA.

DOMÍNIO PÚBLICO.

ESCREVA O NOME DAS FIGURAS USANDO AS PALAVRAS DO QUADRO A SEGUIR.

| meia | moto | mola | mala |

ESCREVA AS PALAVRAS DO QUADRO NA COLUNA CORRETA.

| Malala | mole | macaco |
| Melissa | mico | Magali |

m	M

LIÇÃO 15

NUVEM   N n
nuvem

VOCÊ JÁ BRINCOU ALGUMA VEZ DE VER AS NUVENS PASSAREM E FALAR A FORMA QUE ELAS TÊM?

SE OLHAR AS NUVENS COM ATENÇÃO, VAI PERCEBER QUE UMAS TÊM FORMA DE CHAPÉU, OUTRAS, DE ELEFANTE, OUTRAS, DE OVELHAS... COM UM POUCO DE IMAGINAÇÃO, VOCÊ PODE OLHAR AS NUVENS E INVENTAR HISTÓRIAS.

E SE FIZER ISSO COM UM AMIGO OU UMA AMIGA, AS HISTÓRIAS QUE CONTAREM SERÃO MUITO MAIS DIVERTIDAS. NÃO TENHA DÚVIDA!

ARIANNA CANDELL. **FORMAS**. TRADUÇÃO DE IRAMI B. SILVA. SÃO PAULO: COMPANHIA EDITORA NACIONAL, 2009. P. 34.

na	ne	ni	no	nu
na	ne	ni	no	nu
NA	NE	NI	NO	NU
Na	Ne	Ni	No	Nu

TRABALHANDO O TEXTO

PINTE AS FIGURAS QUE REPRESENTAM ALGUMAS PALAVRAS DO TEXTO.

OBSERVE A NUVEM MOSTRADA NA FOTOGRAFIA DA PÁGINA ANTERIOR. O QUE ELA LEMBRA?

QUE HISTÓRIA VOCÊ PODERIA INVENTAR AO OLHAR ESSA NUVEM?

CUBRA O PONTILHADO, LEIA AS SÍLABAS FORMADAS E COPIE-AS.

na ne ni no nu

Na Ne Ni No Nu

CIRCULE AS SÍLABAS **NA**, **NE**, **NI**, **NO** E **NU** QUE APARECEM NAS PALAVRAS A SEGUIR.

BANANA

CANA

MENINA

CANUDO

CANOA

BONÉ

OBSERVE AS ILUSTRAÇÕES E ESCREVA A SÍLABA INICIAL DO NOME DE CADA UMA.

PINTE AS SÍLABAS **NA**, **NE**, **NI**, **NO** E **NU** DAS PALAVRAS A SEGUIR DE ACORDO COM A LEGENDA. DEPOIS, COPIE A SÍLABA PINTADA NO QUADRINHO.

NA NE NI NO NU

BANANA

CANOA

NOVELO

CANUDO

ÔNIBUS

MENINO

BONECA

NAVIO

CANETA

FORME PALAVRAS JUNTANDO AS SÍLABAS DE ACORDO COM A NUMERAÇÃO.

1 BO	2 ME	3 BA	4 NI	5 CA
6 NA	7 NU	8 NE	9 DO	10 LA

1 - 8 - 5

3 - 6 - 6

2 - 4 - 6

5 - 6

5 - 8 - 10

5 - 7 - 9

✏️ CIRCULE AS LETRAS QUE FORMAM O NOME DA FIGURA. DEPOIS, JUNTE AS LETRAS E ESCREVA ESSE NOME.

B	P	A	C
T	A	I	N
N	O	A	E

✏️ OUÇA A LEITURA E MARQUE UM ✗ NA RESPOSTA CORRETA.

VOCÊ FORMOU O NOME DE:

☐ UM BRINQUEDO.   ☐ UMA FRUTA.

☐ UM LEGUME.   ☐ UMA FLOR.

✏️ LIGUE AS PALAVRAS ÀS FIGURAS CORRESPONDENTES.

NUVEM

BONECA

MENINO

101

✏️ COPIE O NOME DAS CRIANÇAS.

NEIDE	
NICOLAS	
NATÁLIA	
NICOLAU	

✏️ COMPLETE A CRUZADINHA.

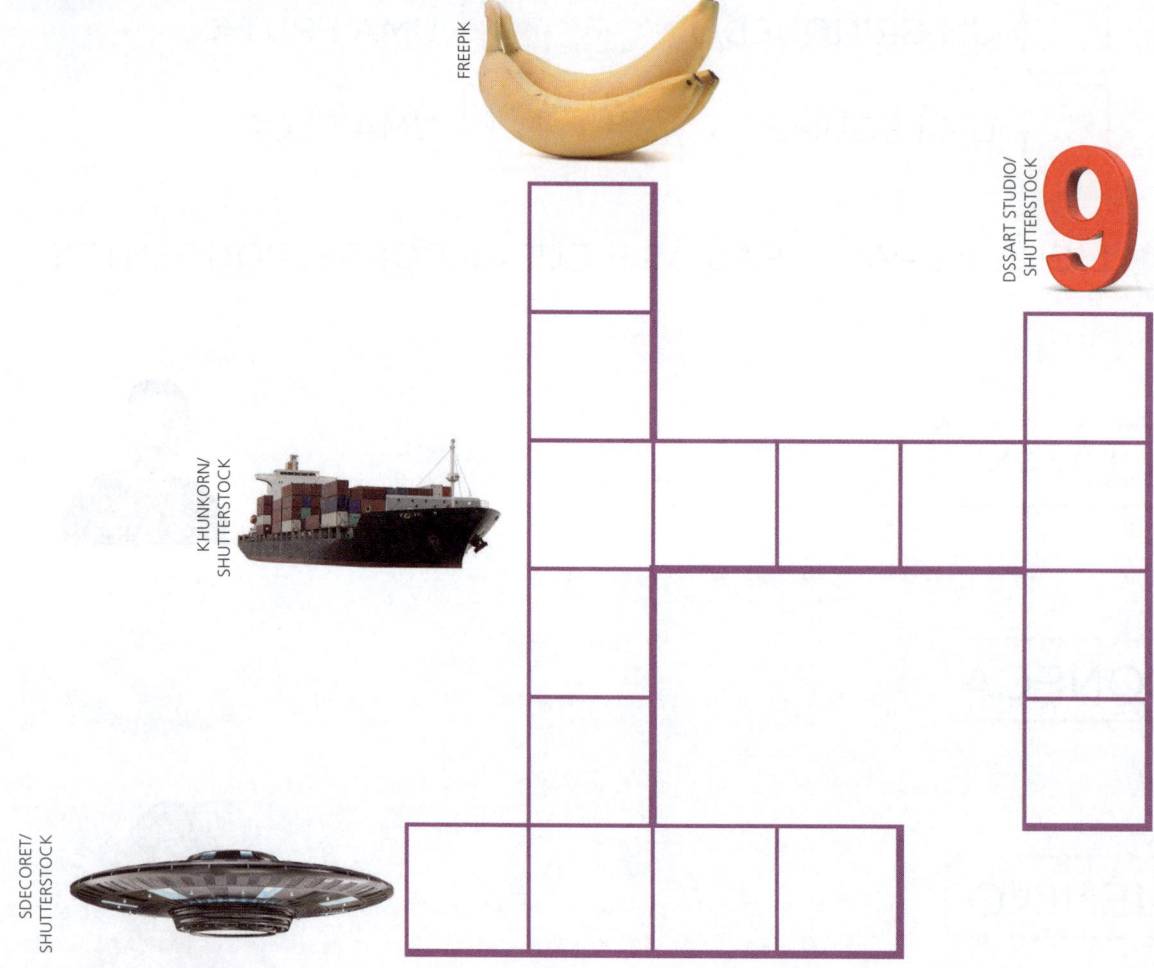

OBSERVE A CENA.

O QUE AS CRIANÇAS ESTÃO FAZENDO? ONDE ELAS ESTÃO? QUANTOS MENINOS? QUANTAS MENINAS?

PINTE OS ANIMAIS QUE ESTÃO NA CENA.

COM LÁPIS VERMELHO, PINTE A QUANTIDADE DE QUADRINHOS QUE REPRESENTA O NÚMERO TOTAL DE CRIANÇAS. COM LÁPIS AZUL, PINTE O NÚMERO DE ANIMAIS QUE ESTÃO NO PARQUE.

CRIANÇAS

ANIMAIS

OBSERVE O GRÁFICO E RESPONDA: HÁ MAIS CRIANÇAS OU ANIMAIS NO PARQUE?

103

LIÇÃO 16

PAPAGAIO P p
papagaio *P p*

PAPAGAIO LOURO

PAPAGAIO LOURO
DO BICO DOURADO,
LEVA ESTA CARTINHA
PARA O MEU NAMORADO.

SE ESTIVER DORMINDO,
BATA NA PORTA.
SE ESTIVER ACORDADO,
DEIXE O RECADO.

DOMÍNIO PÚBLICO.

pa	pe	pi	po	pu
pa	*pe*	*pi*	*po*	*pu*
PA	PE	PI	PO	PU
Pa	*Pe*	*Pi*	*Po*	*Pu*

TRABALHANDO O TEXTO

PINTE O ANIMAL CITADO NO TEXTO.

CIRCULE O QUE O PAPAGAIO ESTAVA LEVANDO.

O CORPO DO PAPAGAIO É COBERTO DE:

☐ PELOS   ☐ PENAS   ☐ PANO

QUAIS PALAVRAS DA CANTIGA TERMINAM COM O MESMO SOM DE **DOURADO**?

CUBRA O PONTILHADO, LEIA AS SÍLABAS FORMADAS E COPIE-AS.

pa   pe   pi   po   pu

Pa   Pe   Pi   Po   Pu

✏️ LEIA AS PALAVRAS COM A AJUDA DA PROFESSORA. DEPOIS, CIRCULE AS SÍLABAS **PA**, **PE**, **PI**, **PO** E **PU** QUE NELAS APARECEM.

| PATO | PENA | PIA |

| PIANO | PÁ | PICOLÉ |

✏️ TROQUE OS CÓDIGOS PELAS SÍLABAS E DESCUBRA O NOME DAS FIGURAS. DEPOIS, COPIE AS PALAVRAS.

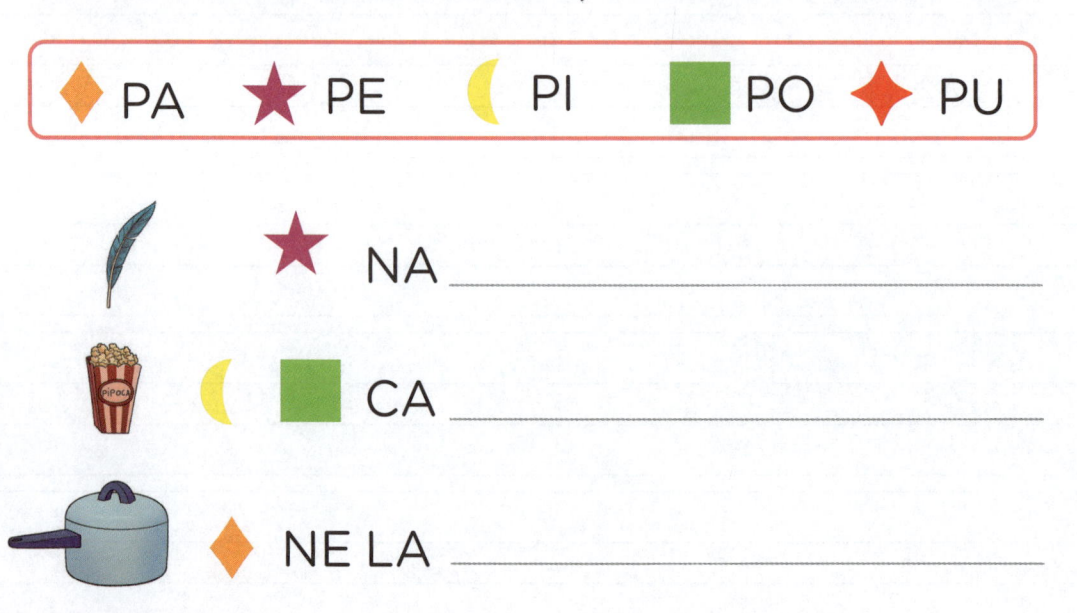

◆ PA   ★ PE   ☾ PI   ■ PO   ◆ PU

★ NA _____

☾ ■ CA _____

◆ NE LA _____

RISQUE A LETRA **P** NAS PALAVRAS A SEGUIR.

| PERIQUITO | PAREDE | PEPINO |

| PULO | PIPA | PIRATA |

| PAPAGAIO | PALITO | PIPOCA |

ESCREVA A LETRA INICIAL DO NOME DE CADA FIGURA.

AGORA, JUNTE AS LETRAS, ESCREVA A PALAVRA FORMADA E FAÇA UMA ILUSTRAÇÃO DELA.

ENCONTRE E PINTE AS PALAVRAS NO QUADRO CONFORME A LEGENDA.

■ PETECA   ■ PIPOCA   ■ PIPA

B	I	P	E	T	E	C	A
C	A	F	I	C	B	U	L
O	G	A	E	P	I	P	A
P	I	P	O	C	A	E	R

DESEMBARALHE AS SÍLABAS E ESCREVA AS PALAVRAS.

PA PI

LA PA NE

PE CA TE

CA PO PI

OUÇA A LEITURA DOS NOMES E COPIE-OS.

PALOMA

PAULO

POLIANA

OUÇA A LEITURA DAS PALAVRAS E CIRCULE AQUELA QUE CORRESPONDE AO NOME DA FIGURA. DEPOIS, COPIE-A.

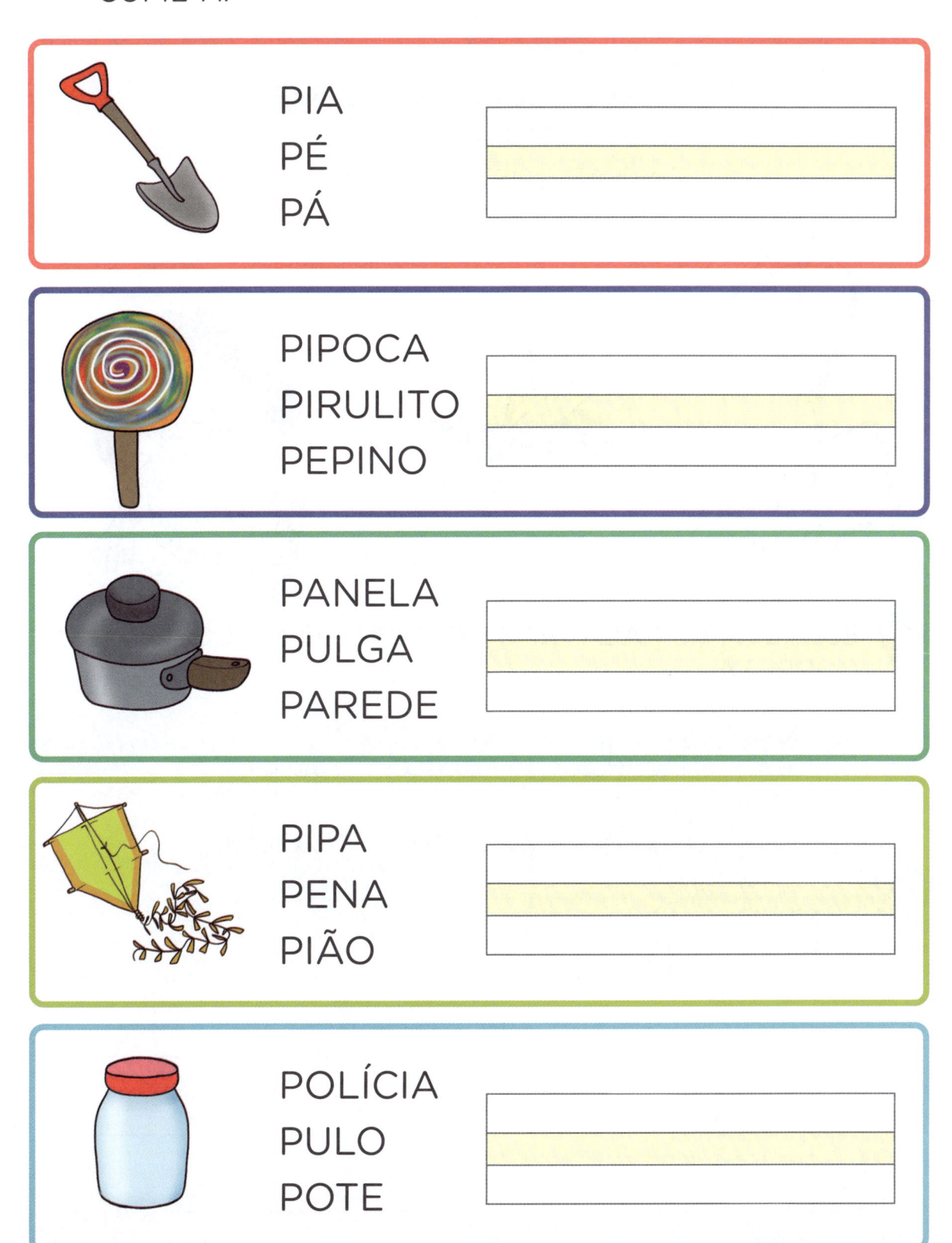

PIA
PÉ
PÁ

PIPOCA
PIRULITO
PEPINO

PANELA
PULGA
PAREDE

PIPA
PENA
PIÃO

POLÍCIA
PULO
POTE

✏️ ESCUTE COM ATENÇÃO A ADIVINHA. DEPOIS, CIRCULE O DESENHO QUE CORRESPONDE À RESPOSTA.

> O QUE É, O QUE É?
> TEM PENAS, MAS NÃO É AVE.
> PULA PARA LÁ, PULA PARA CÁ.
> E NO AR GOSTA DE BRINCAR?
> DICA: É UM BRINQUEDO.
>
> DOMÍNIO PÚBLICO.

✏️ ESCREVA AS PALAVRAS DO QUADRO NA COLUNA CORRETA.

Paola   pena   pipa
Paco   pipoca   Paulo

p	p

LIÇÃO 17

QUINTAL Q q
quintal

O QUINTAL

NO QUINTAL DE MARGARIDA
HÁ UM PÉ DE ESPIRRADEIRA,
MAS A MINHA FAVORITA
AINDA É A ROSEIRA.
E PRA VOCÊ, AMIGUINHO?
QUAL É A FLOR MAIS BONITA?
VIOLETA, GIRASSOL,
SEMPRE-VIVA OU BENEDITA?

CRISTINA ARABÃO. **ILERÊ**: RIMAS PARA CRIANÇA. RECIFE: BAGAÇO, 1992.

qua	que	qui	quo
qua	que	qui	quo
QUA	QUE	QUI	QUO
Qua	Que	Qui	Quo

TRABALHANDO O TEXTO

PINTE A FLOR PREFERIDA PELA AUTORA DO TEXTO.

ESPIRRADEIRA    MARGARIDA    ROSA

OBSERVE AS IMAGENS DE ALGUMAS FLORES CITADAS NO TEXTO E CIRCULE A QUE VOCÊ ACHA MAIS BONITA.

VIOLETA   GIRASSOL   SEMPRE-VIVA   BENEDITA

CUBRA O PONTILHADO, LEIA AS SÍLABAS FORMADAS E COPIE-AS.

qua   que   qui   quo

Qua   Que   Qui   Quo

CIRCULE A LETRA **Q** NAS PALAVRAS ABAIXO. DEPOIS, PINTE SOMENTE AS FIGURAS QUE TÊM O NOME INICIADO COM ESSA LETRA.

PERIQUITO

QUEIJO

LEQUE

QUADRO

CAQUI

AQUÁRIO

COMPLETE AS PALAVRAS COM **QUE** OU **QUI**. DEPOIS, COPIE-AS.

le_____   mole_____   _____abo

ra____te   peri____to   mos____to

✏️ ESCREVA QUANTAS VOGAIS E QUANTAS CONSOANTES HÁ EM CADA PALAVRA. DEPOIS, CIRCULE AS SÍLABAS **QUA**, **QUE** E **QUI** NAS PALAVRAS.

PALAVRA	VOGAIS	CONSOANTES
AQUARELA	5	3
QUATI		
PERIQUITO		
QUARENTA		
LEQUE		
QUIABO		

OUÇA A LEITURA DAS PALAVRAS E CIRCULE AQUELA QUE CORRESPONDE AO NOME DA FIGURA. DEPOIS, COPIE-A.

LEQUE
QUIABO
QUINZE

QUEIJO
ESQUILO
QUARENTA

PERIQUITO
QUATI
RAQUETE

AQUÁRIO
CAQUI
QUADRO

BASQUETE
AQUARELA
PORQUINHO

LIÇÃO 18

RATO   R r

rato   R r

A RAINHA E O RATO
A RAINHA TEM UM GATO
PRETINHO QUE NEM CARVÃO.
OUTRO DIA ENTROU UM RATO NO SALÃO.
SAIU O RATO FUGINDO,
E O GATO ATRÁS, CORRENDO,
PEGÁ-LO QUERIA ENTÃO.
QUE SUSTO LEVOU A RAINHA,
COM TAMANHA CONFUSÃO.

ANA MARIA REISSIG OLIVEIRA. **ATIVIDADES LÚDICAS**. PORTO ALEGRE: RIMOLI ASSOCIADOS PROMOÇÕES E EVENTOS LTDA., 2010. P. 203.

ra	re	ri	ro	ru
ra	re	ri	ro	ru
RA	RE	RI	RO	RU
Ra	Re	Ri	Ro	Ru

TRABALHANDO O TEXTO

✏️ CIRCULE OS ANIMAIS CITADOS NO TEXTO.

RATO   GALO   GATO

✏️ NUMERE AS IMAGENS DE ACORDO COM A SEQUÊNCIA DOS ACONTECIMENTOS DO TEXTO.

✏️ CUBRA O PONTILHADO, LEIA AS SÍLABAS FORMADAS E COPIE-AS.

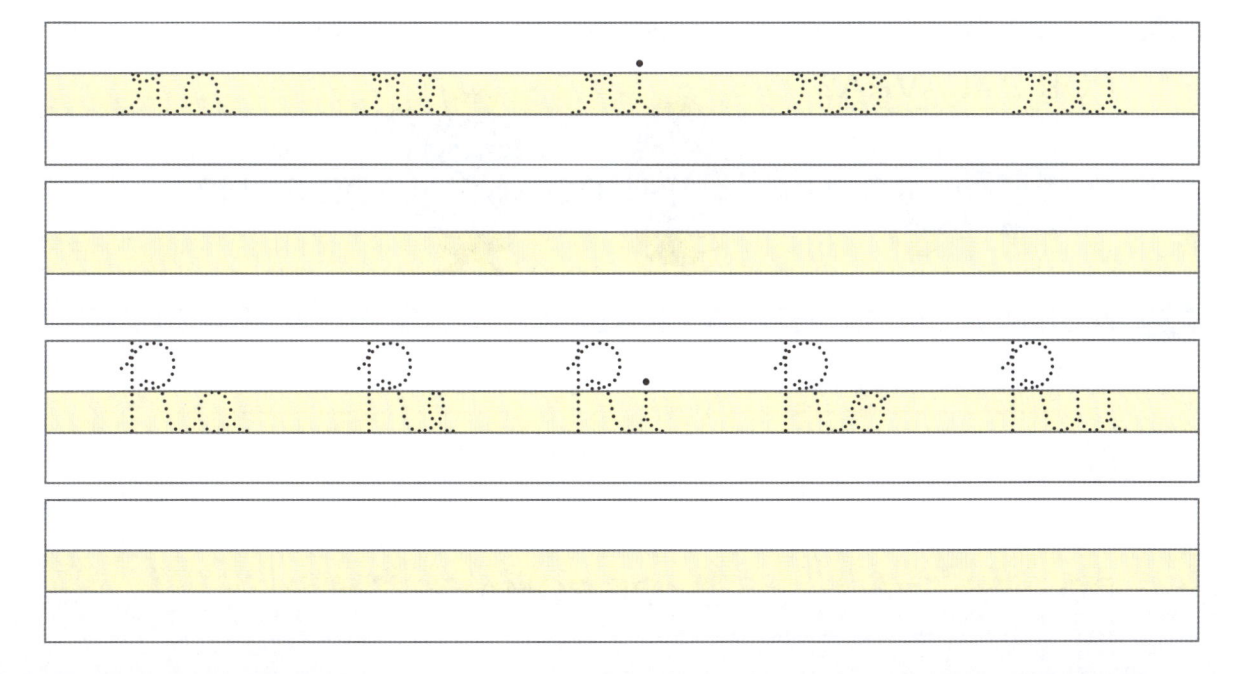

ra   re   ri   ro   ru

Ra   Re   Ri   Ro   Ru

🔍 OBSERVE A ESCRITA DAS PALAVRAS.

| GATO | RATO |

- TODAS AS LETRAS SÃO IGUAIS?
- QUAIS LETRAS SÃO DIFERENTES?
- COMPLETE A PALAVRA ABAIXO COM A LETRA **P**.

　　　　　_____ATO

- QUE PALAVRA VOCÊ FORMOU? DESENHE.

[ ]

- LEIA COM A PROFESSORA TROCANDO OS DESENHOS POR PALAVRAS.

O 🐭 ROEU A 🧥 DO 🤴 DE ROMA.

- AGORA, COMPLETE A FRASE COM AS PALAVRAS QUE FALTAM.

O _____ ROEU A _____

DO _____ DE ROMA.

PROCURE E PINTE O NOME DA FIGURA NO QUADRO. DEPOIS, COPIE-O.

M A R E O V
R O D A R E
R A I O M U

R E I O S U
C A N E L R
U F A R I P

_____   _____

R A R E S T
P O I D U F
C R E D E A

O E R N L A
M R Á D I O
L E B V H U

_____   _____

COM A AJUDA DA PROFESSORA, LEIA AS PALAVRAS A SEGUIR. DEPOIS, COPIE-AS.

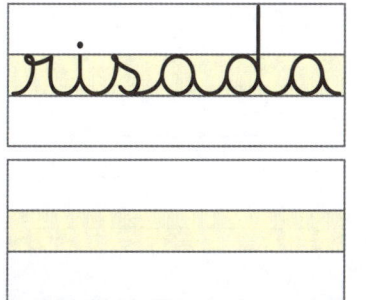

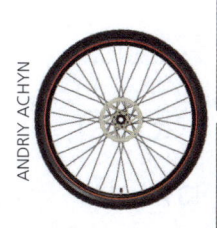

rede

rato

risada

roda

LEIA AS PALAVRAS COM A AJUDA DA PROFESSORA. LIGUE A FIGURA AO NOME CORRESPONDENTE E COPIE-O.

REGADOR
REMO
REDE

RUA
RÉGUA
ROUPA

RODA
RATOEIRA
RIO

RAQUETE
RABANETE
RIACHO

REDE
REMO
REI

✏️ JUNTE AS SÍLABAS E FORME AS PALAVRAS.

RU	A			→	
PI	RU	LI	TO	→	
A	RO	MA		→	
A	MO	RA		→	
PE	RU			→	
PA	RE	DE		→	
PA	RA	DA		→	

🗣️ A PROFESSORA VAI LER A ADIVINHA ABAIXO.

> O QUE É, O QUE É?
> BICHINHO ROEDOR QUE ADORA COMER QUEIJO.
> É TAMBÉM A CAÇA PREFERIDA DO GATO.

✏️ ORDENE AS SÍLABAS E DESCUBRA A RESPOSTA DA ADIVINHA.

TO   RA

TRABALHANDO A ORALIDADE

REÚNA-SE COM OS COLEGAS E INVENTEM UMA HISTÓRIA COM O TEMA QUE VOCÊS ESTÃO ESTUDANDO NESTA LIÇÃO.

PENSEM EM ALGO QUE ACONTECEU E FALEM PARA A PROFESSORA ESCREVER.

A) O QUE ACONTECEU?

B) COM QUEM ACONTECEU?

C) ONDE ACONTECEU?

D) QUANDO ACONTECEU?

E) COMO SE RESOLVEU?

FAÇA UM DESENHO QUE REPRESENTE O TEXTO.

LIÇÃO 19

SAPO   S s

sapo

[...]
CANSADO DAS HISTÓRIAS COM CHULÉ,
O SAPO, DECIDIDO, RESOLVEU CUIDAR DO PÉ:
LAVOU, PERFUMOU E PENSOU.
NADA DISSO ADIANTOU.

PÉ RIMA COM CHULÉ, E ENTÃO SE CONFORMOU:
— NÃO LIGO PRA ISSO, NÃO.
É SOMENTE UMA CANÇÃO.
[...]

ROSÂNGELA LIMA. **VOCÊ NEM IMAGINA...**
SÃO PAULO: IBEP, 2013. P. 8-9.

VITALII HULAI/SHUTTERSTOCK

sa	se	si	so	su
sa	se	si	so	su
SA	SE	SI	SO	SU
Sa	Se	Si	So	Su

123

TRABALHANDO O TEXTO

✏️ ASSINALE A RESPOSTA CERTA DE ACORDO COM O TEXTO.

☐ O SAPO NÃO LAVOU O PÉ.

☐ O SAPO LAVOU O PÉ.

💬 POR QUE O SAPO DECIDIU CUIDAR DO PÉ?

✏️ CIRCULE NO TEXTO A PALAVRA QUE RIMA COM **PÉ**.

💬 VOCÊ JÁ OUVIU ALGUMA HISTÓRIA DE SAPO COM CHULÉ?

✏️ CUBRA O PONTILHADO, LEIA AS SÍLABAS FORMADAS E, DEPOIS, COPIE-AS.

ba   be   bi   bo   bu

ba   be   bi   bo   bu

ESCREVA NOS QUADRINHOS A SÍLABA INICIAL DO NOME DE CADA FIGURA. DEPOIS, LIGUE AO NOME DA FIGURA.

SA   SE   SI   SO   SU

SALADA

SINO

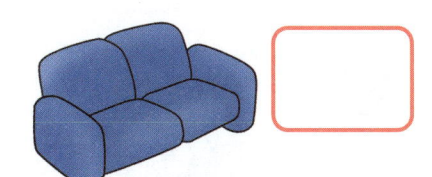

SELO

SUCO

SACOLA

SOFÁ

✏️ USANDO O CÓDIGO DO QUADRO, DESCUBRA O NOME DAS FIGURAS.

O	U	S	A	P	L	C
🙂	🔺	⭐	❤️	✪	▬	✚

⭐ ❤️ ✪ 🙂
___ ___ ___ ___

⭐ 🔺 ✚ 🙂
___ ___ ___ ___

⭐ ❤️ ✚ 🙂 ▬ ❤️
___ ___ ___ ___ ___ ___

✏️ JUNTE AS SÍLABAS E FORME PALAVRAS. LEIA-AS COM A AJUDA DA PROFESSORA.

SA PO

SU CO

SI NO

SO PA

SA PA TO

OBSERVE OS DESENHOS E LIGUE O NOME CORRESPONDENTE. DEPOIS, COPIE-O.

SELO
SAPO
SACO

SACO
SACOLA
SEMANA

SINO
SONO
SALA

SAPECA
SACOLA
SAPATO

SELO
SUCO
SINO

RELACIONE AS PALAVRAS QUE COMEÇAM COM O MESMO SOM.

SAPO

SUZI

SELO

SOFÁ

SINO

SAPATO

SOPA

SEMÁFORO

SUCO

SILAS

COMPLETE O NOME DAS FIGURAS COM AS SÍLABAS SA, SE, SI, SO OU SU. DEPOIS, COPIE A PALAVRA FORMADA.

____BONETE

____MÁFORO

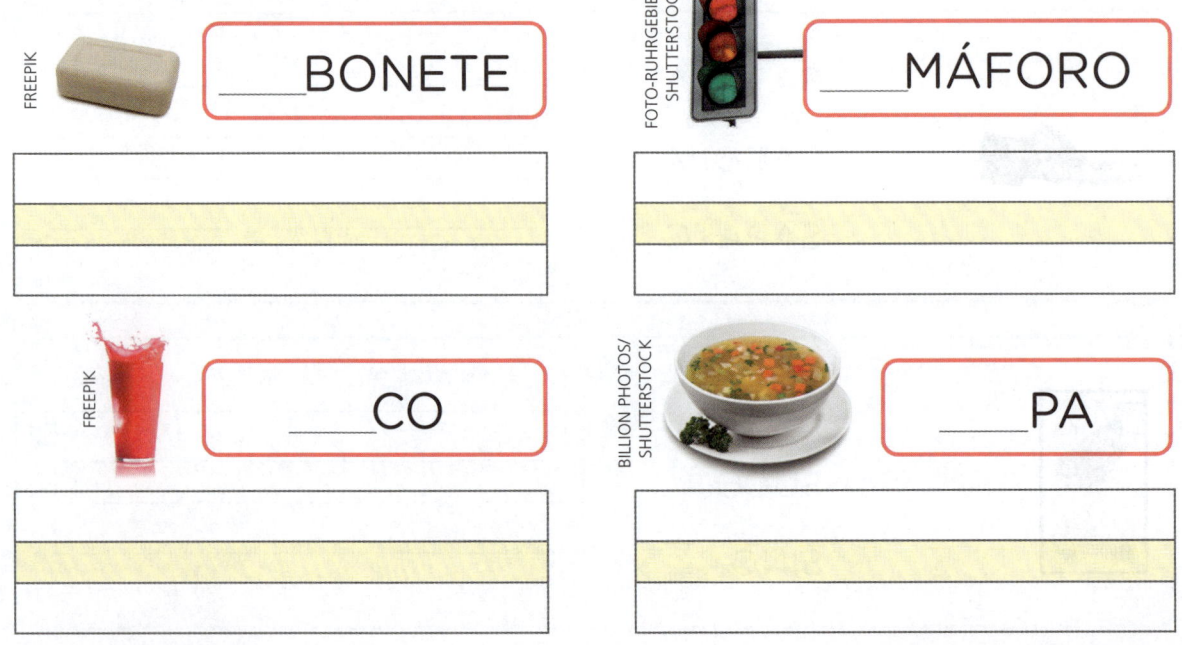

____CO

____PA

FORME PALAVRAS COM AS SÍLABAS DO QUADRO DE ACORDO COM A NUMERAÇÃO. DEPOIS, SEPARE AS SÍLABAS.

1 SA	2 SU	3 SE	4 JO	5 DA	6 DE
7 SI	8 SO	9 LA	10 CO	11 NO	12 TE

7 – 11

3 – 12

1 – 10

3 – 6

2 – 4

8 – 9

1 – 9 – 5

1 – 10 – 9

✏️ COMPLETE COM AS VOGAIS **A** E **O** E OBSERVE AS PALAVRAS FORMADAS.

SAP____   PAT____   GAT____

SAP____   PAT____   GAT____

FIG____   BOL____   MENIN____

FIG____   BOL____   MENIN____

✏️ COPIE OS NOMES.

SIMONE	
SOFIA	
SELENA	
SORAIA	
SEVERO	
SALETE	

130

OUÇA O TRAVA-LÍNGUA E REPITA-O COM OS COLEGAS.

O SAPO NO SACO

OLHA O SAPO DENTRO DO SACO
O SACO COM O SAPO DENTRO
O SAPO BATENDO PAPO
E O PAPO SOLTANDO VENTO

DOMÍNIO PÚBLICO.

ILUSTRE O TRAVA-LÍNGUA.

COMPLETE AS PALAVRAS COM AS CONSOANTES **P**, **S** E **C** E ILUSTRE UMA DAS PALAVRAS QUE VOCÊ FORMOU.

☐ A ☐ O

☐ A ☐ O

☐ A ☐ O

🗨️ CANTE COM A PROFESSORA E OS COLEGAS.

MELÔ DO SAPO

EU SOU O SAPO
E LAVO O PÉ.
MEU PÉ NÃO TEM CHULÉ,
ESSA HISTÓRIA QUEM INVENTOU
FOI O JACARÉ.

NÃO, NÃO, NÃO, MENTIRINHA.
NÃO, NÃO, NA LAGOA EU LAVO O PÉ.
MEU PÉ NÃO TEM CHULÉ.

JACARÉ, LARGA DO MEU PÉ.
TODO MUNDO SABE,
TODO MUNDO SENTE.
É VOCÊ QUE NÃO ESCOVA O DENTE.

ALINE BARROS. MELÔ DO SAPO. DISPONÍVEL EM: HTTPS://BIT.LY/2JYWABC. ACESSO EM: 23 JUN. 2022.

✏️ QUEM INVENTOU A HISTÓRIA DE QUE O SAPO NÃO LAVA O PÉ? CIRCULE A RESPOSTA.

✏️ SEGUNDO O SAPO, O QUE O JACARÉ NÃO FAZ?

☐ NÃO ESCOVA OS DENTES.

☐ NÃO TOMA BANHO.

🗨️ VOCÊ ESCOVA OS DENTES DIARIAMENTE? QUANTAS VEZES AO DIA?

🗨️ VOCÊ JÁ FOI AO DENTISTA? CONTE AOS COLEGAS COMO FOI SUA EXPERIÊNCIA.

LIÇÃO 20

TATU T t

tatu T t

> **O TATU** (MELODIA: ATIREI O PAU NO GATO)
> UM TATU MUITO PATETA-TA
> FOI DE MOTO-TO
> LÁ PRA MATA-TA
> MAS A MOTO-TO
> DERRAPOU-POU-POU,
> VIROU POR CIMA
> DE UM TOMATE
> E ESBORRACHOU! OUU!!!
>
> WALDIRENE DIAS MENDONÇA. **PINTANDO O 7 COM EDU E CAÇÃO – DIDA E TICA**. UBERLÂNDIA: CLARANTO, 1999.

ta	te	ti	to	tu
ta	te	ti	to	tu
TA	TE	TI	TO	TU
Ta	Te	Ti	To	Tu

TRABALHANDO O TEXTO

FAÇA UM **X** NO ANIMAL DA CANÇÃO.

CIRCULE O MEIO DE TRANSPORTE USADO PELO TATU PARA IR À MATA.

CUBRA O PONTILHADO, LEIA AS SÍLABAS FORMADAS E COPIE-AS.

ta   te   ti   to   tu

Ta   Te   Ti   To   Tu

✏️ ESCREVA A PRIMEIRA LETRA DE CADA FIGURA E DESCUBRA QUE PALAVRA ELAS FORMAM. DEPOIS, COPIE-AS.

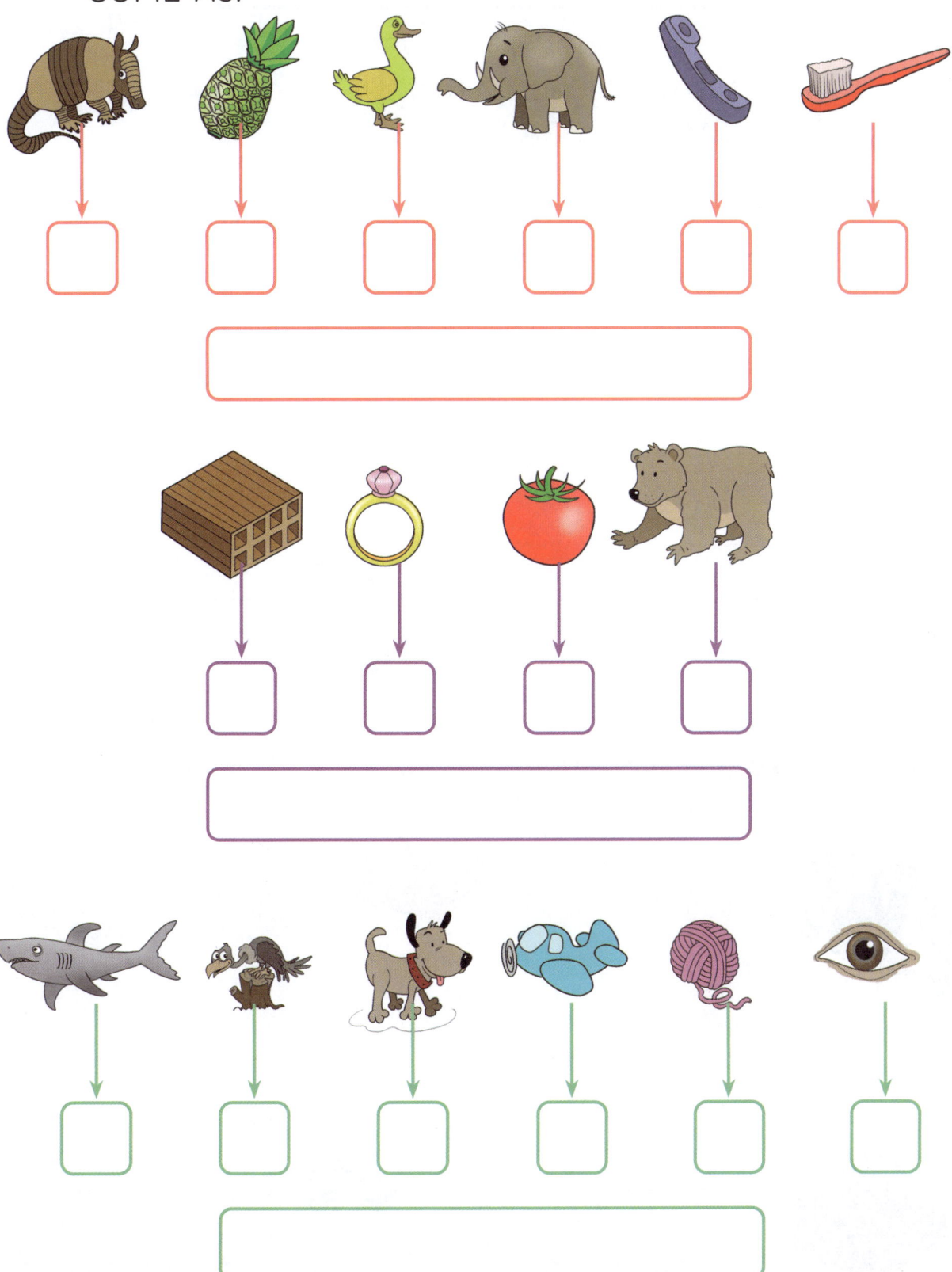

✏️ A PROFESSORA VAI LER A PARLENDA. CIRCULE A LETRA **T** TODA VEZ QUE ELA APARECER NO TEXTO.

> O TATU É BICHO MANSO,
> NUNCA MORDEU NINGUÉM.
> CASO QUEIRA MORDER,
> O TATU MUITOS DENTES TEM.
>
> DOMÍNIO PÚBLICO.

🍎 QUANTAS LETRAS **T** VOCÊ ENCONTROU?

✏️ COMPLETE AS PALAVRAS COM AS SÍLABAS **TA**, **TE**, **TI**, **TO** OU **TU**. DEPOIS, COPIE-AS.

PA_____

LA_____

TA_____

_____PE_____

_____JOLO

API_____

PINTE AS SÍLABAS **TA**, **TE**, **TI**, **TO** OU **TU** DAS PALAVRAS DE ACORDO COM A LEGENDA.

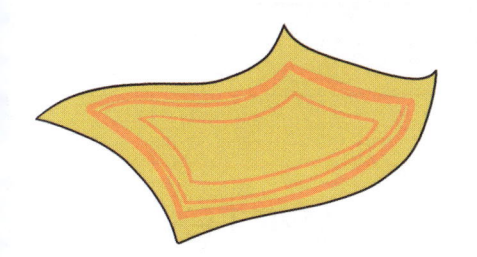

| TA | TE | TI | TO | TU |

TAPETE

TOMATE

PATINETE

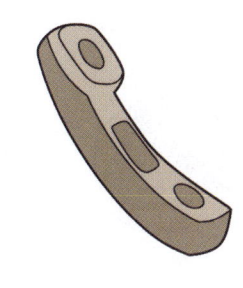

TUCANO

JABUTI

TELEFONE

TUBARÃO

ESTOJO

TIGRE

137

RELACIONE CADA FIGURA AO NOME CORRESPONDENTE. DEPOIS, COPIE-O.

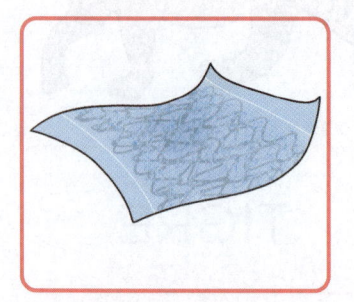

(tucano)	TIME
(tatu)	TAPETE
(tomate)	TATU
(time)	TUCANO
(tapete)	TOMATE

✏️ LEIA A PALAVRA E COMPLETE AS FICHAS.

TUCANO

LETRA INICIAL	QUANTIDADE DE LETRAS

DESENHO	ESCRITA DA PALAVRA

📖 OUÇA O TRAVA-LÍNGUA QUE A PROFESSORA VAI LER.

— ALÔ, O TATU TÁ AÍ?
— NÃO, O TATU NÃO TÁ.
MAS A MULHER DO TATU TANDO,
É O MESMO QUE O TATU TÁ.

DOMÍNIO PÚBLICO.

✏️ DESENHE O ANIMAL CITADO NO TRAVA-LÍNGUA.

✏️ ESTE É O TADEU. HOJE NA ESCOLA ELE APRENDEU VÁRIAS PALAVRAS COM A LETRA **T**.

AJUDE-O A FAZER UMA LISTA COM CINCO PALAVRAS QUE COMECEM COM A LETRA **T**.

_____
_____
_____
_____
_____

✏️ ESCREVA AS PALAVRAS DO QUADRO NA COLUNA CORRETA.

Tiago   Tadeu   Talita   tucano
tomate   tapete   tecido

t	T

LIÇÃO 21

VACINA

vacina

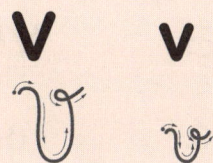

V v

Vacinar é proteger

TODO MUNDO JÁ ME CONHECE. DESDE 1986 SOU O SÍMBOLO DAS **CAMPANHAS DE VACINAÇÃO**.

HOJE ESTOU AQUI PARA UMA MISSÃO BEM ESPECIAL: **MOBILIZAR PARA PROTEGER CONTRA O SARAMPO**.

O CEARÁ ENFRENTA UM SURTO DE **SARAMPO, DOENÇA GRAVE, ALTAMENTE TRANSMISSÍVEL, QUE PODE MATAR**.

ATENÇÃO! A CRIANÇA DEVE SER VACINADA TRÊS VEZES: COM **6 MESES**, COM **1 ANO** DEVE SER VACINADA DE NOVO E COM **1 ANO E 3 MESES** DEVE SER VACINADA NOVAMENTE.

SARAMPO A VACINA É A ÚNICA PROTEÇÃO!

COMPARTILHE

CRIAÇÃO: Assessoria de Comunicação da Secretaria da Saúde do Estado do Ceará

GOVERNO DO ESTADO DO CEARÁ

DISPONÍVEL EM: HTTPS://BIT.LY/2V43DEI. ACESSO EM: 30 MAR. 2022.

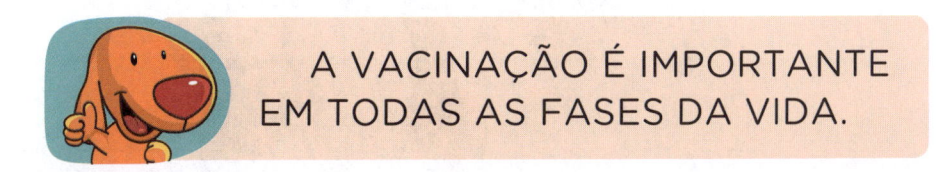

A VACINAÇÃO É IMPORTANTE EM TODAS AS FASES DA VIDA.

141

va	ve	vi	vo	vu
va	*ve*	*vi*	*vo*	*vu*
VA	VE	VI	VO	VU
Va	*Ve*	*Vi*	*Vo*	*Vu*

TRABALHANDO O TEXTO

✏️ OUÇA A LEITURA DO TEXTO DA CAMPANHA DE VACINAÇÃO E COMPLETE AS FRASES.

A VACINAÇÃO É IMPORTANTE EM TODAS AS FASES DA

☐ .

VACINAR É

☐ .

💬 SUA CARTEIRA DE VACINAÇÃO ESTÁ EM DIA? POR QUE É IMPORTANTE TOMAR VACINA?

✏️ COM AS LETRAS DA PALAVRA **VACINA**, FORME OUTRAS PALAVRAS.

V	_____
A	_____
C	_____
I	_____
N	_____
A	_____

✏️ COMPLETE AS PALAVRAS COM UMA DAS SÍLABAS DESTACADAS NOS QUADRINHOS.

VA
VE
VI
VO
VU

_____ LA   U_____   CA_____ LO

_____ OLÃO   O_____   FI_____ LA

🖍️ **PINTE AS FIGURAS CUJO NOME COMEÇA COM O MESMO SOM DO NOME DAS CRIANÇAS.**

VAVÁ	VASO	UVA	VACA
VERA	VEADO	VELA	ELEFANTE
VINÍCIUS	VIOLINO	PIANO	VIOLÃO

✏️ **DESENHE A RESPOSTA DA ADIVINHA.**

> ENQUANTO PASSEIA, TRABALHA.
> DEIXA O CHÃO TODO LIMPINHO.
> SEUS CABELOS PARECEM PALHA
> E SEU CORPO É BEM FININHO.
>
> TEXTO DAS AUTORAS.

OBSERVE AS PALAVRAS DO QUADRO E ESCREVA-AS NO LOCAL CORRETO, DE ACORDO COM AS DICAS QUE SERÃO LIDAS PELA PROFESSORA. DEPOIS, ILUSTRE CADA UMA DELAS.

| VASSOURA | NAVIO | VIOLÃO | UVA |

- MEIO DE TRANSPORTE
  _____

- INSTRUMENTO MUSICAL
  _____

- FRUTA
  _____

- OBJETO UTILIZADO NA LIMPEZA
  _____

COM A AJUDA DA PROFESSORA, LEIA AS PALAVRAS. DEPOIS, LIGUE A FIGURA AO NOME CORRESPONDENTE E COPIE-O.

VELA
VENTO
VESTIDO

AVÔ
AVIÃO
AVÓ

VINTE
VIOLÃO
UVA

VIOLINO
VEADO
VELHO

LUVA
OVO
AVE

✏️ QUANTAS LETRAS HÁ EM CADA PALAVRA?

| VELA | AVÓ | VIOLÃO | VEADO | VACA |

☐ ☐ ☐ ☐ ☐

✏️ COPIE A PALAVRA QUE TEM MAIS LETRAS.

✏️ COPIE A PALAVRA QUE TEM MENOS LETRAS.

✏️ OUÇA A LEITURA DOS NOMES E COPIE-OS.

VÂNIA

VALÉRIA

VITÓRIA

VERA

VERÔNICA

VICENTE

✏️ OUÇA A LEITURA DA PARLENDA. DEPOIS, ESCREVA O NOME DAS FIGURAS DO TEXTO.

> A CASINHA DA VOVÓ
> CERCADINHA DE CIPÓ
> O CAFÉ ESTÁ DEMORANDO
> COM CERTEZA NÃO TEM PÓ.
> DOMÍNIO PÚLICO.

_____

_____

_____

✏️ ESCREVA AS PALAVRAS DO QUADRO NA COLUNA CORRETA.

| vela   vaso   vaca   Vera   veado |
| Valéria   violino   Vinícius |

v	V

LIÇÃO 22

WILSON W w

Wilson

OLHA, WILSON ESTÁ NA *WEB*! LÁ DIZ QUE NESTE ANO A FINAL DE WINDSURFE SERÁ EM WAIKIKI. E QUE NO ANO PASSADO, NO HAWAÍ, WALLACE GANHOU POR W.O. VEJA SÓ!

GILLES EDUAR. **ALFABETO DE HISTÓRIAS**. SÃO PAULO: ÁTICA, 2008. P. 48.

● CUBRA O PONTILHADO PARA FORMAR LETRAS E, DEPOIS, COPIE-AS NA LINHA DE BAIXO.

TRABALHANDO O TEXTO

✏️ CIRCULE A LETRA **W**.

M   w   W   m   W

💬 QUEM ESTÁ NA *WEB*?
ONDE SERÁ A FINAL DE WINDSURFE NESTE ANO?
ONDE FOI A FINAL NO ANO PASSADO?

✏️ ACOMPANHE A LEITURA DOS NOMES QUE A PROFESSORA VAI FAZER. DEPOIS, COPIE-OS.

Walquíria

Wellington

A LETRA **W** É MAIS USADA EM NOMES PRÓPRIOS E EM PALAVRAS DE ORIGEM ESTRANGEIRA.

LIÇÃO 23

XISTO   X   x

Xisto

XISTO E XEPA

ESTE É O XISTO.
ENGRAXATE, MOLEQUE DANADO,
XERETA, NÃO TEM MEDO DE CARETA...
MORA SÓ COM UMA SENHORA,
A BAIXINHA DONA XEPA,
GRANDE AMIGA E VÓ.

CRISTINA PORTO. XISTO E XEPA. SÃO PAULO: FTD, 1996.

xa	xe	xi	xo	xu
xa	*xe*	*xi*	*xo*	*xu*
XA	XE	XI	XO	XU
Xa	*Xe*	*Xi*	*Xo*	*Xu*

TRABALHANDO O TEXTO

DESENHE COMO VOCÊ IMAGINA XISTO.

✏️ CIRCULE A FAMÍLIA QUE MELHOR REPRESENTA O TEXTO.

✏️ CUBRA O PONTILHADO, LEIA AS SÍLABAS FORMADAS E COPIE-AS.

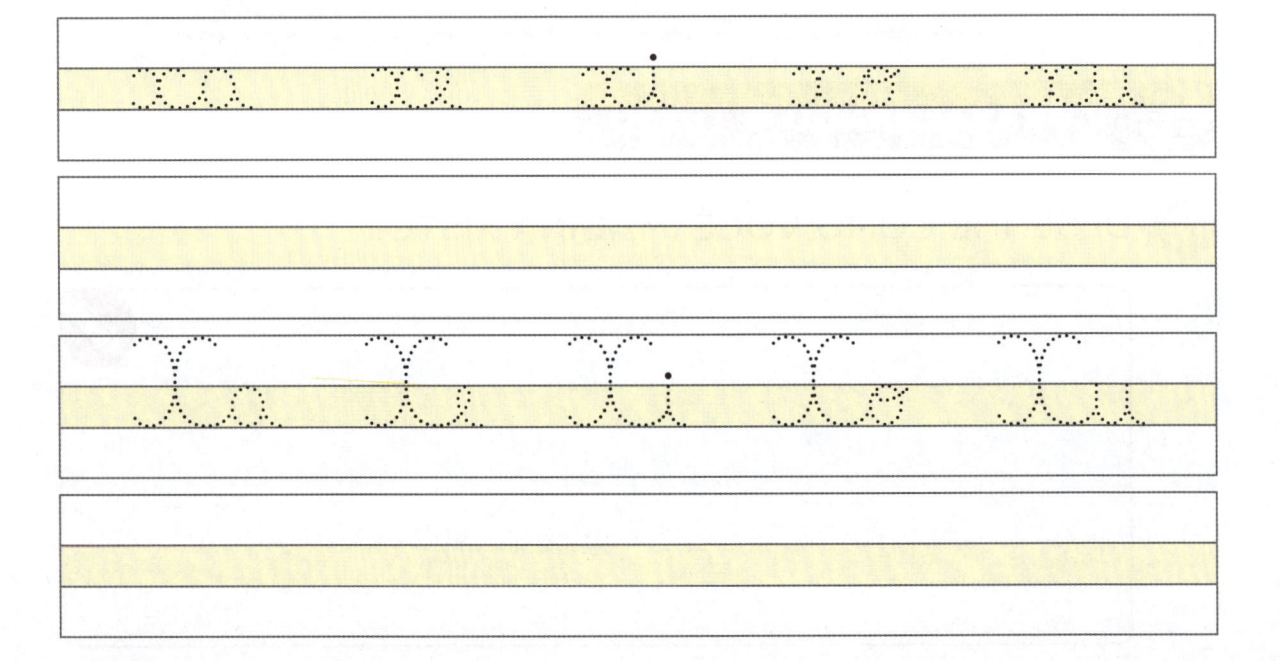

LEIA AS PALAVRAS ABAIXO COM A AJUDA DA PROFESSORA. CIRCULE NELAS AS SÍLABAS INDICADAS NO QUADRO.

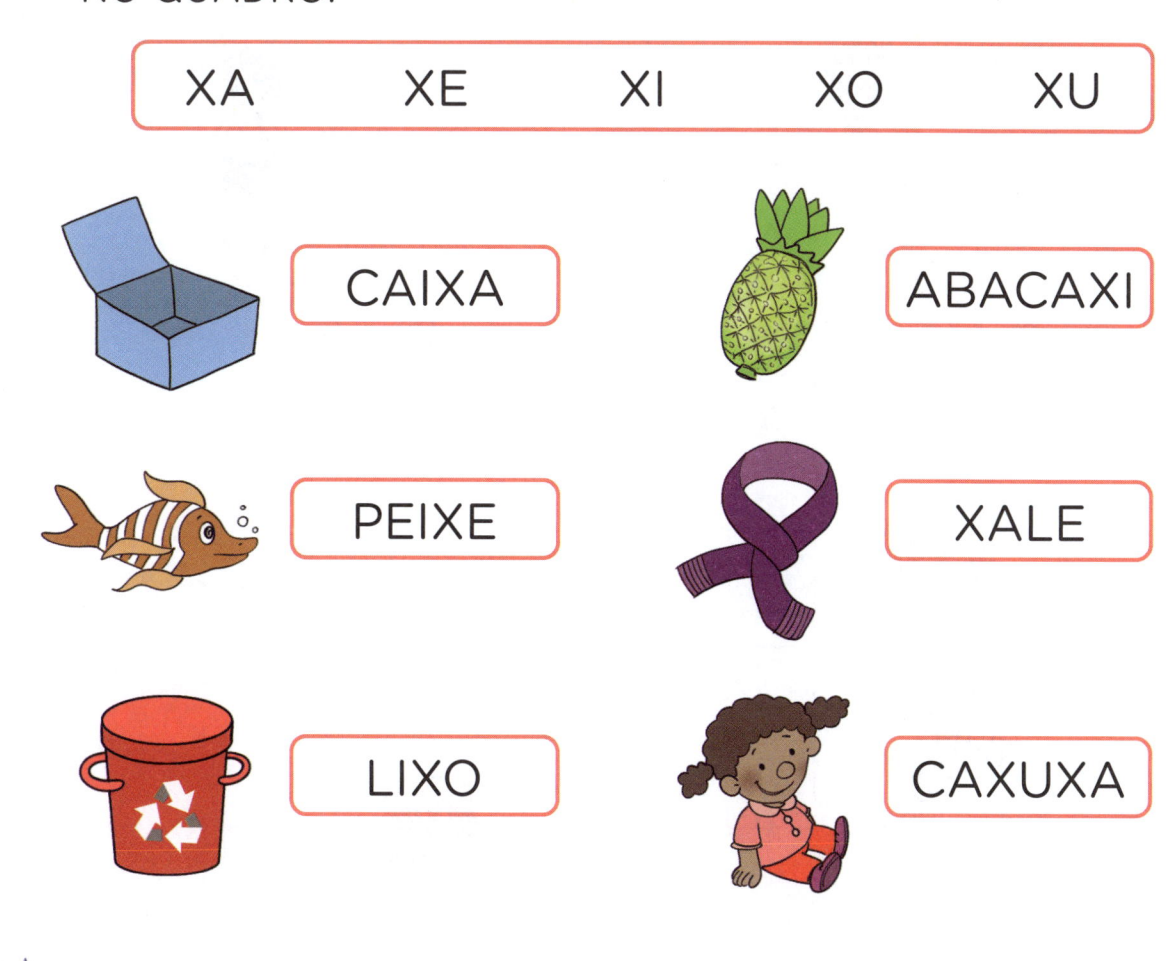

| XA | XE | XI | XO | XU |

CAIXA

ABACAXI

PEIXE

XALE

LIXO

CAXUXA

IDENTIFIQUE NAS PALAVRAS AS SÍLABAS **XA**, **XE**, **XI**, **XO** E **XU**. PINTE ESSAS SÍLABAS DE ACORDO COM A LEGENDA.

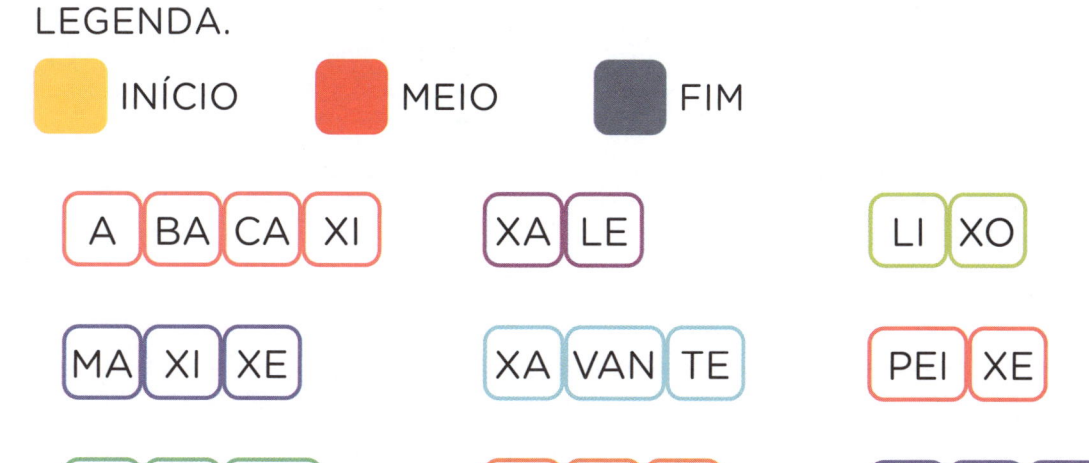

🟨 INÍCIO 🟥 MEIO ⬛ FIM

A	BA	CA	XI		XA	LE		LI	XO
MA	XI	XE		XA	VAN	TE		PEI	XE
EN	XU	GAR		XÍ	CA	RA		XE	RI	FE

153

✏️ COMPLETE A CRUZADINHA ESCREVENDO AS LETRAS QUE FALTAM PARA FORMAR O NOME DE CADA FIGURA.

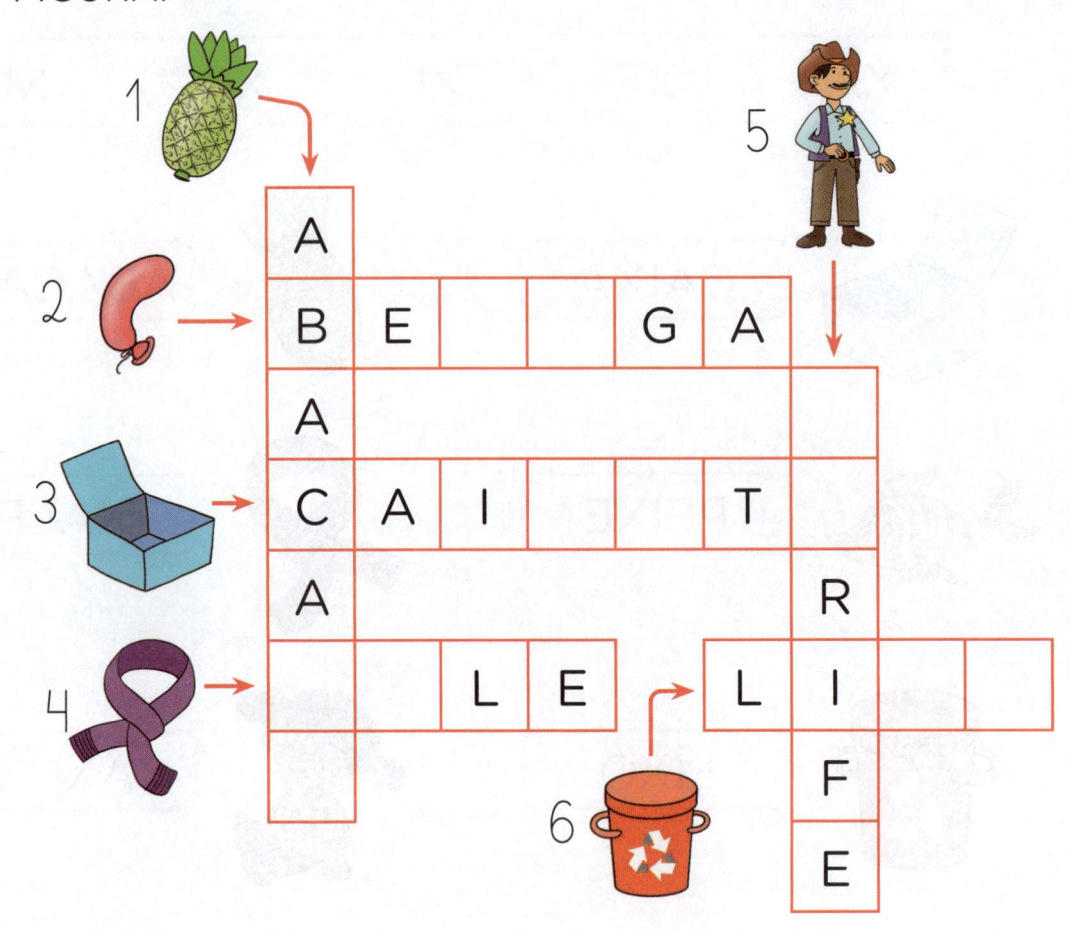

	A					
B	E			G	A	
	A					
C	A	I			T	
	A					R
			L	E		L	I	
						F
						E

✏️ AGORA, COPIE AS PALAVRAS.

1.
2.
3.
4.
5.
6.

✏️ OUÇA A LEITURA DAS PALAVRAS FEITA PELA PROFESSORA E, DEPOIS, NUMERE AS FIGURAS.

1. ABACAXI
2. XALE
3. XÍCARA
4. XERIFE
5. LIXEIRA
6. CAIXA
7. PEIXE
8. XAROPE

✏️ ENCONTRE AS SÍLABAS **XA**, **XE**, **XI**, **XO** E **XU** NO QUADRO ABAIXO E PINTE-AS.

VO	XA	GU	LI	XO	NE
FA	MO	XE	CA	RI	SO
BI	XU	TO	JE	PU	XI

155

ACOMPANHE A LEITURA DA QUADRINHA.

> COLOQUE A LETRA **X**
> NA LIXEIRA QUE É A CERTA.
> PONHA O LIXO NO LUGAR
> E NÃO DEIXE A PORTA ABERTA.
>
> TEXTO DAS AUTORAS.

LIGUE O LIXO À LIXEIRA CERTA.

METAL   VIDRO   PLÁSTICO   PAPEL

LIÇÃO 24

YARA　　　　　　　　**Y　y**

Yara　　　　　　　　*Y　y*

> O **Y** TEM SOM DE **I**
> E É MUITO POUCO USADO.
> APARECE EM ALGUNS NOMES, COMO
> YARA, YASMIN E YAGO
>
> DARCI MARIA BRIGNANI. **DE A A Z, DE 1 A 10**.
> SÃO PAULO: IBEP, 2012. P. 20.

A LETRA **Y** É MAIS USADA EM NOMES PRÓPRIOS E EM PALAVRAS DE ORIGEM ESTRANGEIRA.

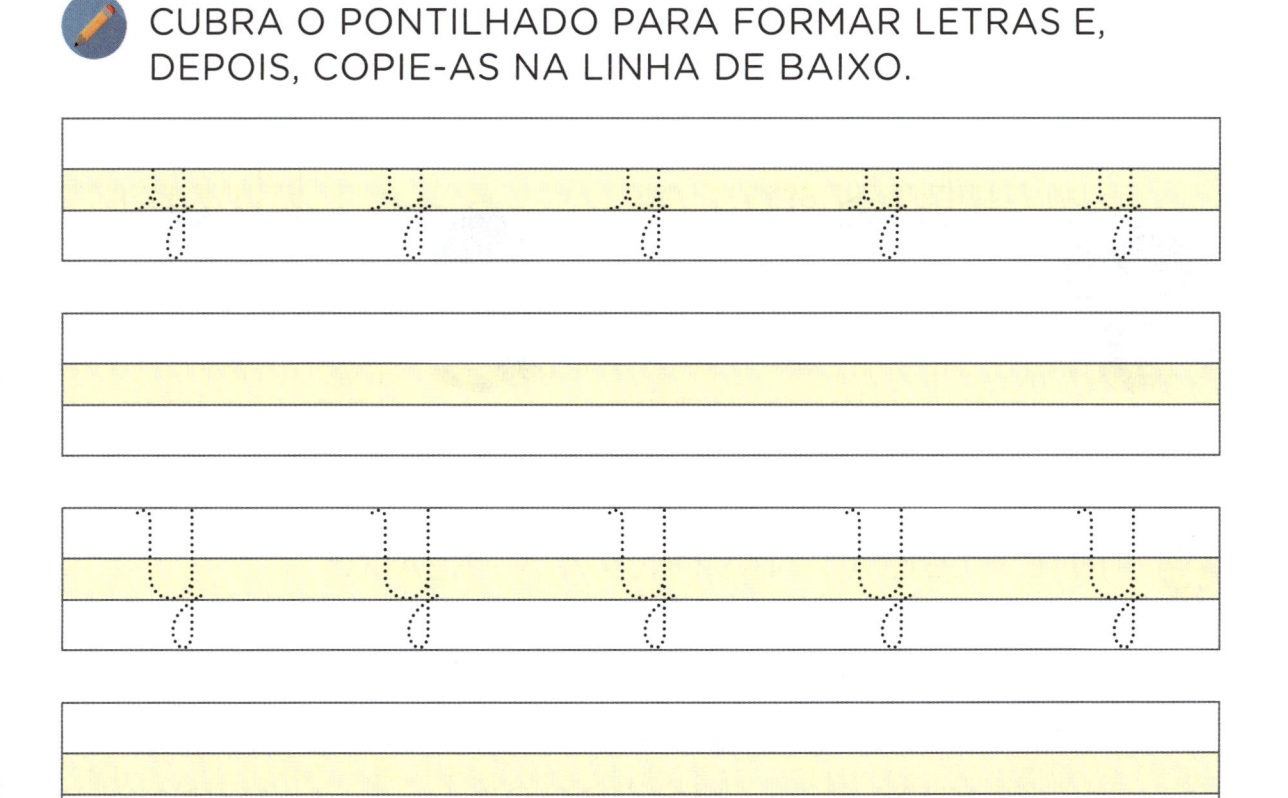

CUBRA O PONTILHADO PARA FORMAR LETRAS E, DEPOIS, COPIE-AS NA LINHA DE BAIXO.

TRABALHANDO O TEXTO

ASSINALE A LETRA QUE TEM O SOM DO **Y**.

☐ I   ☐ O

QUE NOMES CITADOS NO TEXTO COMEÇAM COM A LETRA **Y**?

ACOMPANHE A LEITURA DOS NOMES QUE A PROFESSORA VAI FAZER. DEPOIS, COPIE-OS.

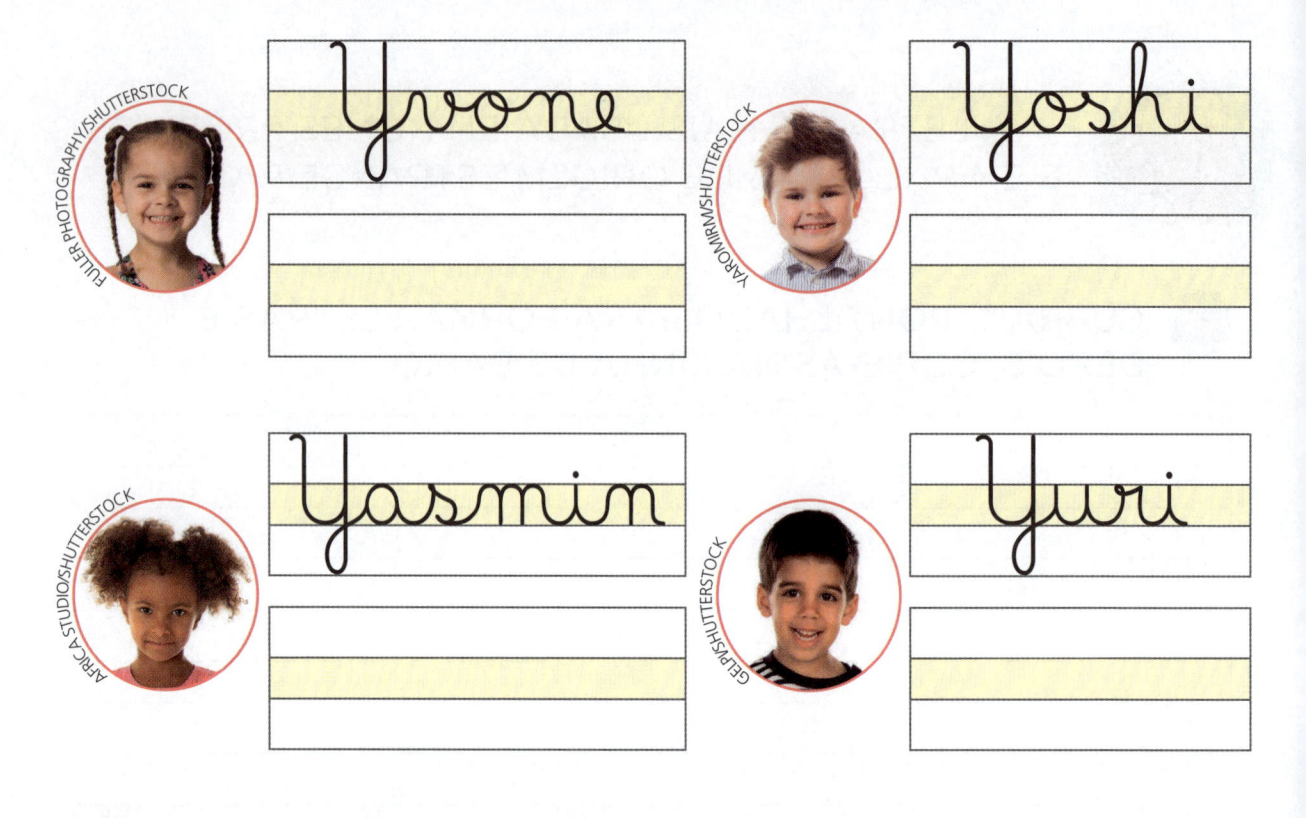

Yvone

Yoshi

Yasmin

Yuri

PINTE A LETRA **Y** NAS PALAVRAS ABAIXO.

| YOLANDA | KELLY | YOGA |
| SUELY | YAKISOBA | MAYRA |

LIÇÃO 25

ZEBRA

zebra

Z z

ZEBRINHA

COITADA DA ZEBRA!
É TÃO POBREZINHA!
SÓ TEM UMA ROUPA
A COITADINHA!
DORME DE PIJAMA,
PIJAMA DE LISTRINHAS
E PASSA DIAS INTEIROS
VESTIDA DE PIJAMINHA.
QUE TAL A GENTE SE JUNTAR
E FAZER UMA VAQUINHA
PRA COMPRAR PRA ZEBRINHA
VESTIDO DE BOLINHA?

WANIA AMARANTE. **COBRAS E LAGARTOS**. SÃO PAULO: QUINTETO EDITORIAL, 2013. P. 49.

za	ze	zi	zo	zu
ZA	ZE	ZI	ZO	ZU

TRABALHANDO O TEXTO

✏️ DESENHE COMO FICARIA A ZEBRINHA DE VESTIDO DE BOLINHA.

✏️ CUBRA O PONTILHADO PARA FORMAR LETRAS E, DEPOIS, COPIE-AS NA LINHA DE BAIXO.

COM A AJUDA DA PROFESSORA, LEIA AS PALAVRAS. DEPOIS, COPIE-AS.

azeite

buzina

doze

azeitona

azul

zíper

PINTE AS SÍLABAS **ZA**, **ZE**, **ZI**, **ZO** E **ZU** DAS PALAVRAS DE ACORDO COM A LEGENDA.

| ZA | ZE | ZI | ZO | ZU |

ZEBRA

ZABUMBA

BUZINA

ZOOLÓGICO

ZERO

AZULÃO

AZULEJO

DOZE

ZEBU

LEIA AS PALAVRAS COM A AJUDA DA PROFESSORA. CIRCULE AS SÍLABAS **ZA**, **ZE**, **ZI**, **ZO** E **ZU** QUE NELAS APARECEM.

ZERO	DÚZIA	ZABUMBA
ZENEIDE	AZULEJO	BUZINA
COZINHA	DEZENA	JUÍZO

LEIA O TEXTO COM A AJUDA DA PROFESSORA.

BOA NOITE

A ZEBRA QUIS
IR PASSEAR,
MAS A INFELIZ
FOI PARA A CAMA
– TEVE QUE SE DEITAR
PORQUE ESTAVA DE PIJAMA.

SIDÔNIO MURALHA. **A TELEVISÃO DA BICHARADA**. SÃO PAULO: NÓRDICA, 1962.

PROCURE NO TEXTO E ESCREVA NOS LUGARES CERTOS PALAVRAS COM:

2 LETRAS
3 LETRAS
4 LETRAS
5 LETRAS
6 LETRAS

TRABALHANDO A ORALIDADE

REÚNA-SE COM OS COLEGAS E INVENTEM UMA HISTÓRIA. PENSEM EM ALGO QUE ACONTECEU E FALEM PARA A PROFESSORA ESCREVER.

- O QUE ACONTECEU?
- COM QUEM ACONTECEU?
- ONDE ACONTECEU?
- QUANDO ACONTECEU?
- COMO SE RESOLVEU?

FAÇA UM DESENHO QUE REPRESENTE O TEXTO.

MATEMÁTICA

SUMÁRIO

LIÇÕES/CONTEÚDO	PÁGINA
26. NOÇÕES DE GRANDEZAS E MEDIDAS	167
MUITO/POUCO	167
MAIOR/MENOR	168
ALTO/BAIXO	169
GROSSO/FINO	170
COMPRIDO/CURTO	171
LARGO/ESTREITO	172
PESADO/LEVE	173
CHEIO/VAZIO	174
27. NOÇÕES DE POSIÇÃO	175
EM CIMA/EMBAIXO	176
ATRÁS/NA FRENTE	177
28. NOÇÕES DE DIREÇÃO E SENTIDO	178
MESMA DIREÇÃO E MESMO SENTIDO	179
SENTIDO CONTRÁRIO	179
29. QUANTIDADES	180
MAIS/MENOS	181, 182
30. NÚMERO 1	183
31. NÚMERO 2	186
32. NÚMERO 3	189
33. NÚMERO 4	192
34. NÚMERO 5	196
35. NÚMERO 6	199
36. NÚMERO 7	203
37. NÚMERO 8	207
38. NÚMERO 9	210
39. PREPARANDO PARA A ADIÇÃO	215
40. FORMAS GEOMÉTRICAS	223
41. NÚMEROS ORDINAIS	226

LIÇÕES/CONTEÚDO	PÁGINA
42. PREPARANDO PARA A SUBTRAÇÃO	229
43. NÚMEROS DE 10 A 20	234
A DEZENA	234
NÚMERO 11	236
NÚMERO 12	238
NÚMERO 13	240
NÚMERO 14	243
NÚMERO 15	246
NÚMERO 16	249
NÚMERO 17	252
NÚMERO 18	254
NÚMERO 19	257
NÚMERO 20	259
44. FORMANDO PARES	261
45. AS DEZENAS	264
46. NÚMERO DE 21 A 29	266
NÚMERO 21	266
NÚMERO 22	267
NÚMERO 23	268
NÚMERO 24	271
NÚMERO 25	272
NÚMERO 26	273
NÚMERO 27	276
NÚMERO 28	277
NÚMERO 29	278
47. O RELÓGIO	281
48. NOSSO DINHEIRO	283
49. NÚMEROS DE 30 A 50	287
NÚMERO 30	287
NÚMERO 40	289
NÚMERO 50	291

LIÇÃO 26

NOÇÕES DE GRANDEZAS E MEDIDAS

HÁ **MUITAS** CRIANÇAS BRINCANDO NO PULA-PULA.

HÁ **POUCAS** CRIANÇAS BRINCANDO NO ESCORREGADOR.

✏️ CIRCULE A CAIXA COM **MUITAS** BOLAS. DEPOIS, FAÇA UM **X** NA CAIXA COM **POUCAS** BOLAS.

A ORCA É **MAIOR** DO QUE A TARTARUGA.

O CAMARÃO É **MENOR** DO QUE A TARTARUGA.

- PINTE AS MOLDURAS DAS FOTOS ASSIM:
  - MENINA QUE ESTÁ COM A BOLA **MENOR**.
  - MENINA QUE ESTÁ COM A BOLA **MAIOR**.

AS CRIANÇAS TÊM TAMANHOS DIFERENTES.

PINTE AS CAMISETAS ASSIM:

- CRIANÇA MAIS **BAIXA**.
- CRIANÇA MAIS **ALTA**.

O CAULE DA ÁRVORE É **FINO**.

O CAULE DA ÁRVORE É **GROSSO**.

COLE O PINCEL **GROSSO** NO QUADRO AZUL E O PINCEL **FINO** NO QUADRO VERMELHO. USE OS ADESIVOS DA PÁGINA 409.

A FITA AZUL
É MAIS **COMPRIDA**.

A FITA VERMELHA
É MAIS **CURTA**.

RISQUE O IOIÔ QUE TEM O BARBANTE MAIS **CURTO** E PINTE O IOIÔ QUE TEM O BARBANTE MAIS **COMPRIDO**.

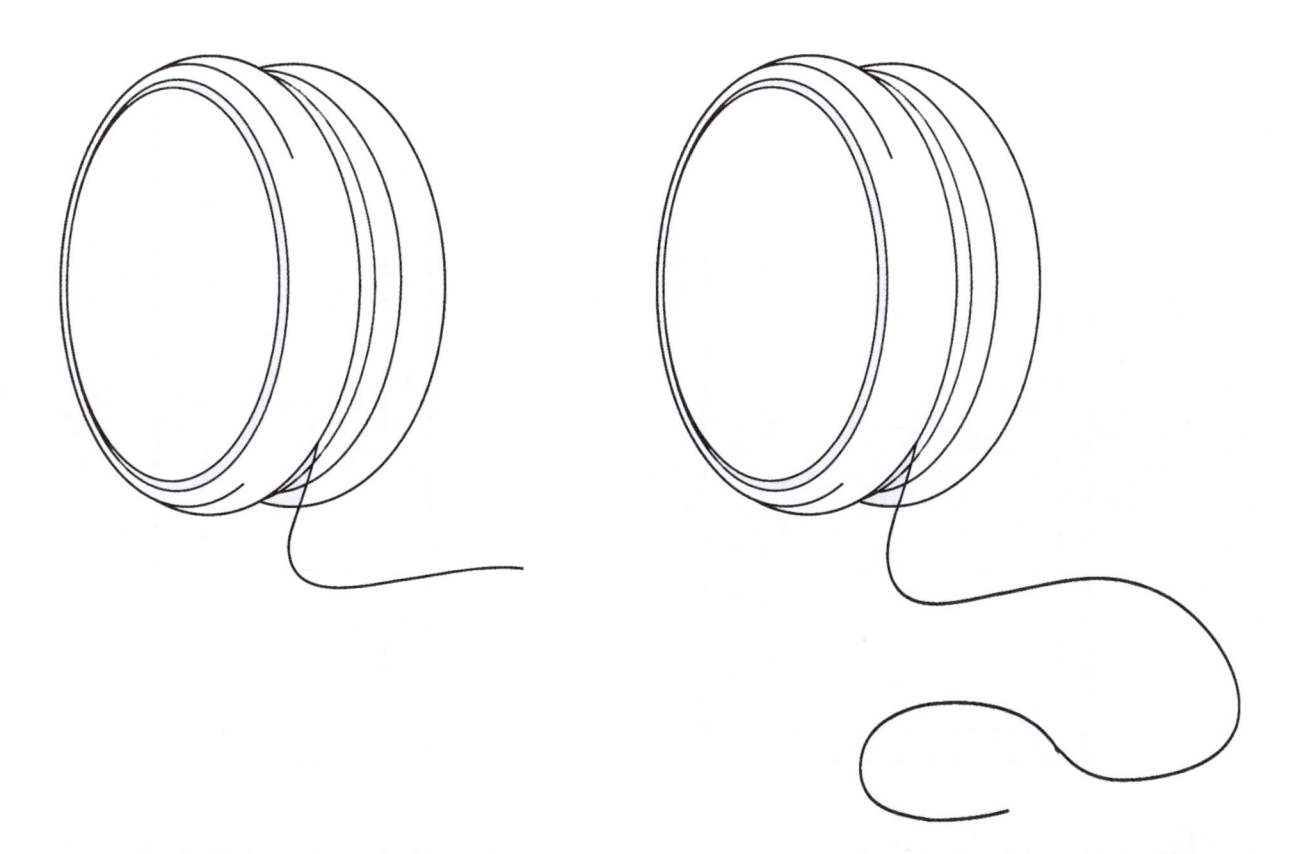

A GRAVATA AZUL É MAIS **LARGA**.

A GRAVATA AMARELA É MAIS **ESTREITA**.

PINTE A PORTA **LARGA** DE MARROM E A PORTA **ESTREITA** DE LARANJA.

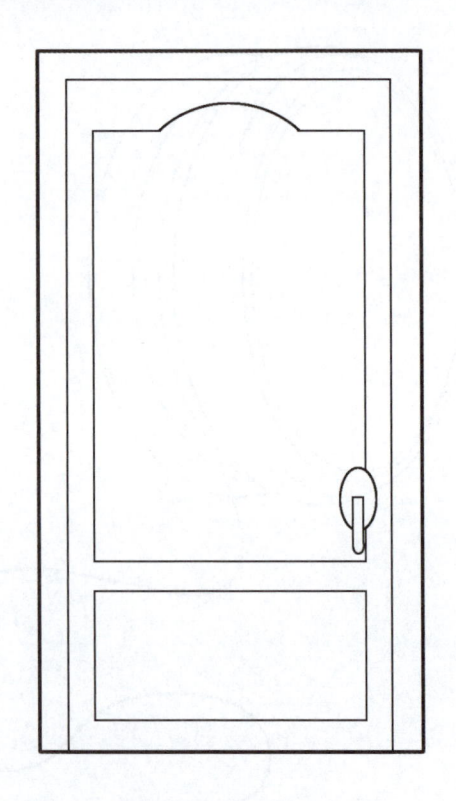

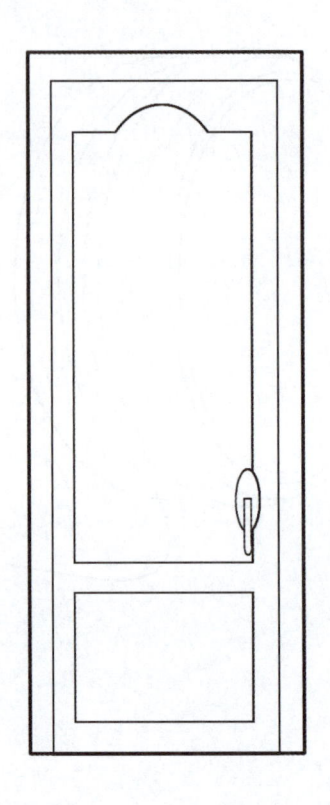

AGORA, DESENHE UMA FLOR AMARELA AO LADO DA PORTA **ESTREITA**.

O MELÃO É MAIS **PESADO** DO QUE A LARANJA.

A LARANJA É MAIS **LEVE** DO QUE O MELÃO.

✏️ FAÇA UM **X** NA FOTO DO OBJETO **MAIS LEVE** DO QUE O FERRO DE PASSAR.

FOTOS: SHUTTERSTOCK

💬 O SOFÁ É MAIS LEVE OU MAIS PESADO DO QUE O FERRO DE PASSAR?

✏️ PEÇA A AJUDA DE UM ADULTO PARA DESCOBRIR SUAS MEDIDAS. DEPOIS, ESCREVA AQUI.

MEU PESO: _____

MINHA ALTURA: _____

💬 QUE INSTRUMENTO VOCÊ USOU PARA DESCOBRIR SEU PESO?

O COPO ESTÁ **CHEIO**.   O COPO ESTÁ **VAZIO**.

PINTE AS CAIXAS DE BRINQUEDOS DE ACORDO COM AS INFORMAÇÕES.

A CAIXA AZUL ESTÁ **CHEIA** DE BRINQUEDOS.
A CAIXA AMARELA ESTÁ **VAZIA**.

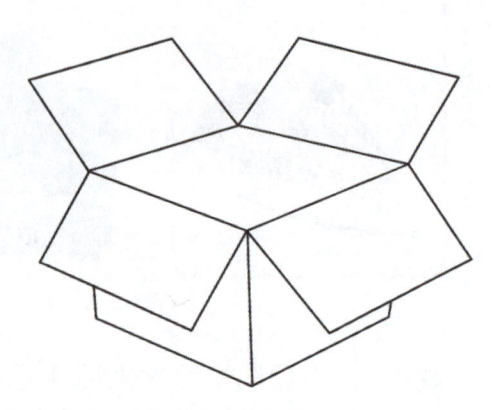

CIRCULE A ESTANTE QUE ESTÁ **CHEIA** DE LIVROS.

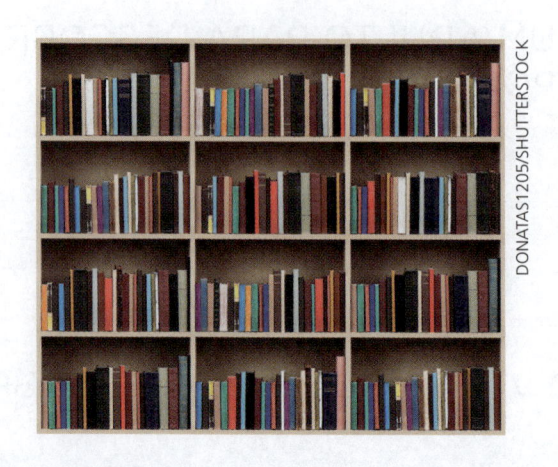

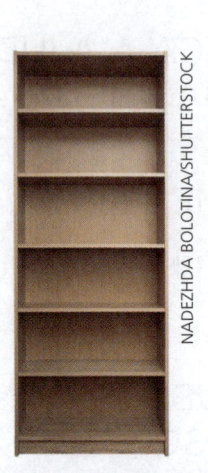

LIÇÃO 27

NOÇÕES DE POSIÇÃO

✏️ CIRCULE AS CRIANÇAS QUE ESTÃO **DENTRO** DO TANQUE DE AREIA. MARQUE UM **X** NO BALDE QUE ESTÁ **FORA** DO TANQUE DE AREIA.

PINTE O GATO QUE ESTÁ **EM CIMA** DO BANCO.

ASSINALE O ANIMAL QUE ESTÁ **EMBAIXO** DO BANCO.

CACHORRO ☐   GATO ☐

AS CRIANÇAS ESTÃO JOGANDO PEGA-VARETAS. CIRCULE AS VARETAS QUE ESTÃO **EMBAIXO** DA MESA.

🗨️ HOJE É DIA DE BRINCAR NO PARQUE! O QUE VOCÊ MAIS GOSTA DE FAZER NO PARQUE?

✏️ FAÇA UM **X** NA CRIANÇA QUE ESTÁ **ATRÁS** DA ÁRVORE E CIRCULE A CRIANÇA QUE ESTÁ **NA FRENTE** DO BANCO.

✏️ ASSINALE O PÁSSARO QUE ESTÁ **AO LADO** DO BANCO.

LIÇÃO 28

NOÇÕES DE DIREÇÃO E SENTIDO

A MENINA ESTÁ PROCURANDO SEU GATINHO. PINTE OS QUADRADINHOS DO CAMINHO QUE ELA VAI FAZER SEGUINDO AS ORIENTAÇÕES.

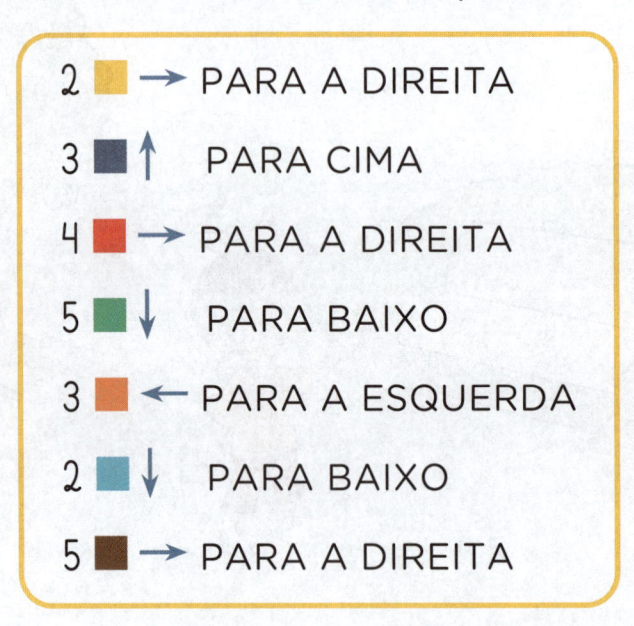

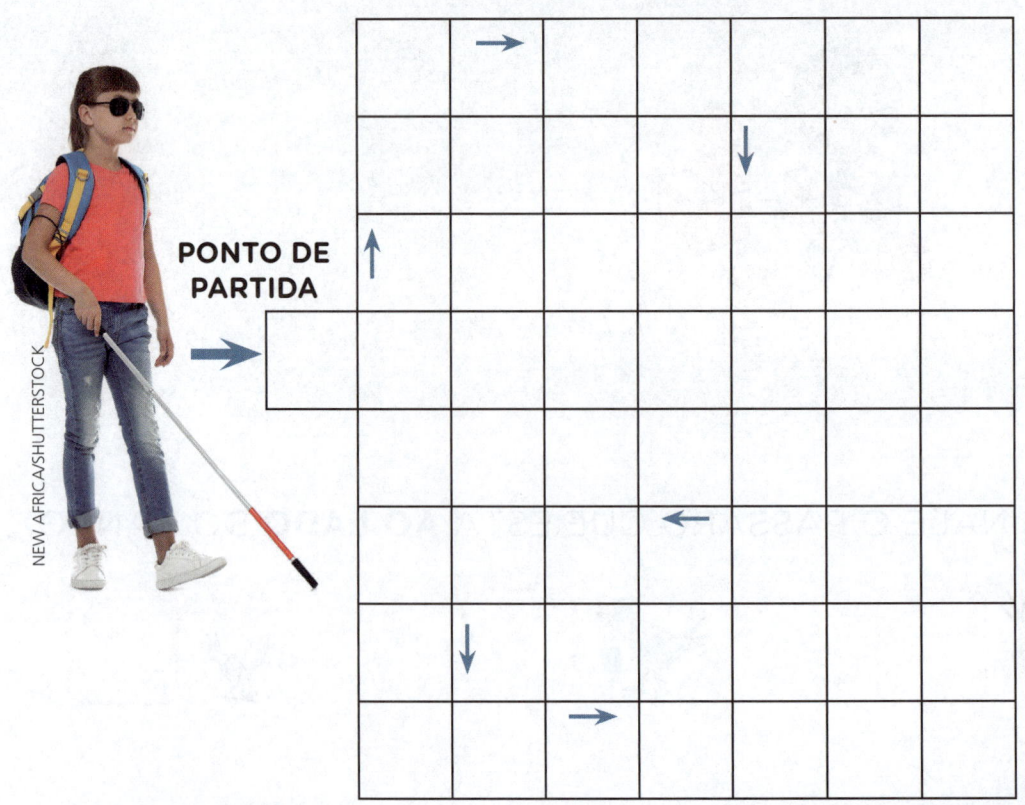

- 2 🟨 → PARA A DIREITA
- 3 ⬛ ↑ PARA CIMA
- 4 🟥 → PARA A DIREITA
- 5 🟩 ↓ PARA BAIXO
- 3 🟧 ← PARA A ESQUERDA
- 2 🟦 ↓ PARA BAIXO
- 5 🟫 → PARA A DIREITA

PONTO DE PARTIDA

🖍 PINTE AS SETAS QUE INDICAM A **MESMA DIREÇÃO** E O **MESMO SENTIDO**.

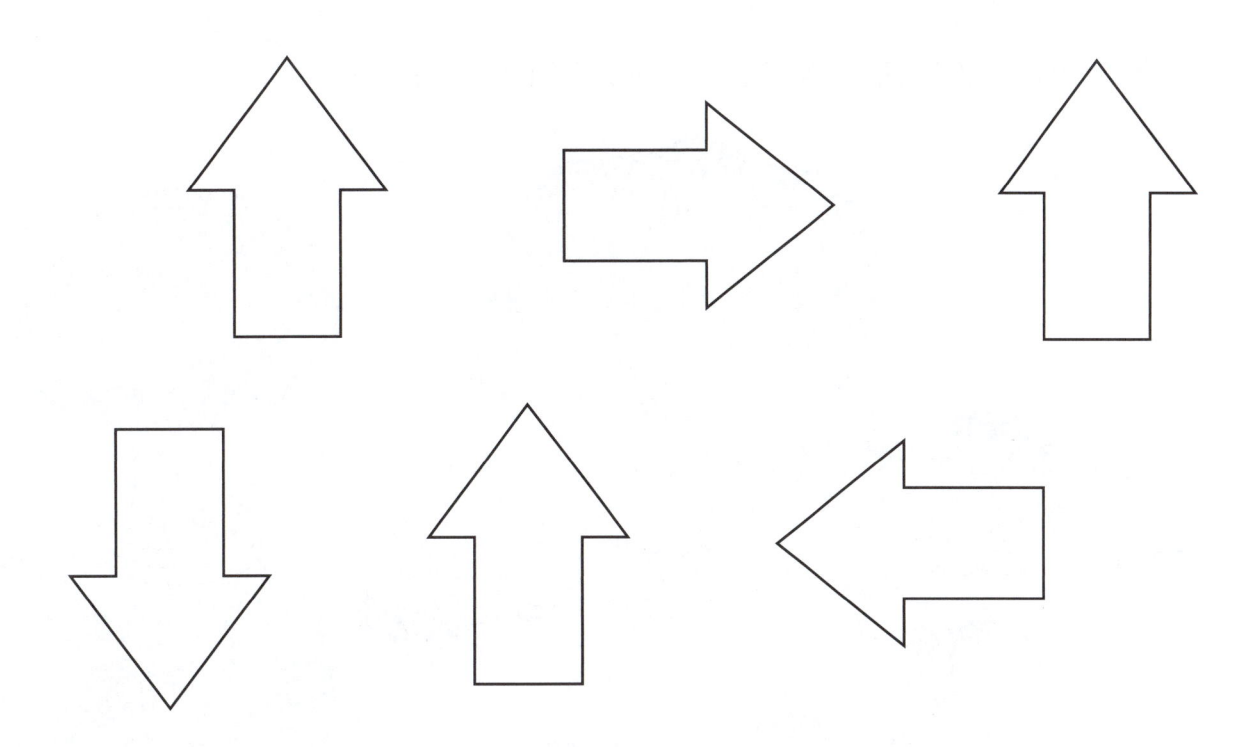

✏️ MARQUE UM **X** NA CRIANÇA QUE ESTÁ EM **SENTIDO CONTRÁRIO** AO DAS OUTRAS CRIANÇAS.

LIÇÃO 29

QUANTIDADES

🔍 OBSERVE BEM A CENA DO PARQUINHO.

✏️ NO PARQUE HÁ:

QUANTAS MENINAS? ☐   QUANTOS MENINOS? ☐

QUANTAS ÁRVORES? ☐   QUANTOS BANCOS? ☐

✏️ ESCREVA NO QUADRINHO O NÚMERO DE CRIANÇAS QUE ESTÃO NO PARQUE. ☐

💬 VOCÊ JÁ FOI A UM PARQUINHO? GOSTOU? O QUE ENCONTROU LÁ?

FAÇA UM **X** NO QUADRO EM QUE HÁ **MAIS** ELEMENTOS E RISQUE O QUADRO EM QUE HÁ **MENOS** ELEMENTOS.

ASSINALE OS QUADROS QUE TÊM A **MESMA QUANTIDADE** DE ELEMENTOS.

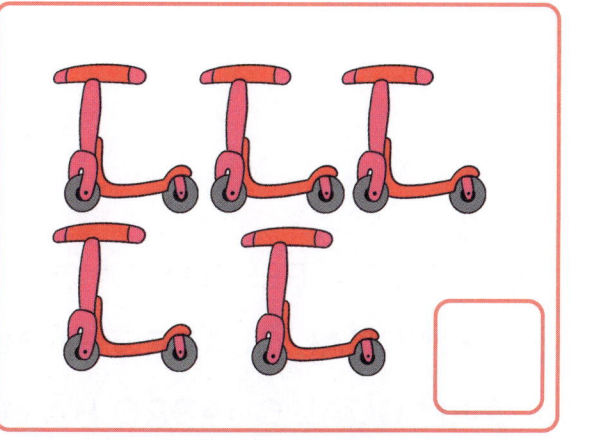

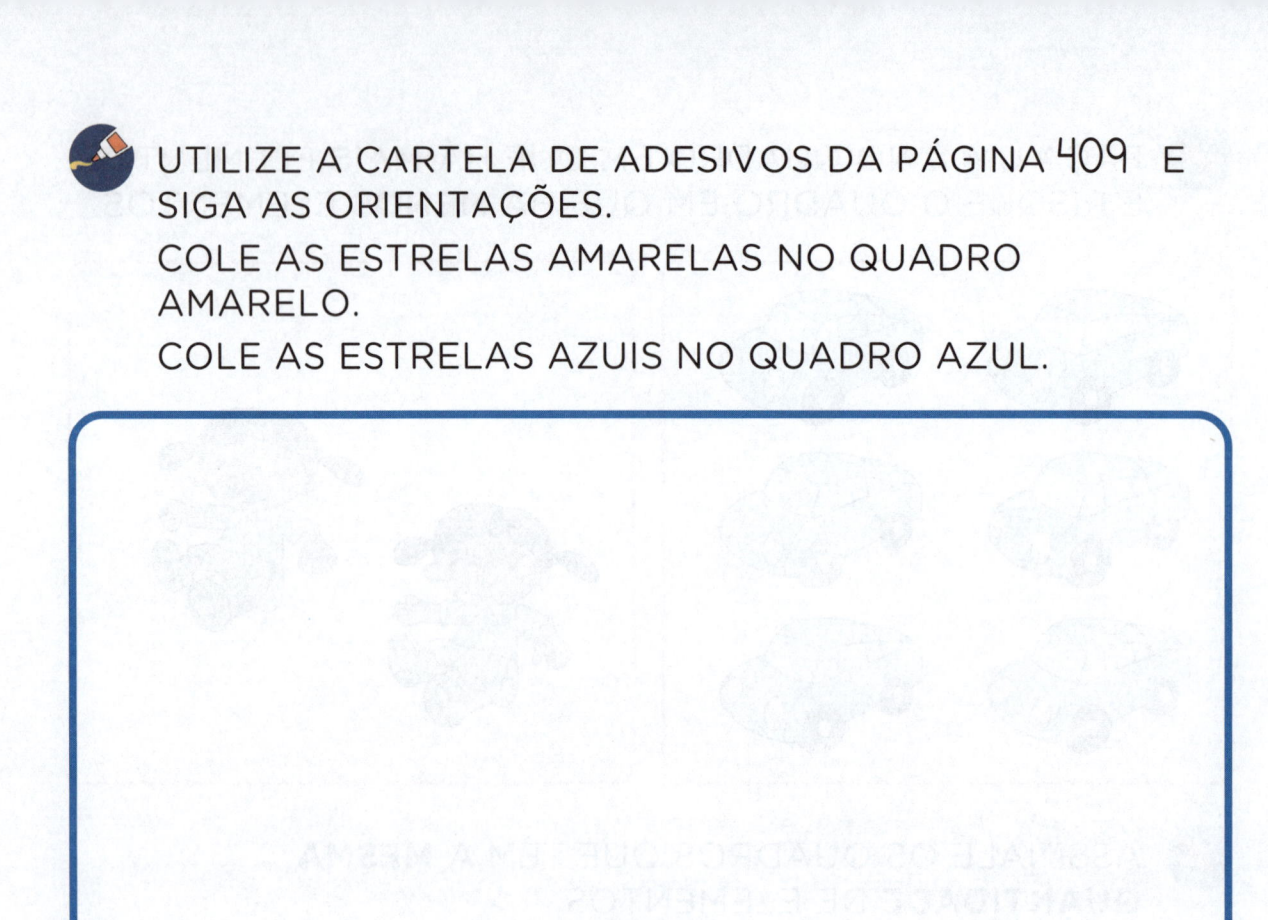

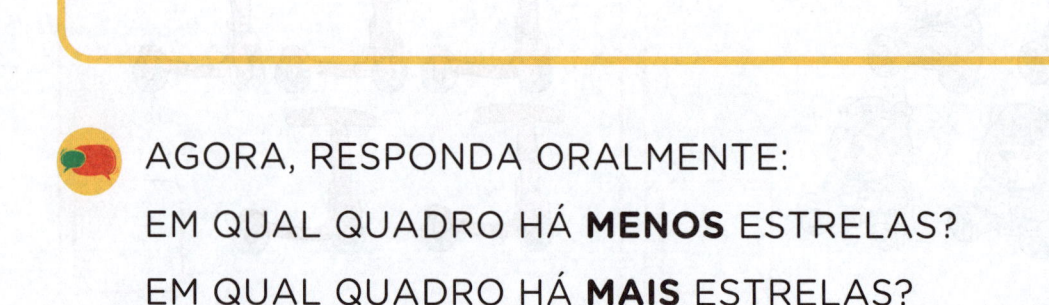

UTILIZE A CARTELA DE ADESIVOS DA PÁGINA 409 E SIGA AS ORIENTAÇÕES.

COLE AS ESTRELAS AMARELAS NO QUADRO AMARELO.

COLE AS ESTRELAS AZUIS NO QUADRO AZUL.

AGORA, RESPONDA ORALMENTE:

EM QUAL QUADRO HÁ **MENOS** ESTRELAS?

EM QUAL QUADRO HÁ **MAIS** ESTRELAS?

LIÇÃO 30

NÚMERO 1

O NÚMERO **1** É O PRIMEIRO QUANDO EU VOU CONTAR. O NÚMERO **1** REPRESENTA UM ELEMENTO SEM PAR.

TEXTO ESCRITO PELAS AUTORAS DESTA COLEÇÃO.

✏️ ESCREVA O NÚMERO 1 ATÉ O FINAL DA LINHA.

✏️ ESCREVA O NÚMERO 1 NOS QUADROS EM QUE APARECE APENAS 1 ANIMAL.

PINTE APENAS AS BOLHAS DE SABÃO EM QUE APARECE O NÚMERO 1.

RISQUE OS OBJETOS QUE APARECEM APENAS **UMA** VEZ.

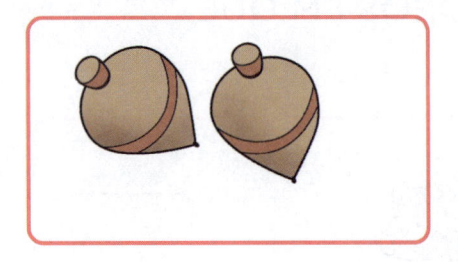

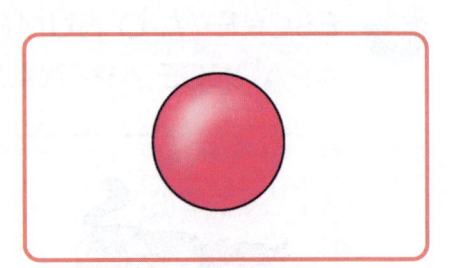

OUÇA A LEITURA DO TRAVA-LÍNGUA.

UM SAPO DENTRO DO SACO,
O SACO COM SAPO DENTRO.
O SAPO BATENDO PAPO.
O PAPO CHEIO DE VENTO.

DOMÍNIO PÚBLICO.

CIRCULE O SACO ONDE ESTÁ ESCRITO O NÚMERO 1.

DESENHE O ANIMAL QUE É CITADO NO TRAVA-LÍNGUA.

LIÇÃO 31

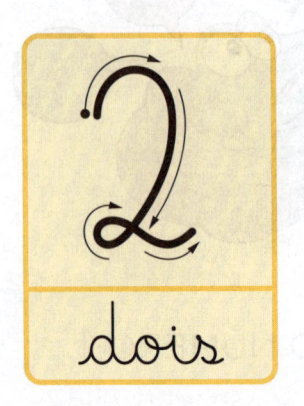

NÚMERO 2

2
dois

TENHO DOIS OLHOS
PRA VER O MUNDO
E DOIS OUVIDOS
PRA OUVIR TUDO QUANTO É RUÍDO.

NILSON JOSÉ MACHADO. **CONTANDO DE UM A DEZ**.
SÃO PAULO: SCIPIONE, 2008.

✏️ ESCREVA O NÚMERO 2 ATÉ O FINAL DA LINHA.

2 2 _____

✏️ FAÇA UM **X** NA ETIQUETA DOS QUADROS EM QUE HÁ 2 ELEMENTOS.

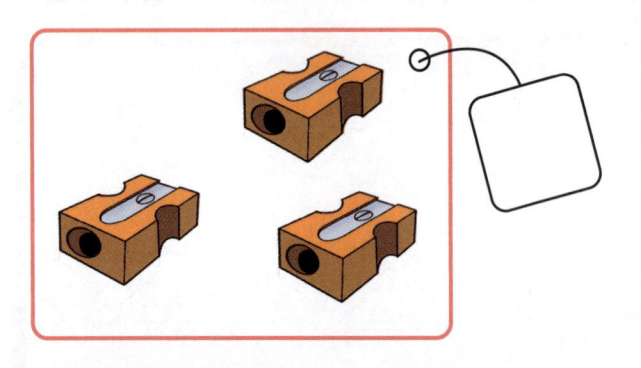

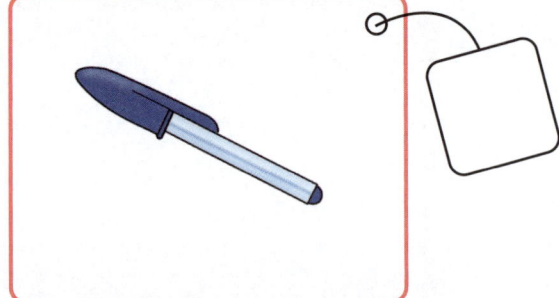

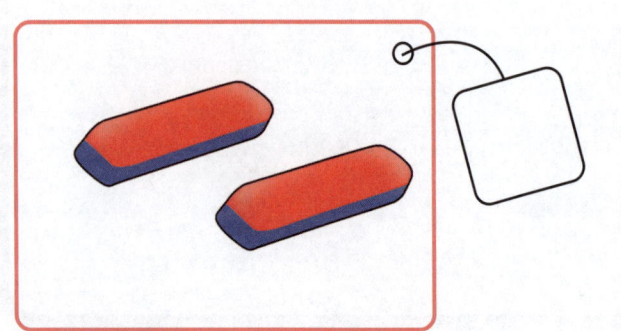

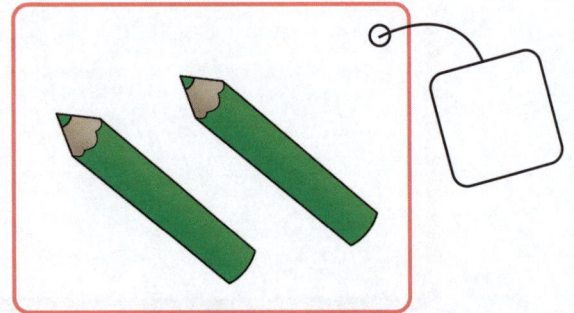

✏️ FAÇA UM CÍRCULO EM VOLTA DOS ELEMENTOS QUE APARECEM 2 VEZES.

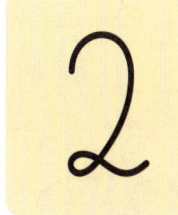

2

✏️ ESCREVA O NÚMERO 2 APENAS NAS PLACAS AMARELAS.

✏️ CIRCULE A MÃO QUE INDICA O NÚMERO 2.

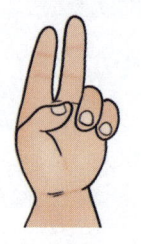

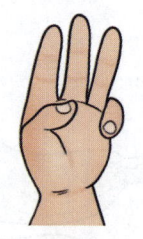

✏️ OBSERVE O NÚMERO DA ETIQUETA E COMPLETE OS QUADROS.

2   2   2

✏️ SIGA O CAMINHO, PASSANDO APENAS PELO NÚMERO 2.

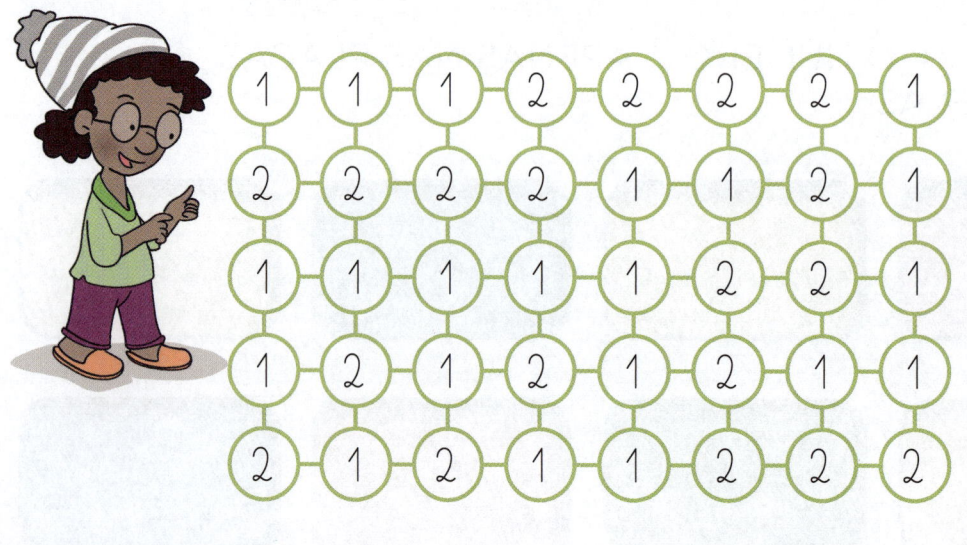

LIÇÃO 32

NÚMERO 3

3
três

O MEU CHAPÉU TEM TRÊS PONTAS,
TEM TRÊS PONTAS O MEU CHAPÉU.
SE NÃO TIVESSE TRÊS PONTAS,
NÃO SERIA O MEU CHAPÉU.

DOMÍNIO PÚBLICO.

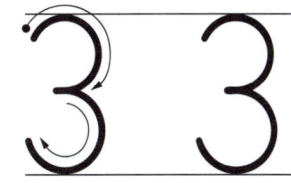

- ESCREVA O NÚMERO 3 ATÉ O FINAL DA LINHA.

3 3

- O CHAPÉU TEM QUANTAS PONTAS?

- PINTE OS CHAPÉUS DE 3 PONTAS.

CONTE OS ELEMENTOS DE CADA QUADRO. DEPOIS, DESENHE OS ELEMENTOS QUE FALTAM PARA QUE CADA QUADRO TENHA 3 ELEMENTOS.

3

PINTE OS CÍRCULOS DE ACORDO COM A SEQUÊNCIA DE CORES.

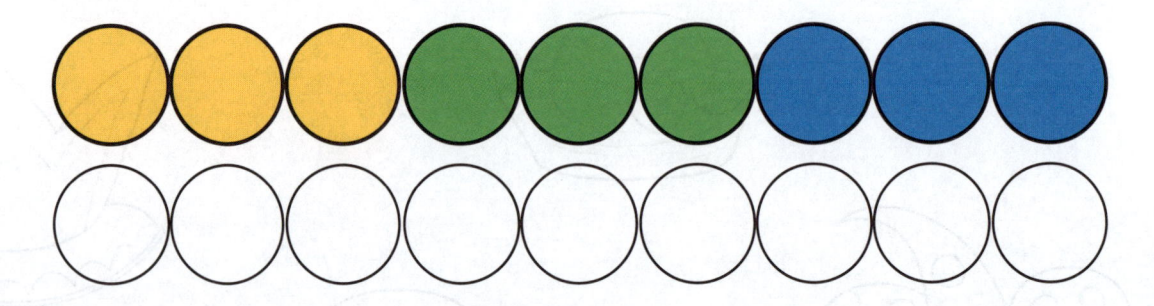

QUANTOS CÍRCULOS VOCÊ PINTOU DE CADA COR?

OUÇA COM ATENÇÃO O TRAVA-LÍNGUA.

> TRÊS TIGRES TRISTES
> PARA TRÊS PRATOS DE TRIGO.
> TRÊS PRATOS DE TRIGO
> PARA TRÊS TIGRES TRISTES.
>
> DOMÍNIO PÚBLICO.

DESENHE PRATOS DE TRIGO PARA OS TRÊS TIGRES.

QUANTOS PRATOS VOCÊ DESENHOU?

CONTE E ESCREVA O NÚMERO DE ANIMAIS QUE ESTÃO DESTACADOS.

LIÇÃO 33

NÚMERO 4

4
quatro

BORBOLETINHA

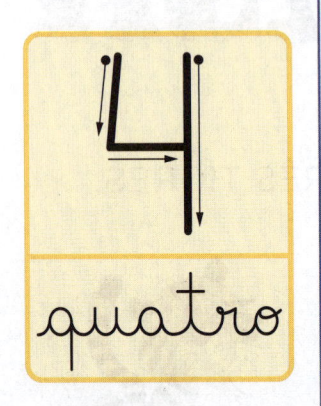

BORBOLETINHA TÁ NA COZINHA
FAZENDO CHOCOLATE
PARA A MADRINHA

POTI, POTI
PERNA DE PAU
OLHO DE VIDRO
E NARIZ DE PICA-PAU PAU PAU

DOMÍNIO PÚBLICO.

GISELE LIBUTTI

✏️ ESCREVA O NÚMERO 4 ATÉ O FINAL DA LINHA.

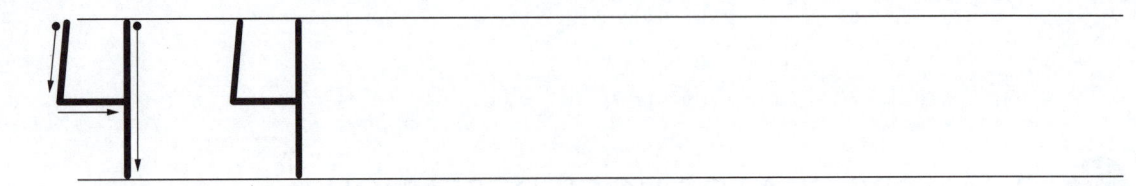

4 4 _____

✏️ OBSERVE A CENA E RESPONDA:

QUANTAS BORBOLETAS APARECEM? ☐

✏️ AGORA, DESENHE UMA FLOR PARA CADA BORBOLETA QUE VOCÊ CONTOU.

✏️ CONTE OS ELEMENTOS DE CADA QUADRO. DESENHE OS ELEMENTOS QUE FALTAM PARA QUE CADA QUADRO TENHA 4 ELEMENTOS.

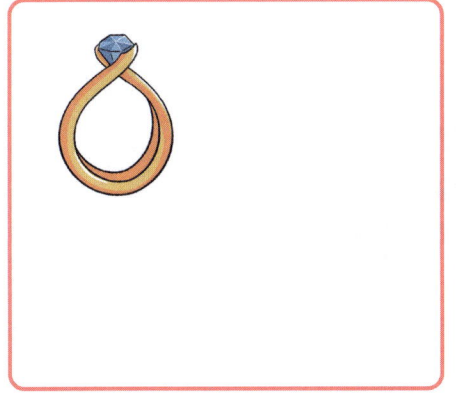

4

✏️ CONTE AS MAÇÃS QUE ESTÃO EM CADA ÁRVORE E REGISTRE A QUANTIDADE.

✏️ RESPONDA ÀS PERGUNTAS E ESCREVA AS RESPOSTAS NOS QUADROS.

QUANTAS PATAS TEM O CACHORRO? ☐

IMAGINÁRIO STUDIO

QUANTAS BICICLETAS VOCÊ VÊ? ☐

KARINA F./CONEXÃO EDITORIAL

E QUANTAS RODAS? ☐

✏️ DESENHE A QUANTIDADE DE BOLINHAS DE ACORDO COM O NÚMERO INDICADO.

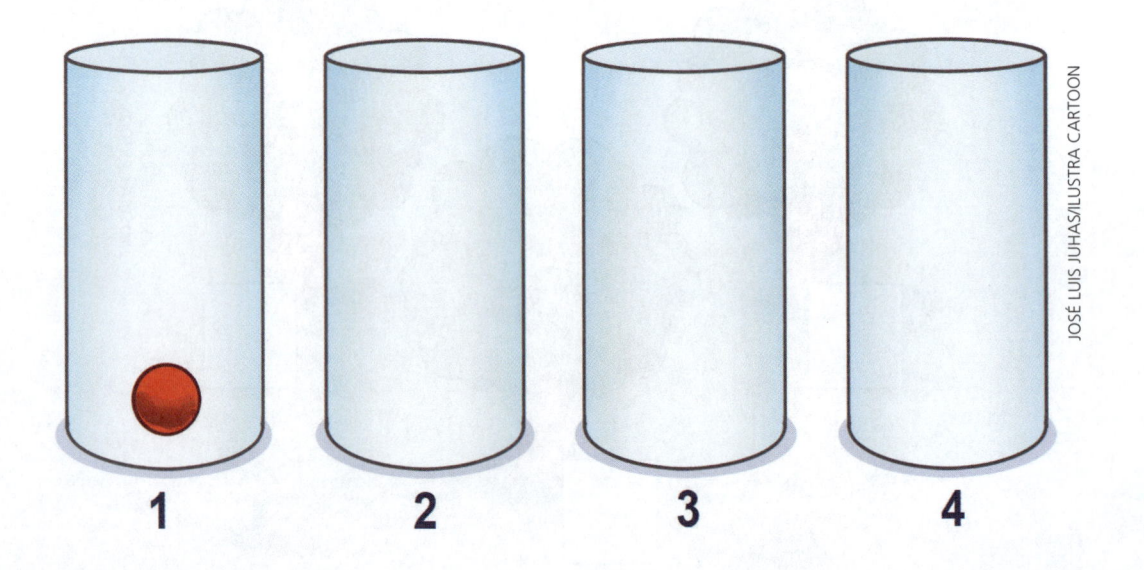

JOSÉ LUIS JUHAS/ILUSTRA CARTOON

1   2   3   4

✏️ COMPLETE COM OS NÚMEROS QUE FALTAM.

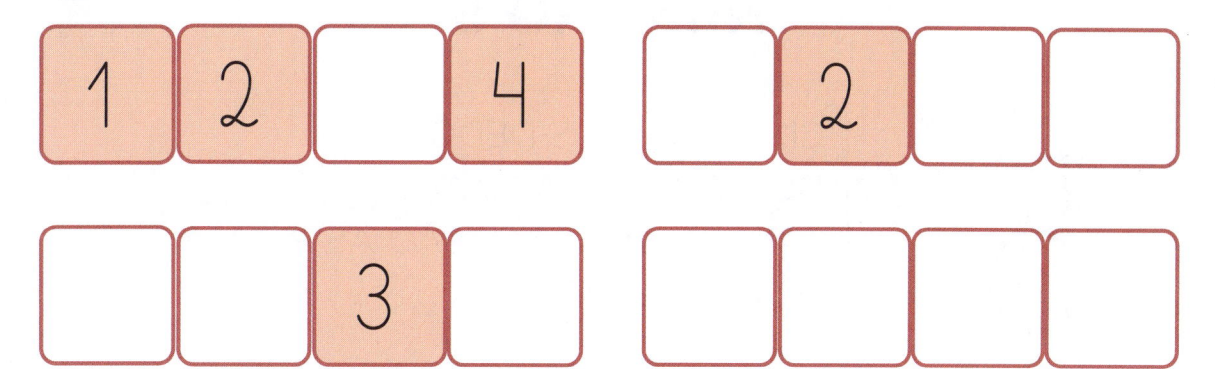

| 1 | 2 | | 4 | | 2 | | |

| | | 3 | | | | | |

🖍️ PINTE OS QUADRINHOS DE ACORDO COM A INDICAÇÃO DOS NÚMEROS.

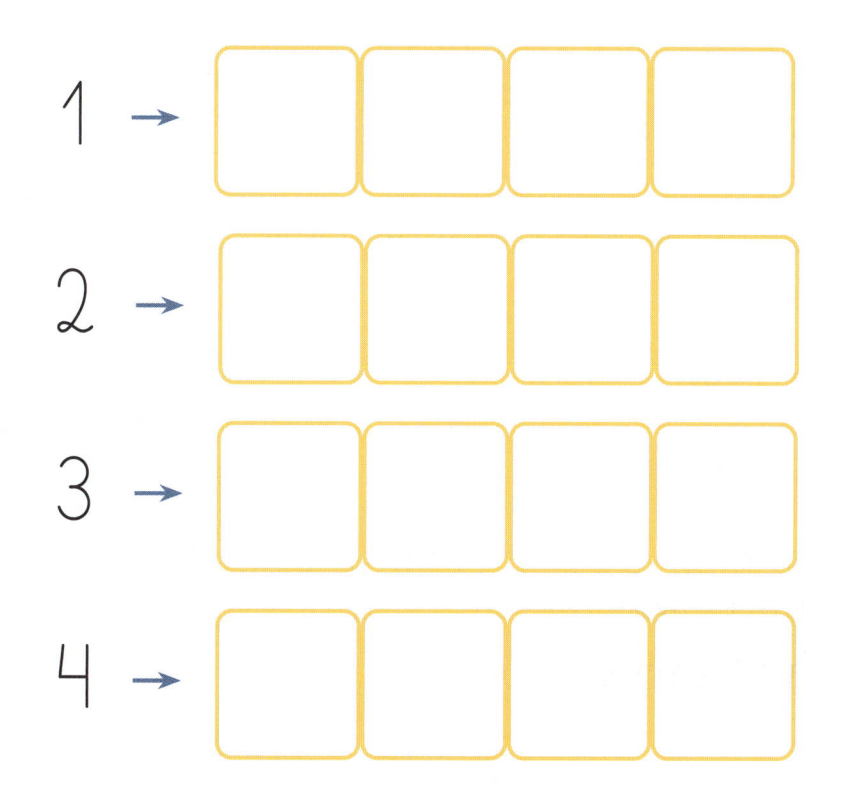

1 →

2 →

3 →

4 →

✏️ CIRCULE APENAS OS NÚMEROS 4.

4   2   4   4   3   4
   4   1   1   3   2
3   1   3   2   4

LIÇÃO 34

NÚMERO 5

5
cinco

CINCO SÃO OS DEDOS
QUE TEMOS NA MÃO,
TANTOS QUANTAS SÃO AS RODAS
DE UM CARRO.

SÃO QUATRO RODANDO
E UMA GUARDADINHA
PARA QUANDO UM PREGO
APARECER NO CHÃO.

NILSON JOSÉ MACHADO. **CONTANDO DE UM A DEZ**.
SÃO PAULO: SCIPIONE, 2008.

✏️ ESCREVA O NÚMERO 5 ATÉ O FINAL DA LINHA.

5 5

✏️ AGORA, RESPONDA ÀS PERGUNTAS, CIRCULANDO O NÚMERO CORRETO.

QUANTAS SÃO AS VOGAIS?

1   2   3   4   5

QUANTOS SÃO OS DEDOS QUE TEMOS EM CADA MÃO?

1   2   3   4   5

OBSERVE O NÚMERO DA ETIQUETA E COMPLETE OS QUADROS.

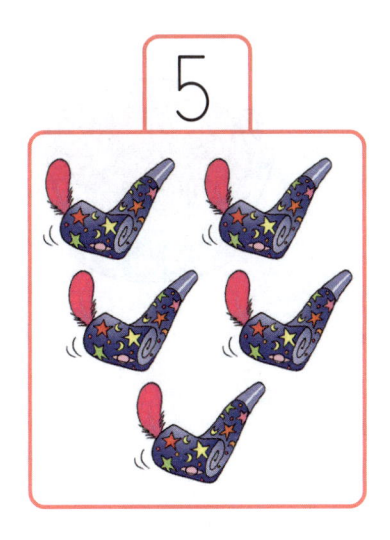

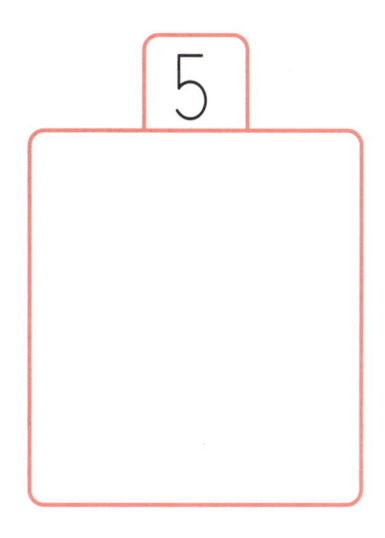

| 5 | 5 | 5 |

PINTE AS FIGURAS DE ACORDO COM A LEGENDA. DEPOIS, ESCREVA NOS QUADROS QUANTAS FIGURAS DE CADA FORMA VOCÊ PINTOU.

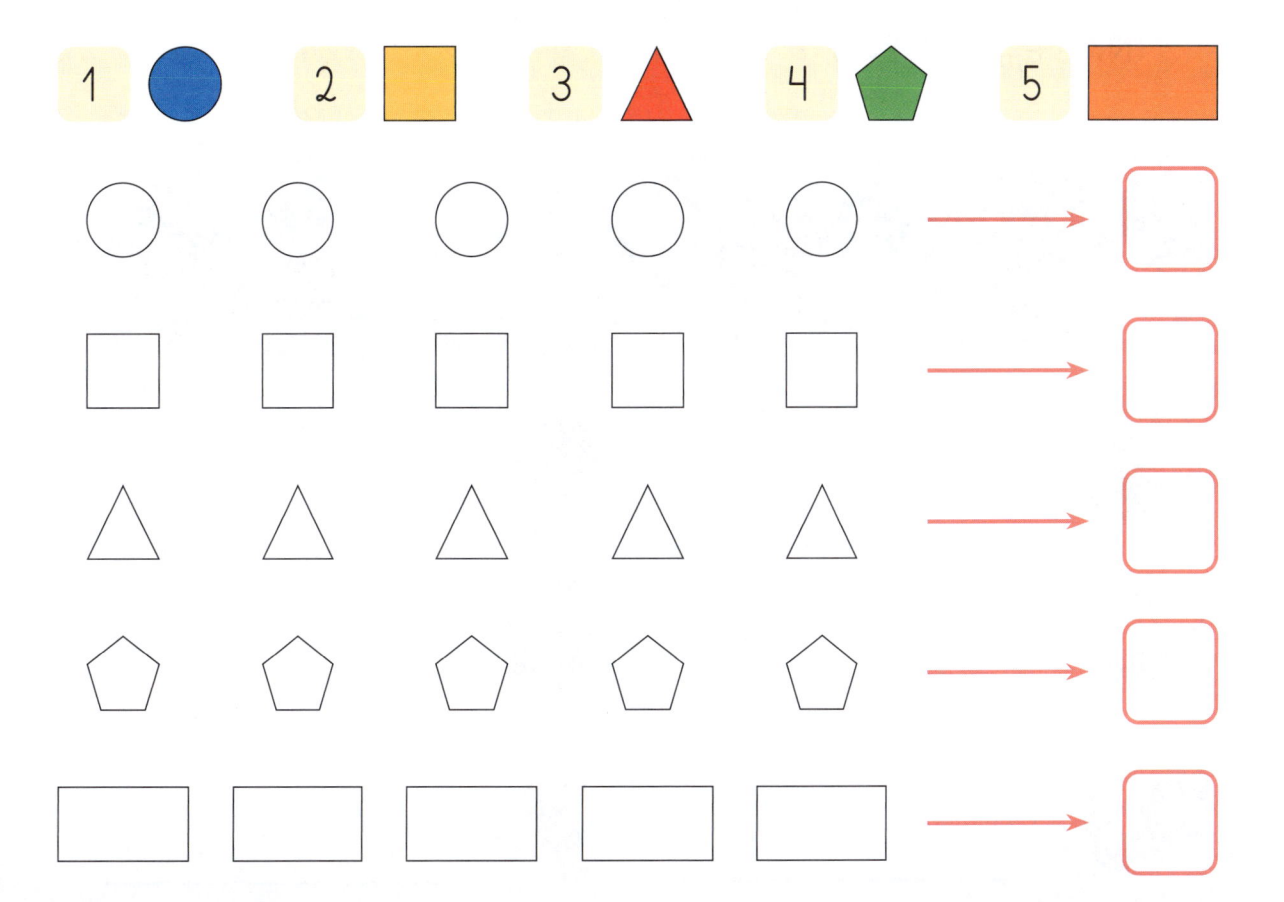

1 ●   2 ■   3 ▲   4 ⬟   5 ▬

197

OUÇA A LEITURA DA PARLENDA.

O DOCE PERGUNTOU PRO DOCE:
QUAL É O DOCE MAIS DOCE?
O DOCE RESPONDEU PRO DOCE
QUE O DOCE MAIS DOCE
É O DOCE DE BATATA-DOCE.

DOMÍNIO PÚBLICO.

PINTE APENAS 5 DOCES.

CONTE QUANTOS ELEMENTOS IGUAIS HÁ NA PRATELEIRA DA LOJA DE BRINQUEDOS E REGISTRE NAS ETIQUETAS.

LIÇÃO 35

NÚMERO 6

6
seis

MAMÃE GATA TEVE SEIS FILHOTES.
ERAM SEIS GATINHOS.
CADA UM GANHOU UM PRATINHO DE LEITE
E UMA BOLINHA PARA BRINCAR.

AS AUTORAS.

✏️ ESCREVA O NÚMERO 6 ATÉ O FINAL DA LINHA.

6 6

✏️ DESENHE, NO QUADRO, O 🥣 E A 🔴 DE CADA GATINHO.

✏️ QUANTAS 🔴 VOCÊ DESENHOU? ☐

E QUANTOS 🥣 ? ☐

OBSERVE O NÚMERO DA ETIQUETA E, EM CADA CASO, CIRCULE O AGRUPAMENTO QUE O REPRESENTA.

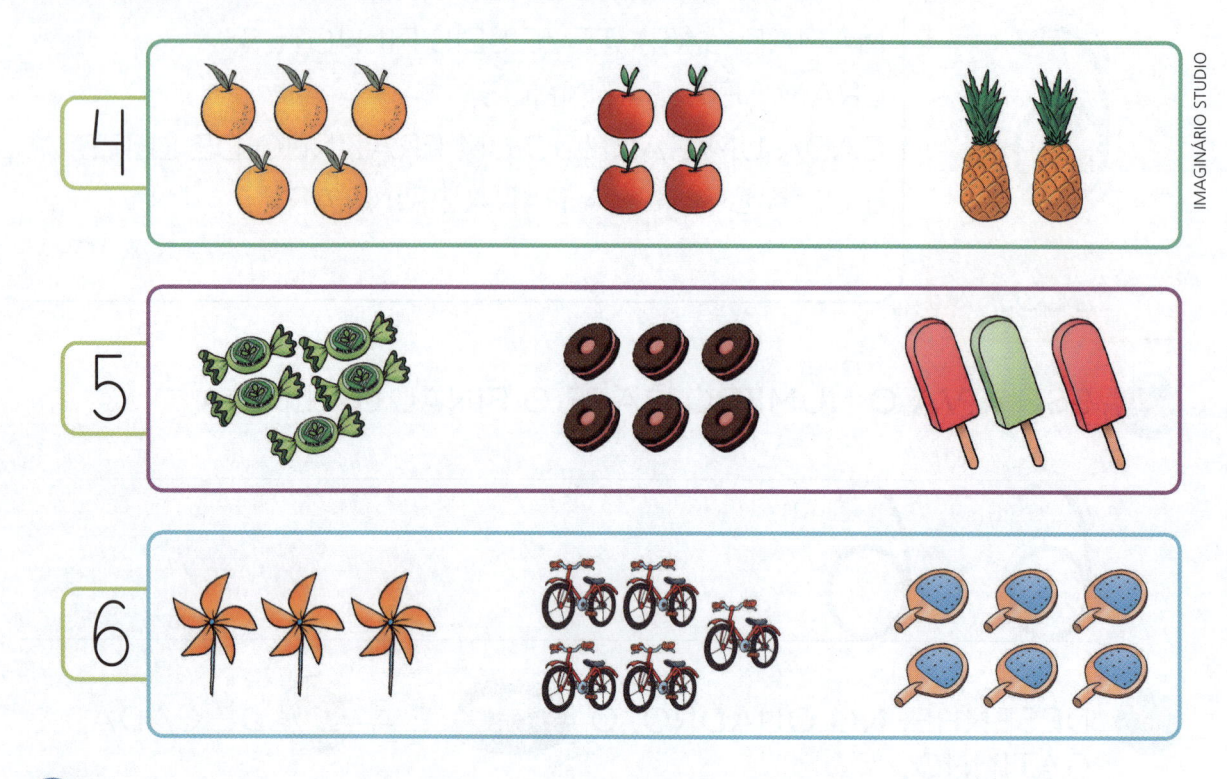

4

5

6

OBSERVE OS QUADROS ABAIXO. CADA UM DELES DEVE TER 6 ELEMENTOS. DESENHE OS ELEMENTOS NECESSÁRIOS PARA COMPLETÁ-LOS.

MARIA VAI FAZER UMA SOPA DE LEGUMES. MARQUE UM **X** NO NÚMERO QUE CORRESPONDE À QUANTIDADE DE INGREDIENTES DE QUE ELA VAI PRECISAR.

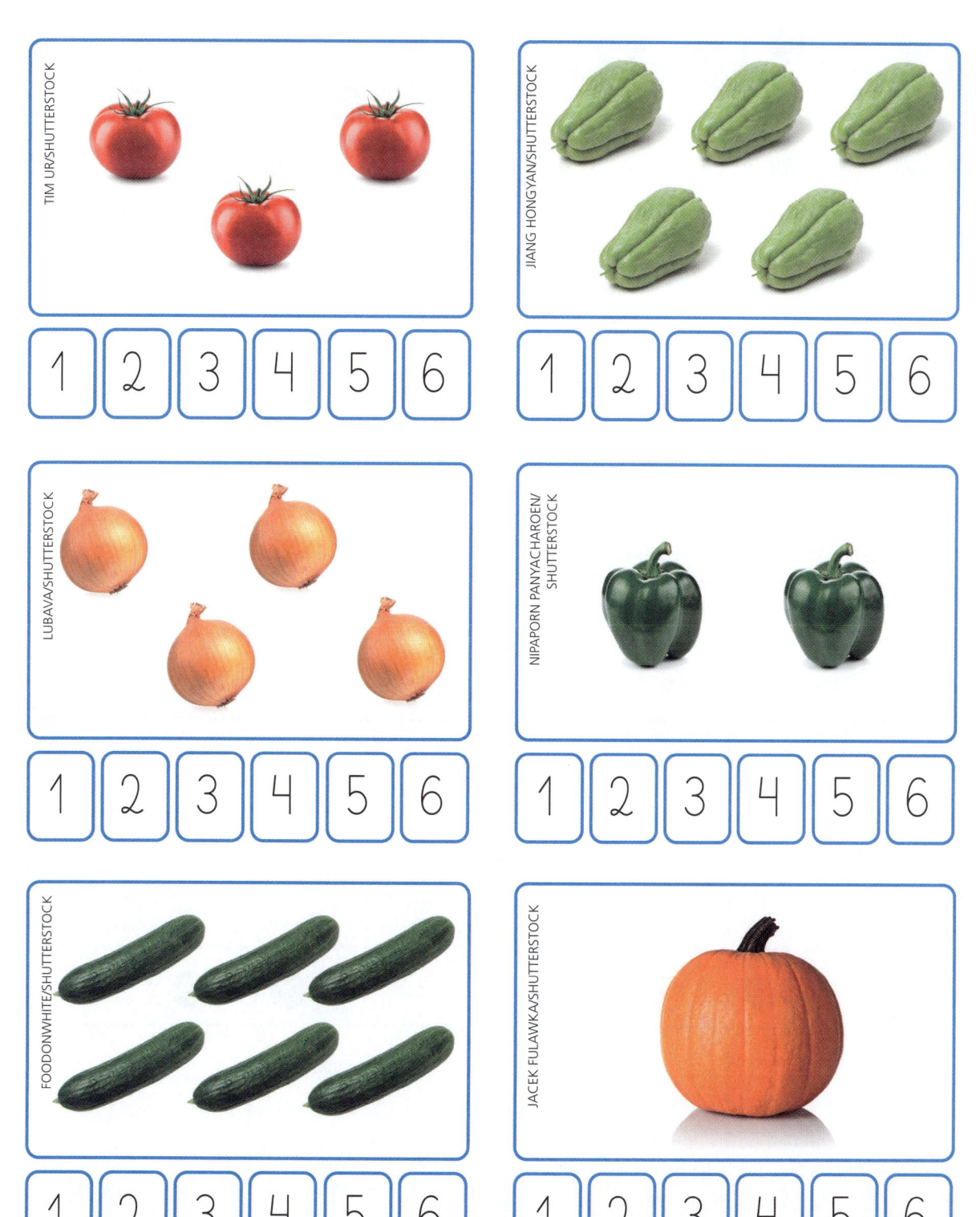

✏️ VOCÊ CONHECE AS PEÇAS DO JOGO DE DOMINÓ? CIRCULE O NÚMERO QUE REPRESENTA A QUANTIDADE DE BOLINHAS DE CADA PARTE DA PEÇA.

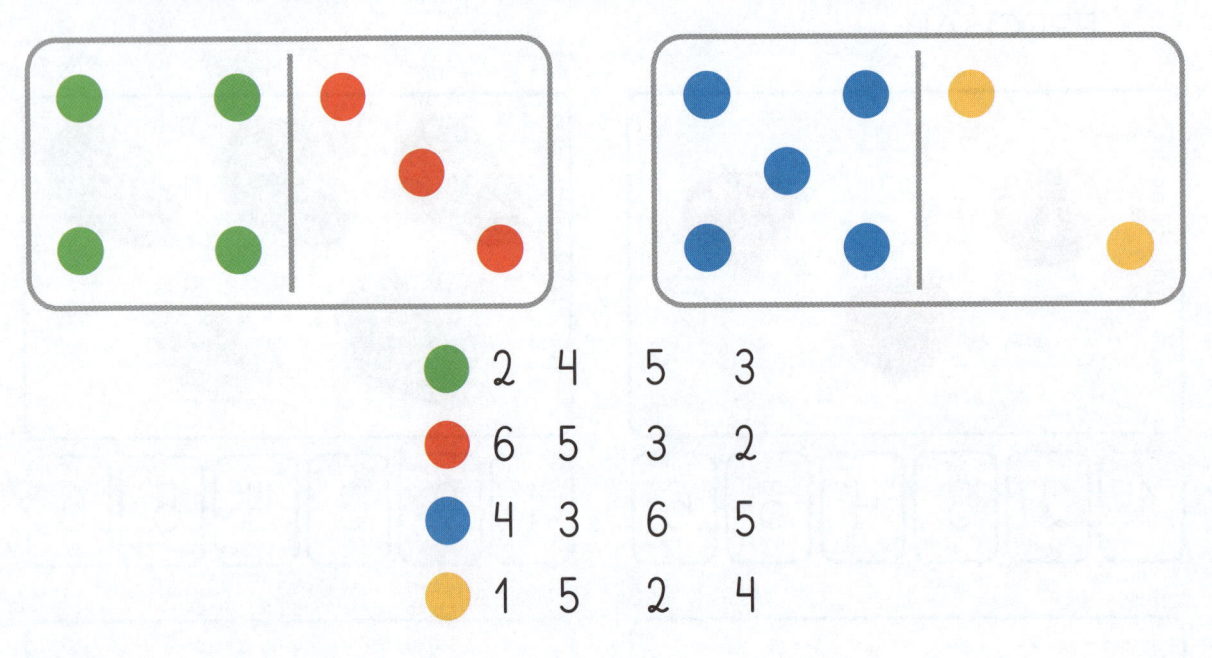

🟢 2 4 5 3
🔴 6 5 3 2
🔵 4 3 6 5
🟡 1 5 2 4

✏️ DESENHE EM CADA PEÇA A QUANTIDADE DE BOLINHAS PEDIDA.

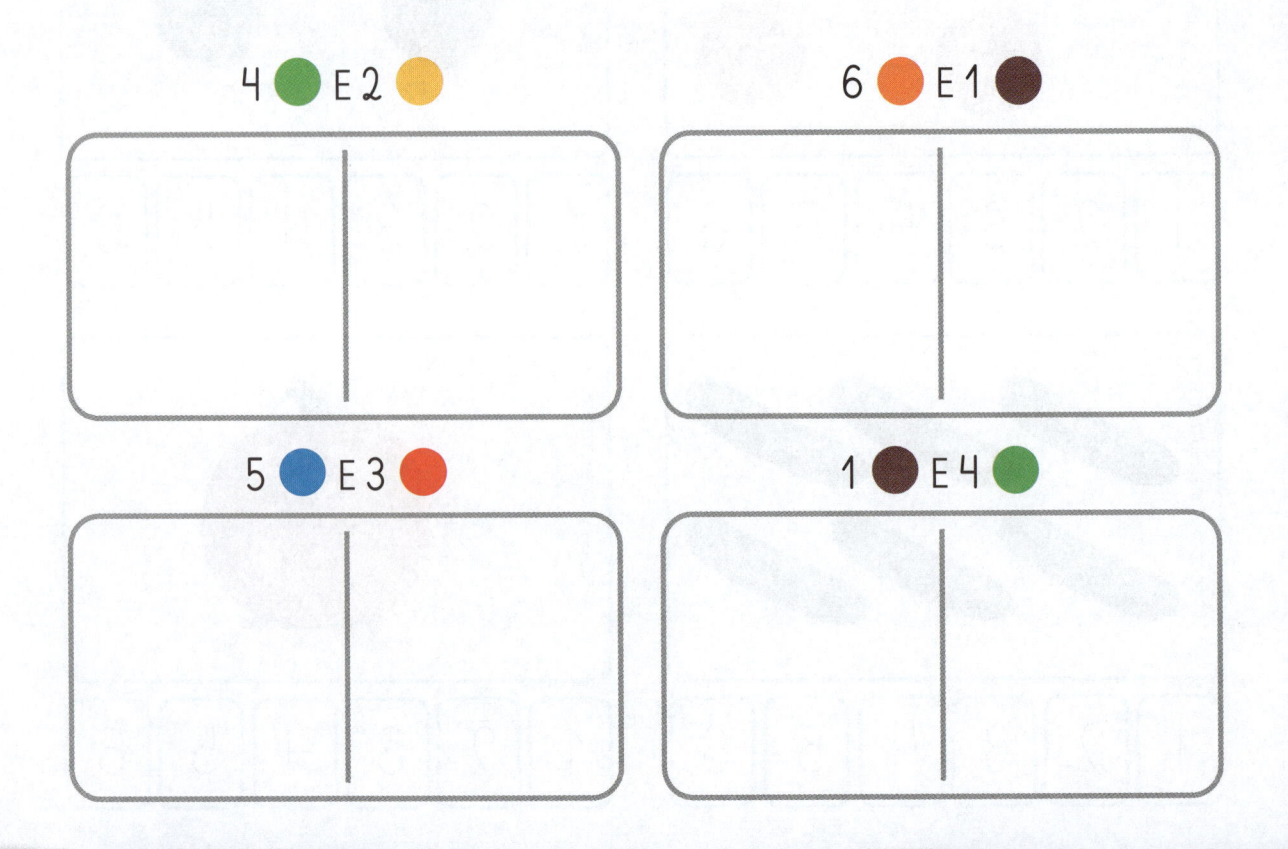

4 🟢 E 2 🟡

6 🟠 E 1 🟤

5 🔵 E 3 🔴

1 🟤 E 4 🟢

LIÇÃO 36

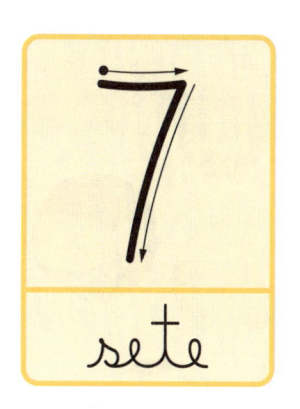

NÚMERO 7

7
sete

A BARATA DIZ QUE TEM
SETE SAIAS DE FILÓ.
É MENTIRA DA BARATA,
ELA TEM É UMA SÓ.

DOMÍNIO PÚBLICO.

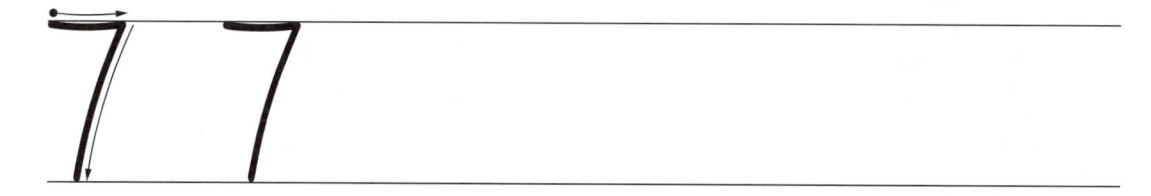

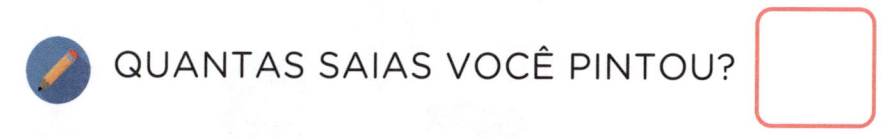

- ESCREVA O NÚMERO 7 ATÉ O FINAL DA LINHA.

7 7

- PINTE CADA SAIA COM UMA COR DIFERENTE.

- QUANTAS SAIAS VOCÊ PINTOU?

- VOCÊ CONHECE A MÚSICA DA DONA BARATINHA? CANTE A MÚSICA COMPLETA COM OS COLEGAS.

OBSERVE O CARTAZ QUE CADA CRIANÇA ESTÁ SEGURANDO. DEPOIS, LIGUE CADA CRIANÇA À SUA COLEÇÃO DE OBJETOS E ESCREVA O NÚMERO DE ELEMENTOS QUE ELA TEM.

✏️ COMPLETE A SEQUÊNCIA NUMÉRICA DAS CASINHAS.

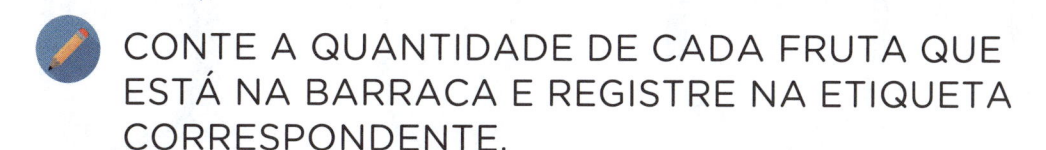

✏️ CONTE A QUANTIDADE DE CADA FRUTA QUE ESTÁ NA BARRACA E REGISTRE NA ETIQUETA CORRESPONDENTE.

🗨️ O QUE OBSERVOU EM RELAÇÃO À QUANTIDADE DE FRUTAS?

✏️ VOCÊ CONHECE ESSAS FRUTAS? RISQUE A DE QUE VOCÊ GOSTA MAIS.

✏️ CONTINUE PINTANDO OS VAGÕES DO TREM.

✏️ CONTE QUANTOS VAGÕES HÁ NO TREM E ESCREVA A RESPOSTA NO QUADRO AO LADO.

✏️ ESCREVA NOS ESPELHOS OS NÚMEROS DE 1 A 7.

💬 VOCÊ CONHECE A HISTÓRIA DA BRANCA DE NEVE? QUANTOS ANÕES FAZEM PARTE DESSE CONTO DE FADAS? CONVERSE COM OS COLEGAS E A PROFESSORA SOBRE A HISTÓRIA DE BRANCA DE NEVE E OS SETE ANÕES.

LIÇÃO 37

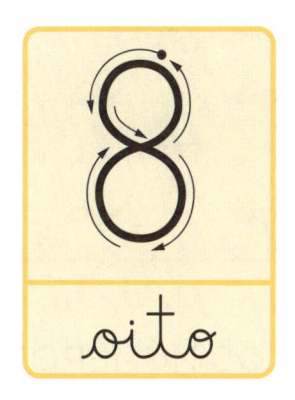

NÚMERO 8

8
oito

TALVEZ EU POSSA LEMBRAR-LHE COM QUE NÚMERO RIMA BISCOITO. SERÁ QUE ADIVINHOU?
SIM, É O NÚMERO OITO.

DARCI MARIA BRIGNANI. **...DE A A Z, DE 1 A 10...** SÃO PAULO: COMPANHIA EDITORA NACIONAL, 2005. P. 28.

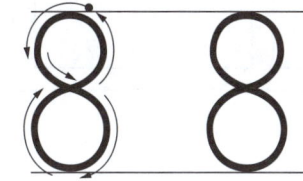

- ESCREVA O NÚMERO 8 ATÉ O FINAL DA LINHA.

8 8

- CIRCULE OS BISCOITOS QUE ESTÃO FORA DO PACOTE.

- QUANTOS BISCOITOS VOCÊ CIRCULOU?

- ENCONTRE E PINTE APENAS O NÚMERO 8.

1	8	2	0	8	9	4	8
7	0	3	8	6	5	8	9
8	5	8	4	1	8	7	6

✏️ QUE NÚMERO ESTÁ REPRESENTADO NAS FIGURAS A SEGUIR? ESCREVA-O NAS ETIQUETAS.

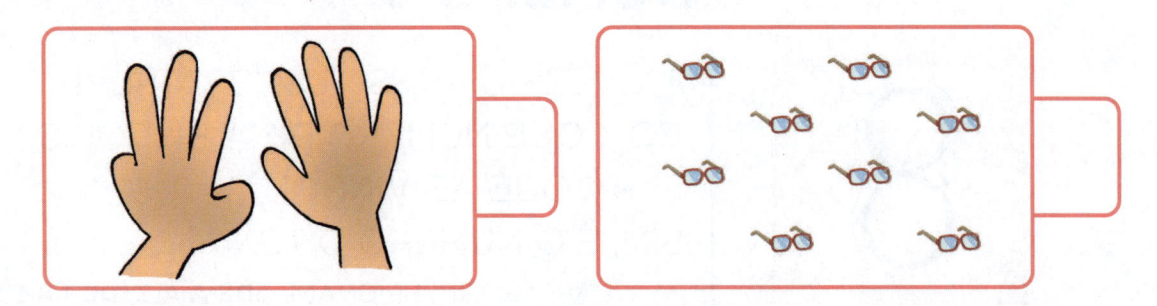

✏️ COMPLETE A RÉGUA NUMÉRICA COM OS NÚMEROS QUE FALTAM.

| 1 | 2 | 3 | | | | | |

✏️ CONTE A QUANTIDADE DE PIPOCAS QUE HAVIA EM CADA SAQUINHO E ESCREVA O NÚMERO CORRESPONDENTE.

- VOCÊ CONHECE ESTE ANIMAL? CONVERSE SOBRE ELE COM OS COLEGAS E A PROFESSORA.
- PINTE OS TENTÁCULOS DO POLVO.

EVGENIYA PRUSAKOVA/ SHUTTERSTOCK

- QUANTOS TENTÁCULOS VOCÊ PINTOU?

- CANTE A MÚSICA DA DONA ARANHA COM OS COLEGAS E A PROFESSORA.

DONA ARANHA

A DONA ARANHA SUBIU PELA PAREDE,
VEIO A CHUVA FORTE E A DERRUBOU.
JÁ PASSOU A CHUVA, O SOL JÁ VEM SURGINDO
E A DONA ARANHA CONTINUA A SUBIR.
ELA É TEIMOSA E DESOBEDIENTE
SOBE, SOBE, SOBE E NUNCA ESTÁ CONTENTE.

DOMÍNIO PÚBLICO.

- AGORA, CONTE QUANTAS PERNAS TEM A DONA ARANHA.

- A QUANTIDADE DE PERNAS DA ARANHA É A MESMA DOS TENTÁCULOS DO POLVO?

☐ SIM   ☐ NÃO

LIÇÃO 38

NÚMERO 9

9
nove

ESTÁ FALTANDO BEM POUCO
PARA AS DUAS MÃOS COMPLETAR.
É O NOVE QUE VEM CHEGANDO,
PARA A CONTAGEM ACABAR.

DARCI MARIA BRIGNANI. **... DE A A Z, DE 1 A 10...**
SÃO PAULO: COMPANHIA EDITORA NACIONAL, 2005. P. 29.

✏️ ESCREVA O NÚMERO 9 ATÉ O FINAL DA LINHA.

9 9

✏️ CONTE QUANTOS DEDOS AS MÃOS ESTÃO MOSTRANDO. DEPOIS, ESCREVA NOS QUADROS O NÚMERO QUE CORRESPONDE A CADA DEDO.

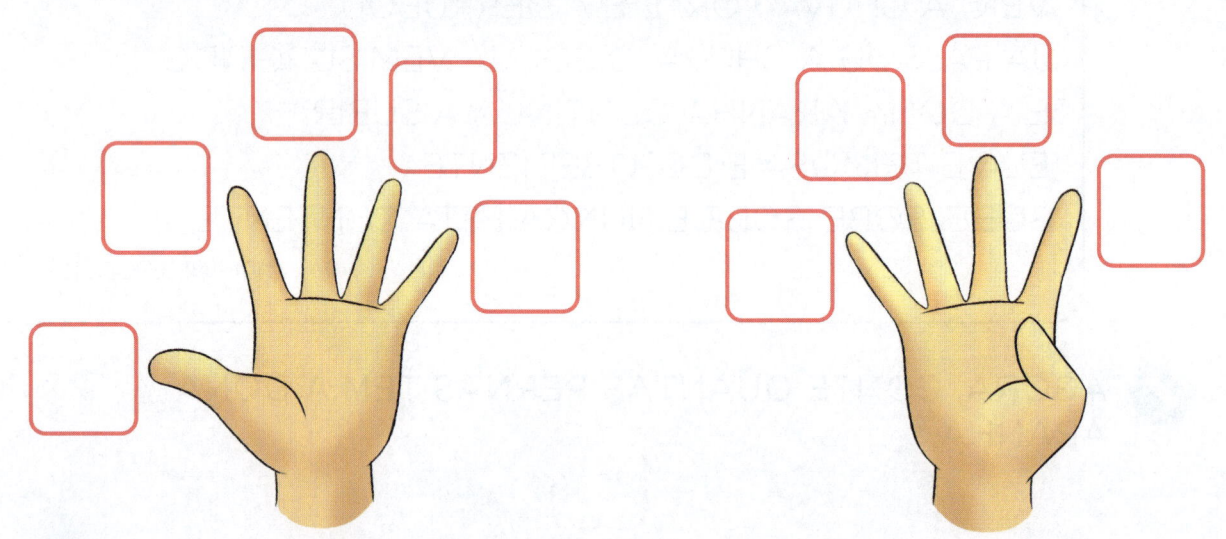

✏️ AGORA, ESCREVA OS NÚMEROS DE 1 A 9.

ESCUTE E REPITA A LEITURA DA PARLENDA.

UNI, DUNI, TÊ,
SALAMÊ MINGUÊ
UM SORVETE COLORÊ
O ESCOLHIDO FOI VOCÊ.

DOMÍNIO PÚBLICO.

PINTE COM CORES VARIADAS 9 SORVETES.

DESENHE 9 PICOLÉS.

✏️ OBSERVE A AMARELINHA DESENHADA ABAIXO E COMPLETE COM OS NÚMEROS QUE FALTAM.

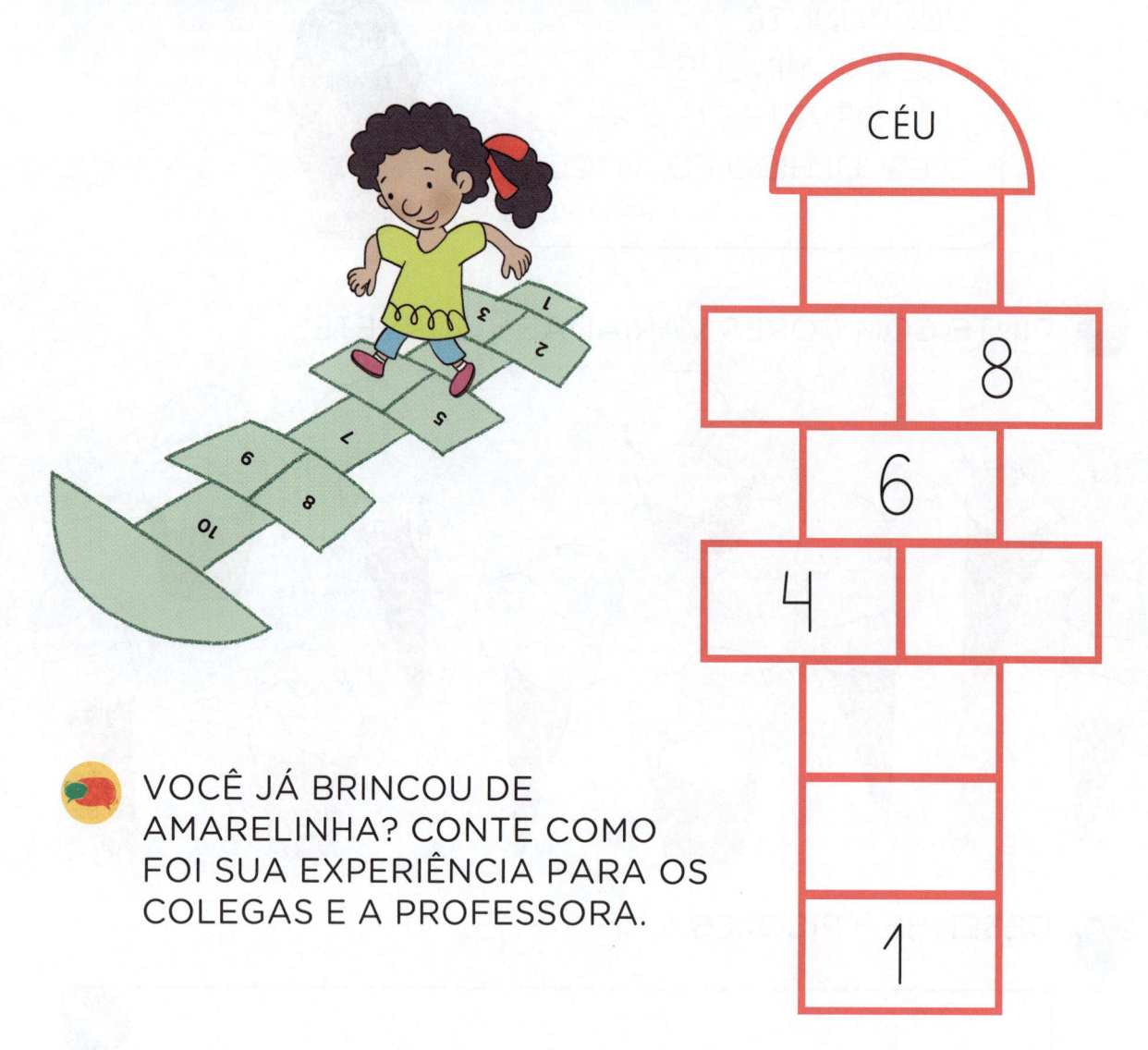

CÉU

	8
6	
4	

| 1 |

🍉 VOCÊ JÁ BRINCOU DE AMARELINHA? CONTE COMO FOI SUA EXPERIÊNCIA PARA OS COLEGAS E A PROFESSORA.

✏️ COMPLETE A SEQUÊNCIA NUMÉRICA COM OS NÚMEROS QUE ESTÃO FALTANDO.

| 1 | | 3 | | | 6 | 7 | | 9 |

| | 2 | | 4 | | | | 8 | |

CONTE OS ELEMENTOS DE CADA QUADRO. DEPOIS, DESENHE QUANTOS FALTAM PARA QUE CADA QUADRO TENHA 9 ELEMENTOS.

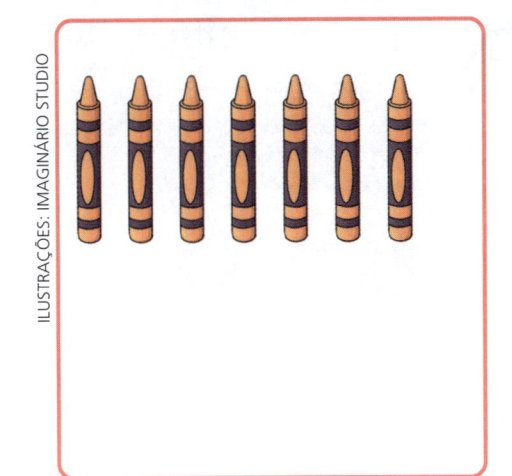

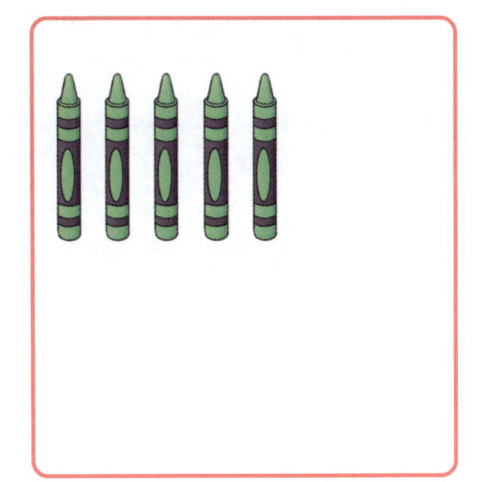

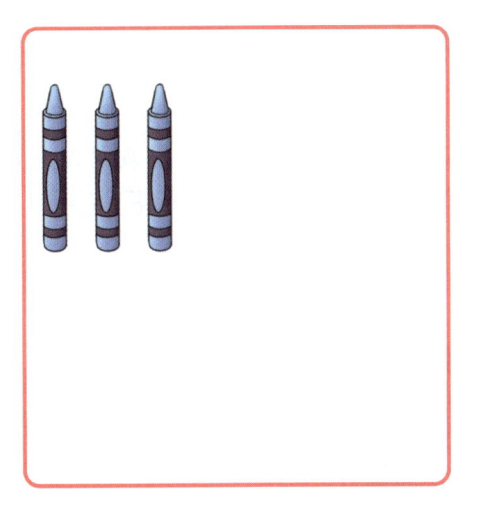

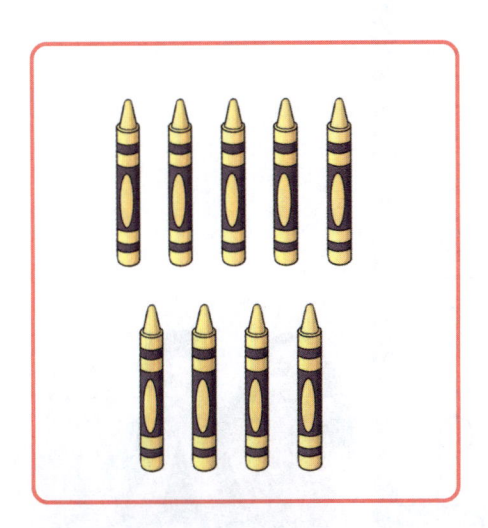

9

🔍 OBSERVE O FUNDO DO MAR E CONTE CADA ANIMAL QUE PODEMOS ENCONTRAR.

✏️ ESCREVA NAS ETIQUETAS A QUANTIDADE DE CADA ANIMAL QUE VOCÊ ENCONTROU.

🖍️ PINTE O CAMINHO QUE A MENINA DEVE FAZER PARA CHEGAR ATÉ SEUS AMIGOS. ELA DEVE PASSAR PELOS NÚMEROS DE 1 A 9.

5	6	4	7	9
1	2	3	5	6
1	8	4	2	3
7	3	5	6	8
9	4	2	7	1
5	9	3	8	9

LIÇÃO 39

PREPARANDO PARA A ADIÇÃO

DESENHE 1 PEIXINHO A MAIS EM CADA AQUÁRIO. DEPOIS, CONTE E ESCREVA NAS ETIQUETAS COM QUANTOS PEIXINHOS CADA AQUÁRIO FICOU.

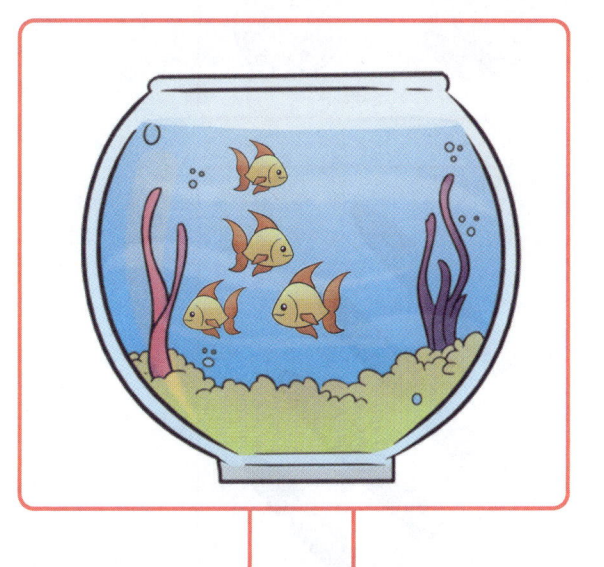

ACRESCENTE 1 ELEMENTO E DESENHE OS RESULTADOS.

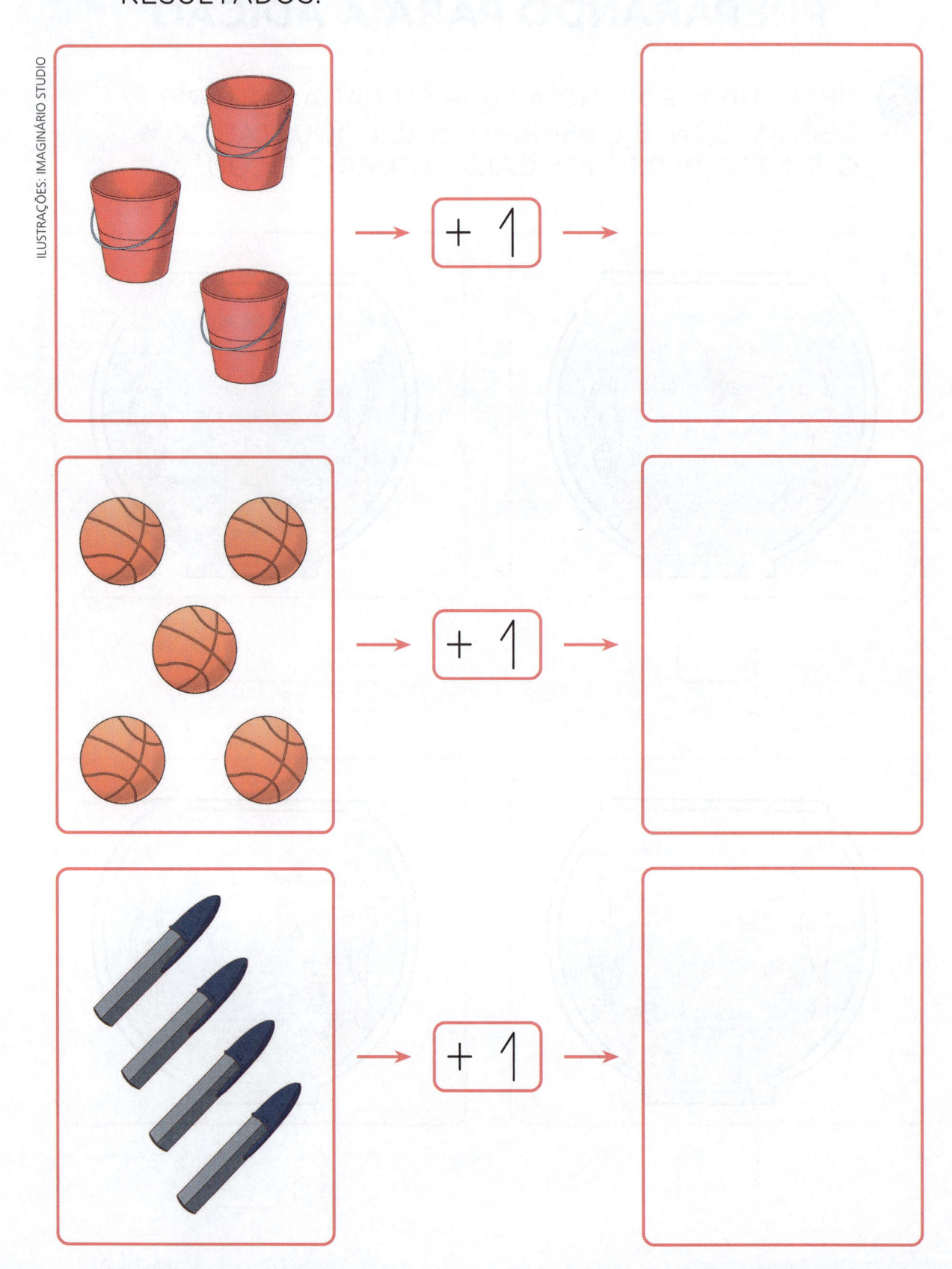

PINTE OS CÍRCULOS A SEGUIR DE ACORDO COM A INDICAÇÃO. DEPOIS, RESPONDA ÀS PERGUNTAS ESCREVENDO O NÚMERO NOS QUADROS.

3 🟡   2 🔵

○○○○○○○○○

QUANTOS CÍRCULOS VOCÊ PINTOU NO TOTAL?

5 🔴   1 🟢

○○○○○○○○○

QUANTOS CÍRCULOS VOCÊ PINTOU NO TOTAL?

4 🟤   4 🟠

○○○○○○○○○

QUANTOS CÍRCULOS VOCÊ PINTOU NO TOTAL?

3 ⚫   6 🌸

○○○○○○○○○

QUANTOS CÍRCULOS VOCÊ PINTOU NO TOTAL?

🗨️ CANTE COM OS COLEGAS E A PROFESSORA.

CAI, CAI, BALÃO

CAI, CAI, BALÃO,
CAI, CAI, BALÃO,
CAI AQUI NA MINHA MÃO.
NÃO CAI NÃO, NÃO CAI NÃO, NÃO CAI NÃO,
CAI NA RUA DO SABÃO.

CAI, CAI, BALÃO,
CAI, CAI, BALÃO,
CAI NA RUA DO SABÃO.
NÃO VOU LÁ, NÃO VOU LÁ, NÃO VOU LÁ,
TENHO MEDO DE ME QUEIMAR.

DOMÍNIO PÚBLICO.

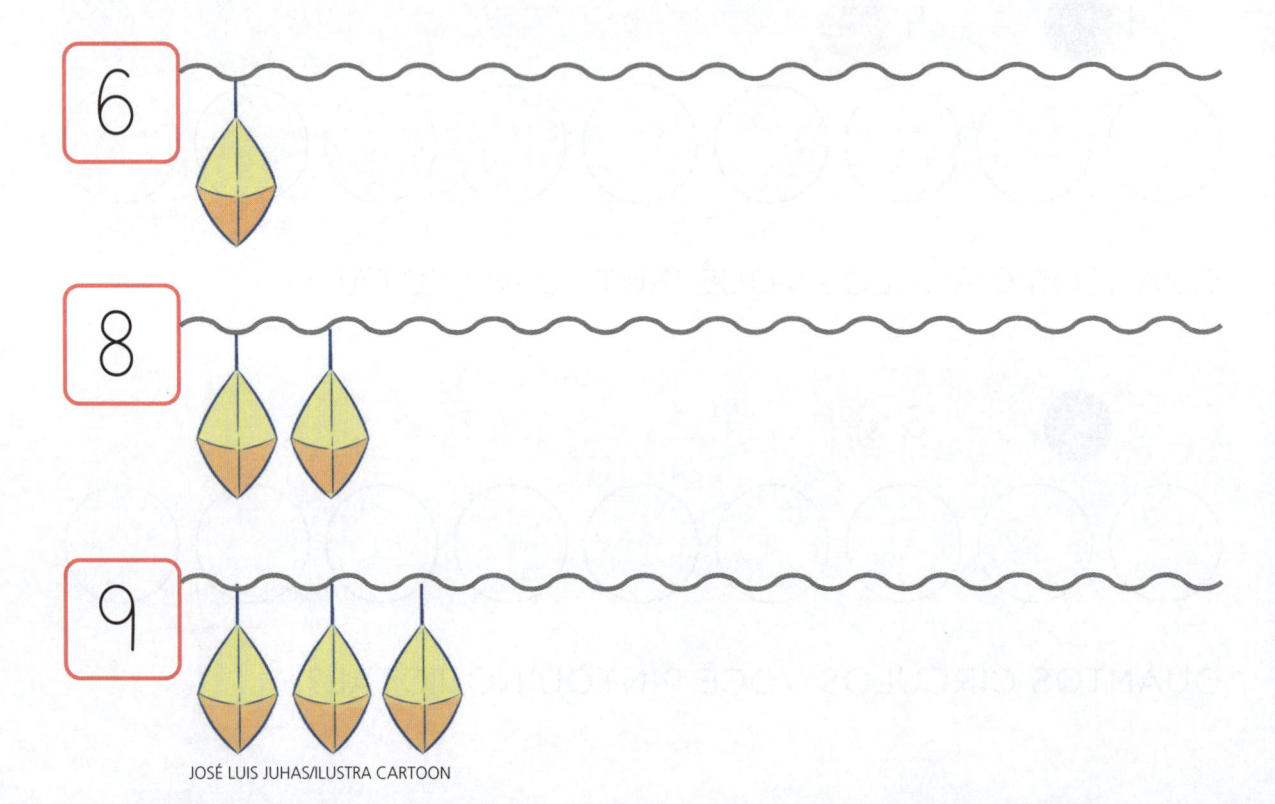

✏️ CONTINUE DESENHANDO BALÕES NOS CORDÕES DE ACORDO COM O NÚMERO INDICADO.

6

8

9

JOSÉ LUIS JUHAS/ILUSTRA CARTOON

CONTE QUANTOS DEDOS CADA MÃO ESTÁ MOSTRANDO E ESCREVA O NÚMERO CORRESPONDENTE. DEPOIS, CONTE QUANTOS DEDOS HÁ NO TOTAL E REGISTRE O RESULTADO.

O SINAL DE MAIS (+) INDICA A OPERAÇÃO DE ADIÇÃO.

$$3 + 2 = 5$$

(LÊ-SE: TRÊS MAIS DOIS É IGUAL A CINCO)

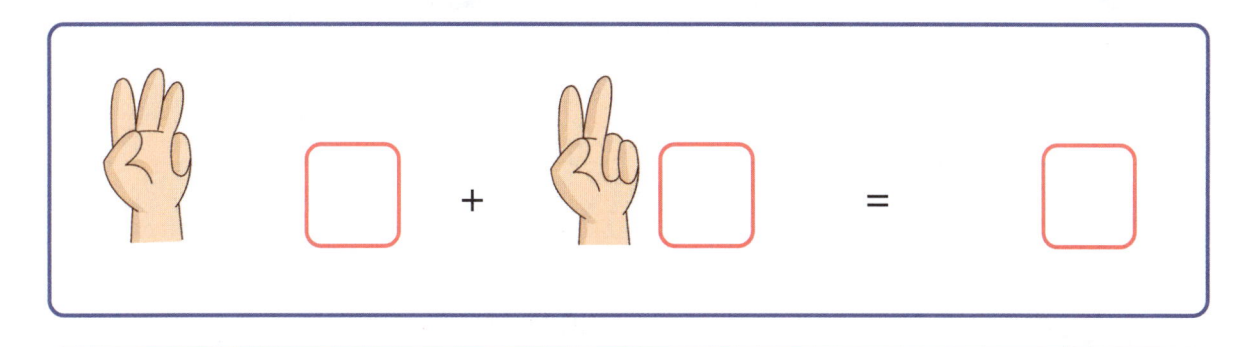

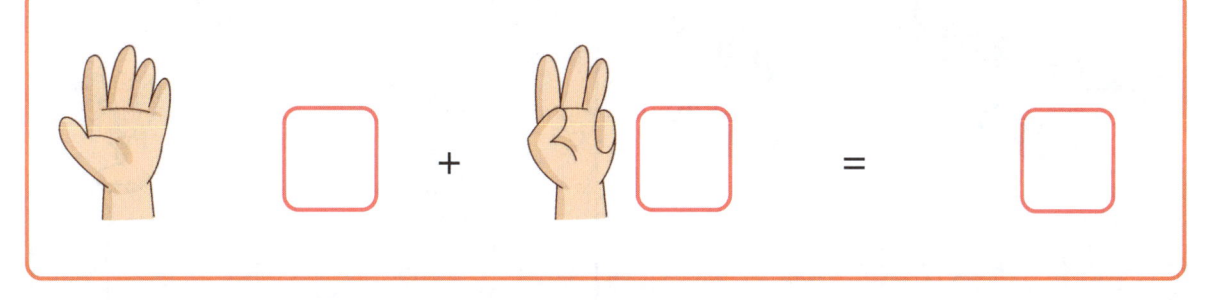

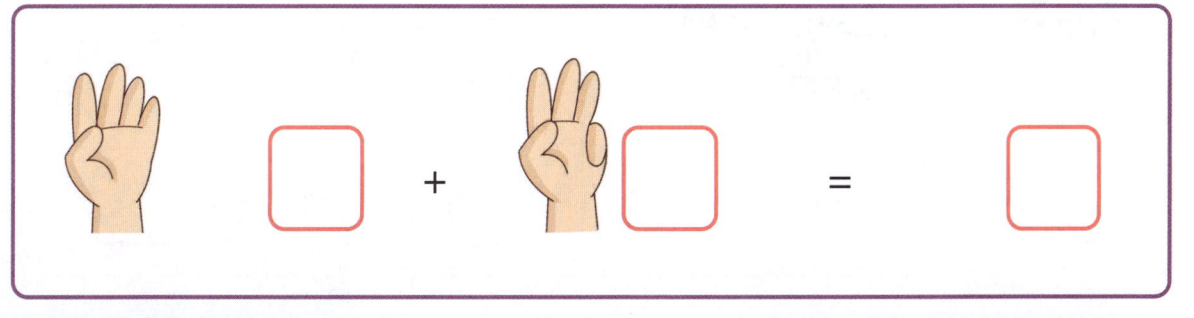

CONTE O NÚMERO DE ELEMENTOS EM CADA QUADRO E ESCREVA O RESULTADO.

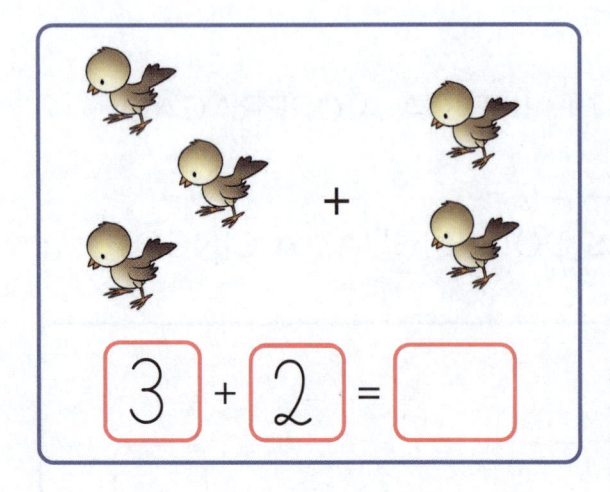

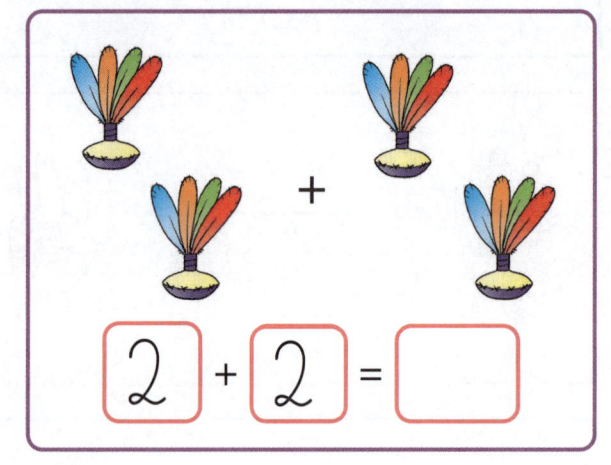

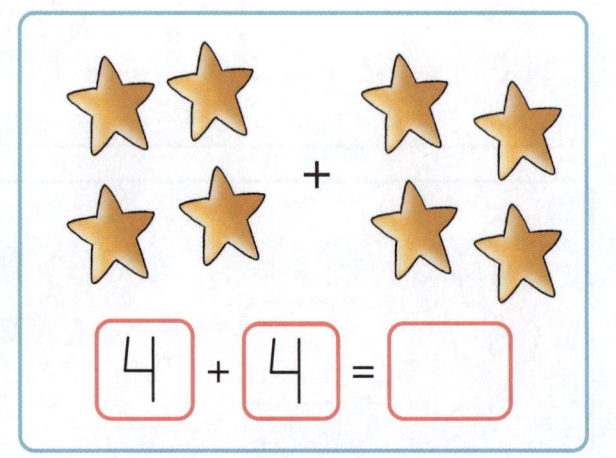

3 + 2 =

5 + 1 =

4 + 2 =

2 + 2 =

1 + 3 =

4 + 4 =

ILUSTRAÇÕES: JOÃO ANSELMO E IZOMAR

✏️ CONTE OS PONTOS DOS DADOS E ESCREVA O RESULTADO NO QUADRO.

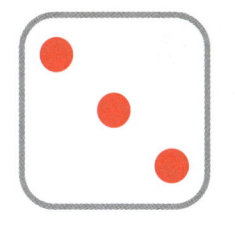

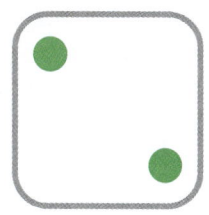

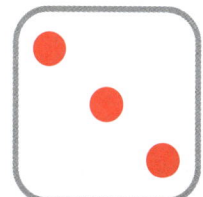

3 + 2 = ☐

___ + ___ = ☐

___ + ___ = ☐

___ + ___ = ☐

✏️ COM A AJUDA DA PROFESSORA, EFETUE A ADIÇÃO E REGISTRE O RESULTADO NA ETIQUETA. DEPOIS, PINTE A QUANTIDADE DE CEREJAS CORRESPONDENTES.

4 + 5 =

6 + 2 =

3 + 4 =

5 + 1 =

✏️ COMPLETE OS QUADROS COM A AJUDA DA PROFESSORA.

HAVIA	PLANTEI	HÁ

HAVIA	COLOQUEI	FIQUEI COM

HAVIA	COLOQUEI	AGORA HÁ

ILUSTRAÇÕES: JOÃO ANSELMO E IZOMAR

LIÇÃO 40

FORMAS GEOMÉTRICAS

PINTE AS FORMAS GEOMÉTRICAS USANDO CORES DIFERENTES.

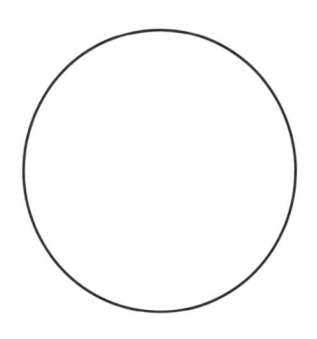

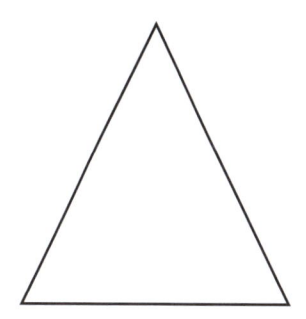

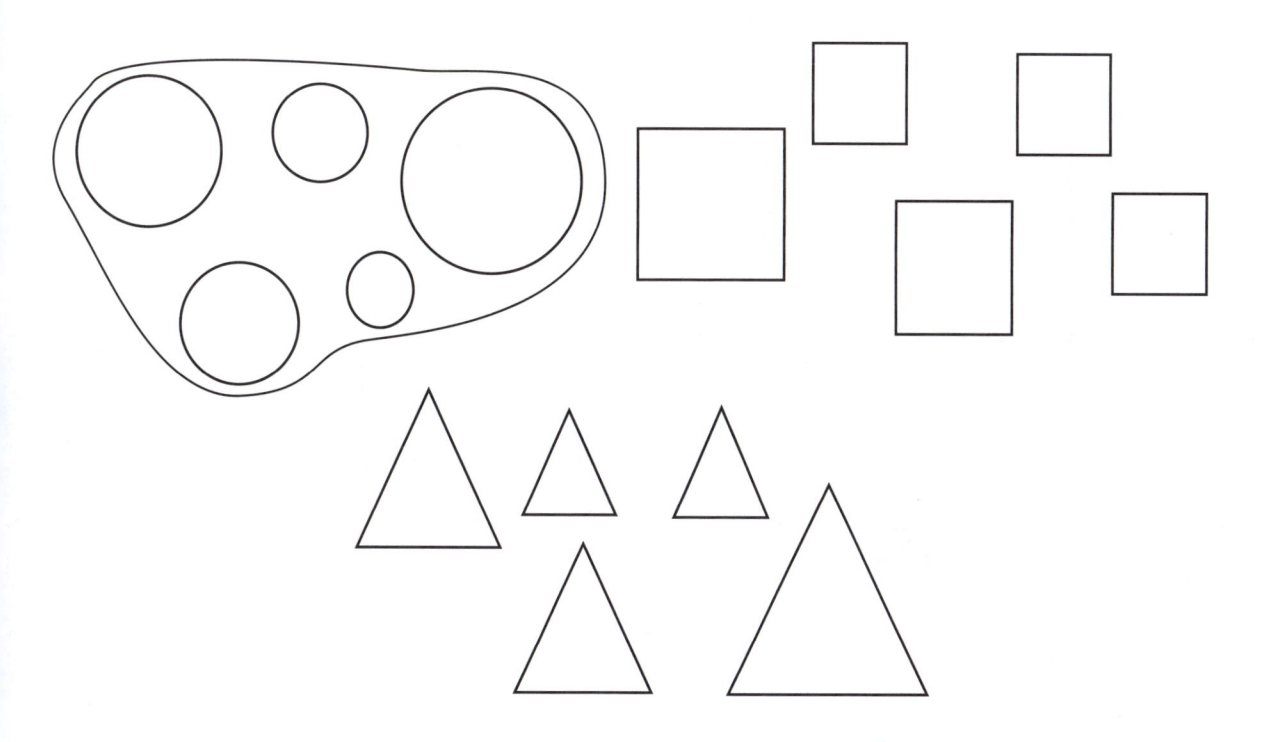

QUAL É O NOME DESSAS FIGURAS?

VEJA O GRUPO DOS CÍRCULOS. FAÇA GRUPOS COM AS OUTRAS FIGURAS QUE TÊM A MESMA FORMA.

PINTE OS TRIÂNGULOS DE AMARELO.

PINTE OS QUADRADOS DE AZUL E OS CÍRCULOS DE AMARELO.

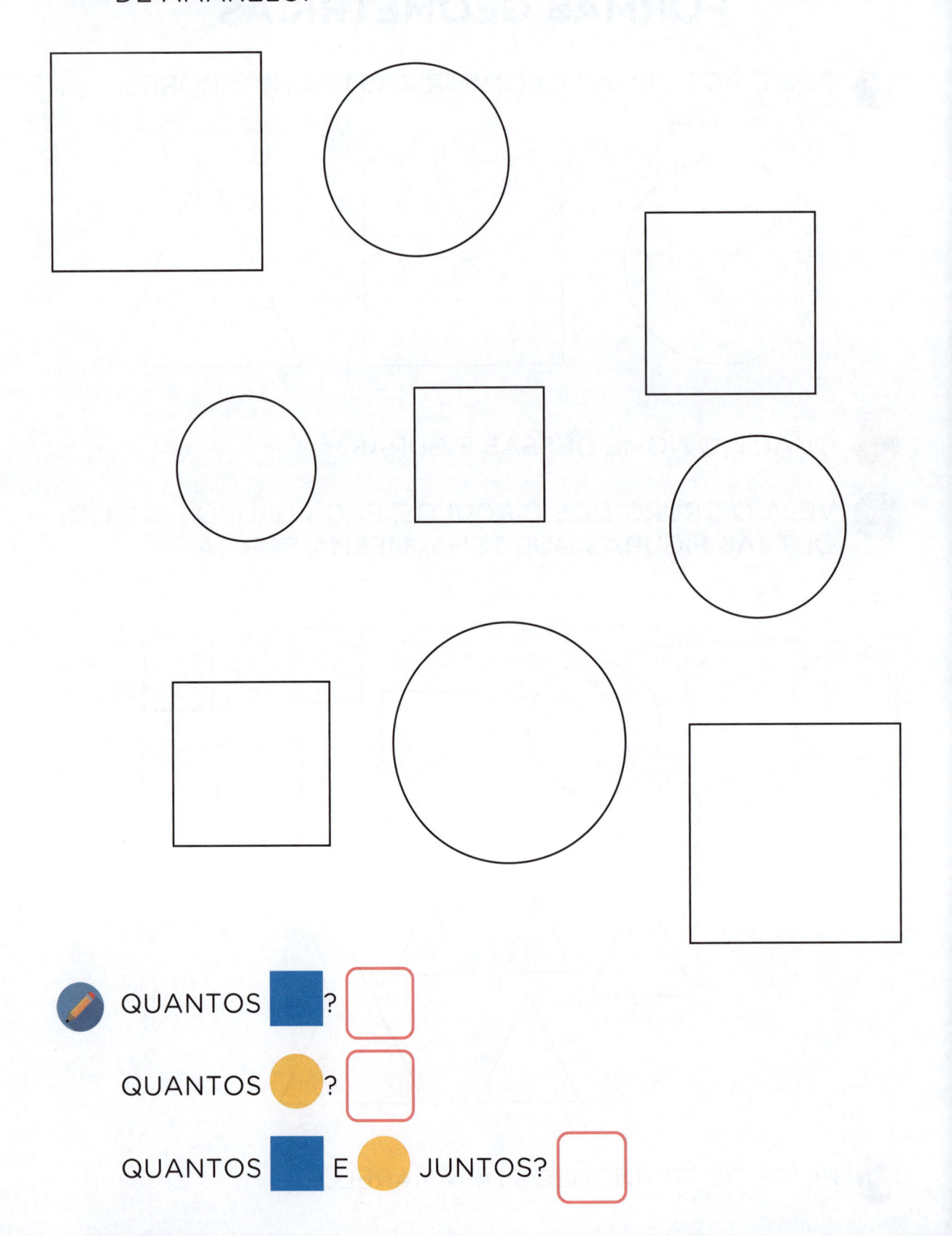

QUANTOS ■ ?
QUANTOS ● ?
QUANTOS ■ E ● JUNTOS?

COLE OS ADESIVOS DAS FIGURAS GEOMÉTRICAS QUE ESTÃO NA PÁGINA 411, NO QUADRO **B** PARA QUE FIQUE IGUAL AO QUADRO **A**.

LIÇÃO 41

NÚMEROS ORDINAIS

🔍 OBSERVE A POSIÇÃO DAS CRIANÇAS NA FILA.

| 1º | 2º | 3º | 4º | 5º | 6º | 7º | 8º | 9º |

- 1º — PRIMEIRO
- 2º — SEGUNDO
- 3º — TERCEIRO
- 4º — QUARTO
- 5º — QUINTO
- 6º — SEXTO
- 7º — SÉTIMO
- 8º — OITAVO
- 9º — NONO

✏️ AGORA, FAÇA O QUE SE PEDE:

CIRCULE O **1º** DA FILA.

FAÇA UM RISCO NO **3º**.

FAÇA UM **X** NO **9º**.

✏️ RISQUE O DESENHO QUE ESTÁ NA POSIÇÃO INDICADA NA ETIQUETA.

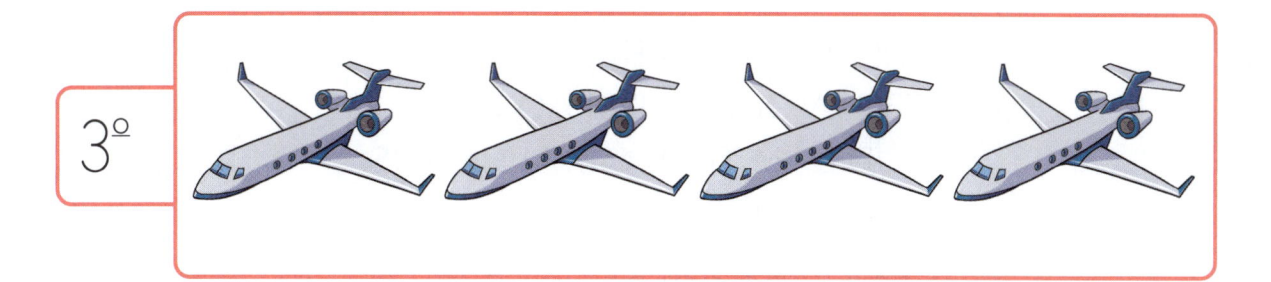

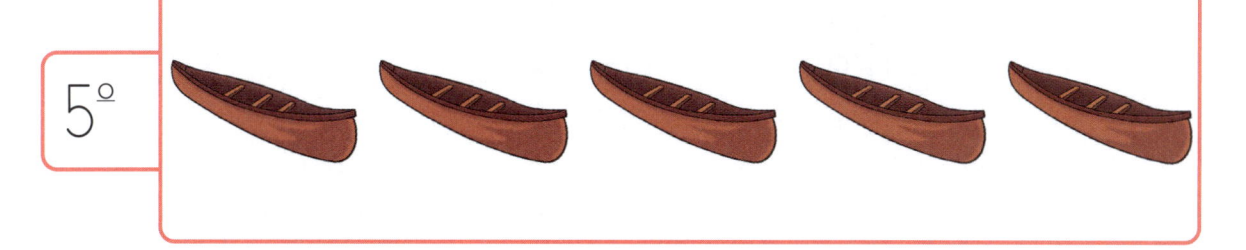

3º

5º

✏️ ESCREVA EM NÚMERO ORDINAL A POSIÇÃO EM QUE A FIGURA SE ENCONTRA NA SEQUÊNCIA.

JOSÉ LUIS JUHAS/ ILUSTRA CARTOON

O ÔNIBUS É O 5º.

O _____ É O AVIÃO.

O NAVIO É O _____.

O _____ É O BARCO.

O CARRO É O _____.

✏️ ASSINALE O 2º, O 5º E O 7º CACHORRO, CONFORME A ORDEM DA ESQUERDA PARA A DIREITA.

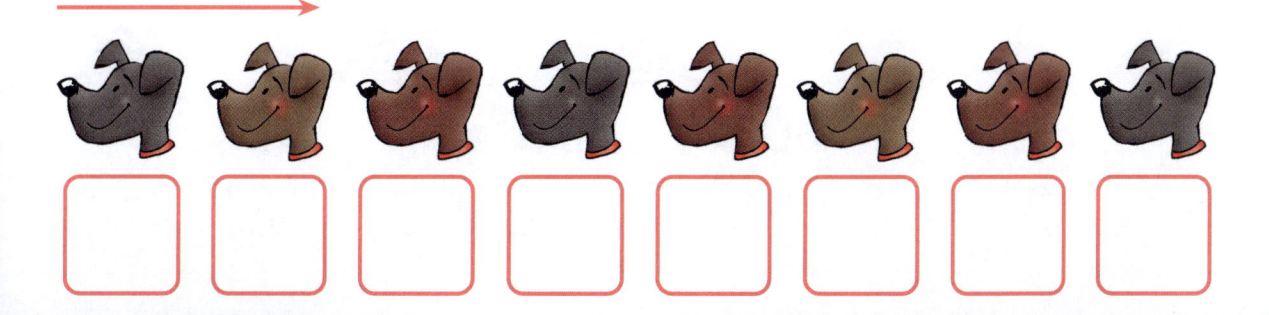

227

🗨️ CANTE COM OS COLEGAS E A PROFESSORA.

> **TEREZINHA DE JESUS**
>
> TEREZINHA DE JESUS
> DE UMA QUEDA FOI AO CHÃO
> ACUDIRAM TRÊS CAVALHEIROS
> TODOS TRÊS CHAPÉU NA MÃO.
>
> O PRIMEIRO FOI SEU PAI
> O SEGUNDO SEU IRMÃO
> O TERCEIRO FOI AQUELE
> QUE A TEREZA DEU A MÃO.
>
> DOMÍNIO PÚBLICO.

✏️ DE ACORDO COM O TEXTO DA CANTIGA, NUMERE A ORDEM EM QUE OS TRÊS CAVALHEIROS ACUDIRAM TEREZINHA.

✏️ ESCREVA NAS CASINHAS OS NÚMEROS ORDINAIS QUE FALTAM.

1º   2º   4º   6º   8º

LIÇÃO 42

PREPARANDO PARA A SUBTRAÇÃO

✏️ CONTE E ESCREVA, NAS ETIQUETAS, O NÚMERO DE ELEMENTOS DE CADA QUADRO.
DEPOIS, LIGUE OS ELEMENTOS DE CADA UM DELES E RESPONDA À PERGUNTA.

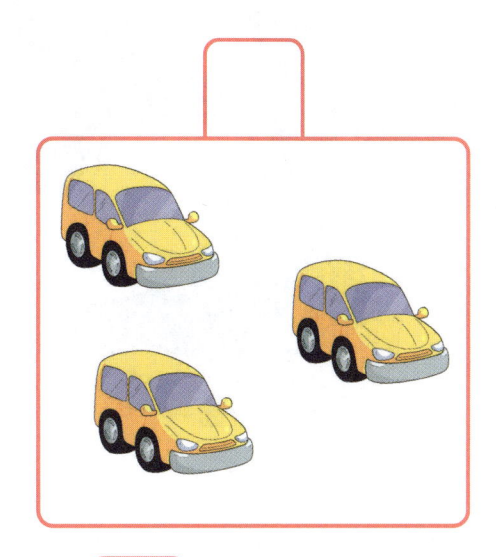

✏️ QUANTOS CARROS HÁ A MENOS?

✏️ QUANTOS CAMINHÕES HÁ A MENOS?

🔍 OBSERVE OS PASSARINHOS NO NINHO.

QUANTOS PASSARINHOS HÁ NO NINHO?

QUANTOS PASSARINHOS VOARAM DO NINHO?

QUANTOS PASSARINHOS FICARAM NO NINHO?

🔍 OBSERVE OS PATINHOS NA LAGOA.

QUANTOS PATINHOS HÁ NA LAGOA?

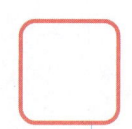

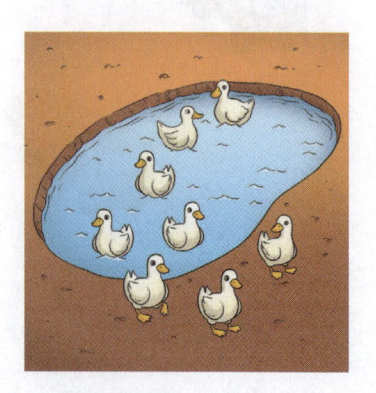

QUANTOS PATINHOS SAÍRAM DA LAGOA?

QUANTOS PATINHOS FICARAM NA LAGOA?

USAMOS O SINAL DE MENOS (–) PARA INDICAR UMA SITUAÇÃO DE RETIRAR.

🔍 OBSERVE O QUADRO A SEGUIR.

$$5 - 2 = 3$$

LÊ-SE: CINCO MENOS DOIS É IGUAL A TRÊS.

✏️ AGORA, COMPLETE ESTES QUADROS.

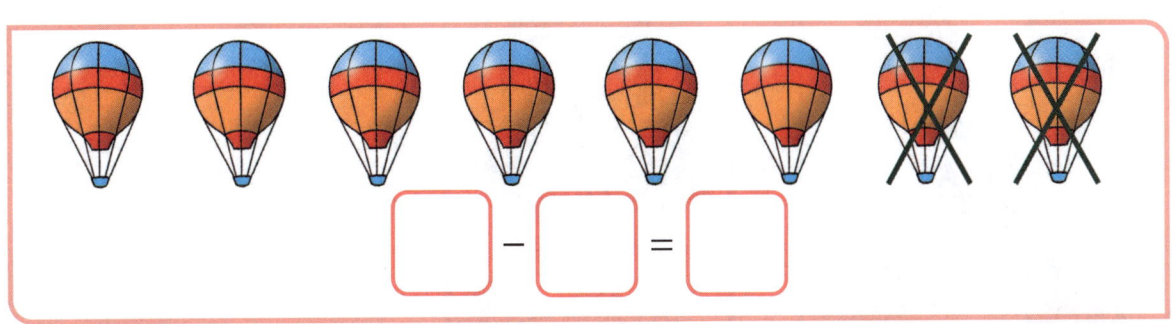

☐ – ☐ = ☐

☐ – ☐ = ☐

☐ – ☐ = ☐

AS FRUTAS DE CADA GRUPO PASSAM PELA MÁQUINA QUE RETIRA 1. DESENHE AS FRUTAS QUE RESTARAM.

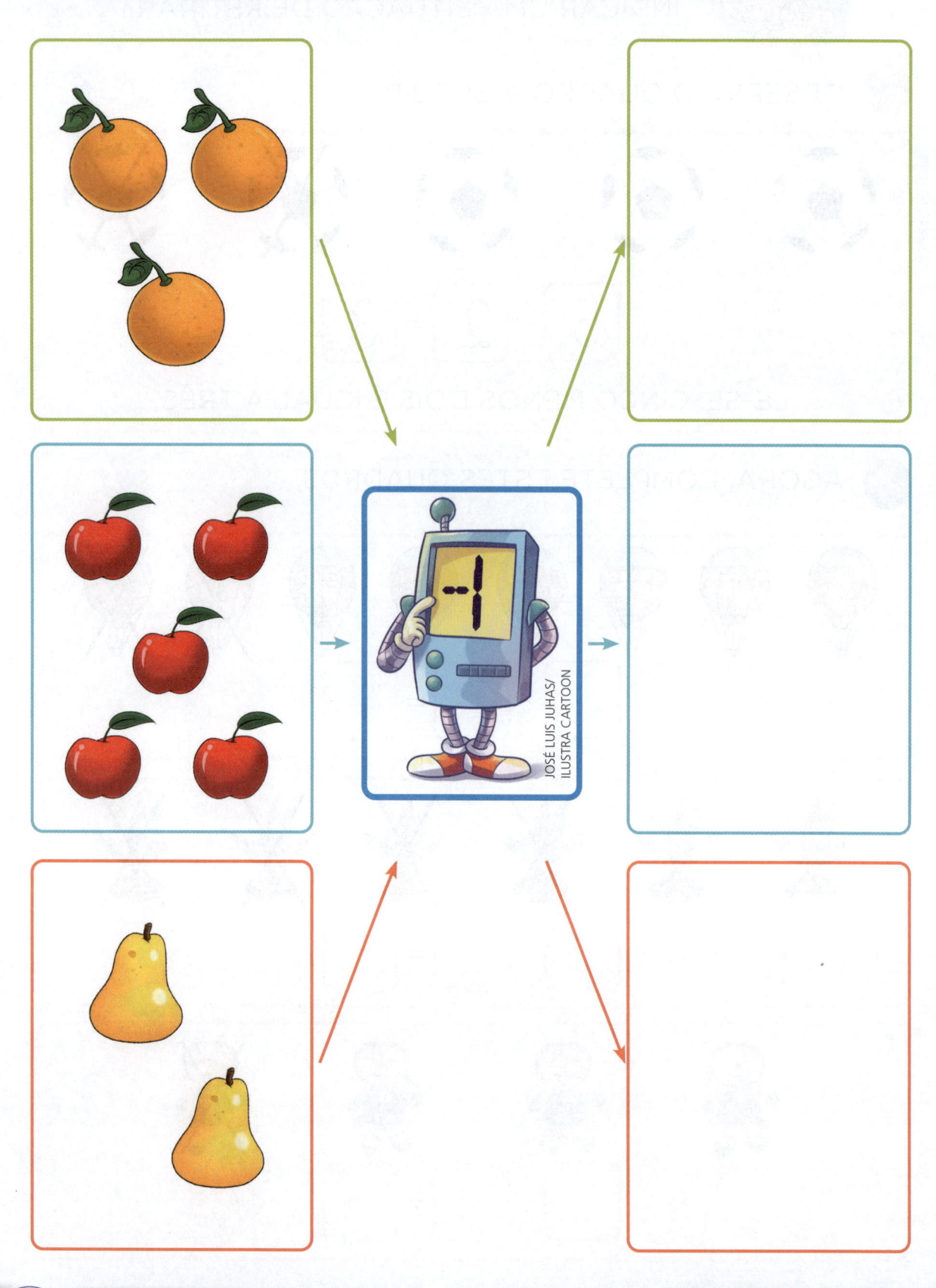

COM A AJUDA DA PROFESSORA, RESOLVA.

HAVIA	CAÍRAM	SOBRARAM
4	2	2

HAVIA	FUGIRAM	FICARAM
5	2	3

HAVIA	COMERAM	SOBROU
3	2	1

HAVIA	VOARAM	FICARAM
5	3	2

LIÇÃO 43

NÚMEROS DE 10 A 20

A DEZENA

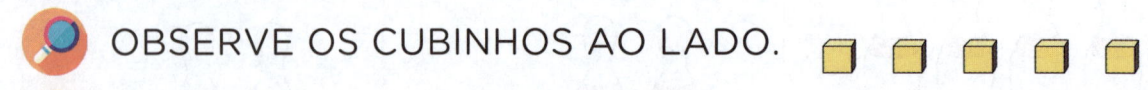

🔍 OBSERVE OS CUBINHOS AO LADO.

💬 QUANTOS CUBINHOS SÃO?

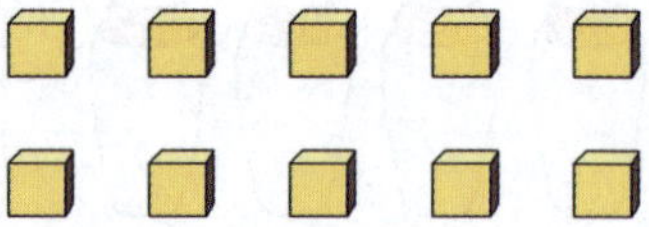

JUNTANDO DEZ CUBINHOS, VOCÊ TEM UMA DEZENA DE CUBINHOS.

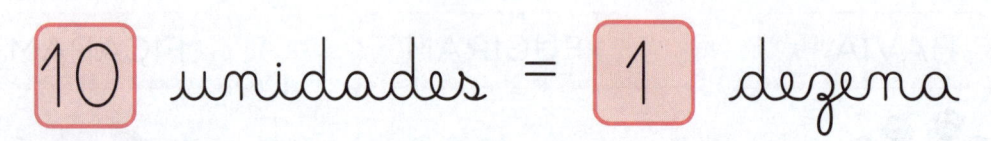

$$\boxed{10} \text{ unidades} = \boxed{1} \text{ dezena}$$

💬 CONTE QUANTOS CUBINHOS HÁ NA BARRA.

A BARRA CORRESPONDE A 10 UNIDADES.

🔍 OBSERVE AS CORES E CONTE OS AVIÕES.

✏️ HÁ QUANTOS AVIÕES AZUIS?

QUANTOS SÃO OS AVIÕES DE COR ROSA?

HÁ QUANTOS AVIÕES NO TOTAL?

✏️ LIGUE O NÚMERO 10 AO QUADRO QUE CONTÉM 10 ELEMENTOS.

10

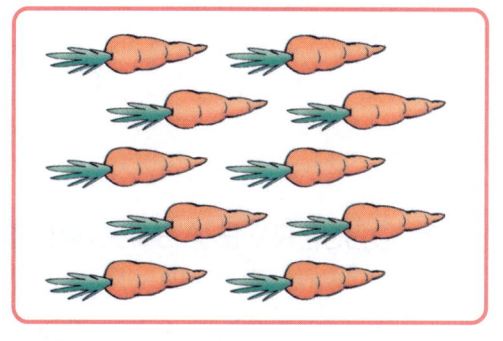

✏️ COMPLETE ATÉ FORMAR **UMA DEZENA** DE BANANAS. ESCREVA O NÚMERO CORRESPONDENTE NA ETIQUETA.

✏️ CONTINUE ESCREVENDO O NÚMERO 10.

10								

[1] dezena + [1] unidade = 11

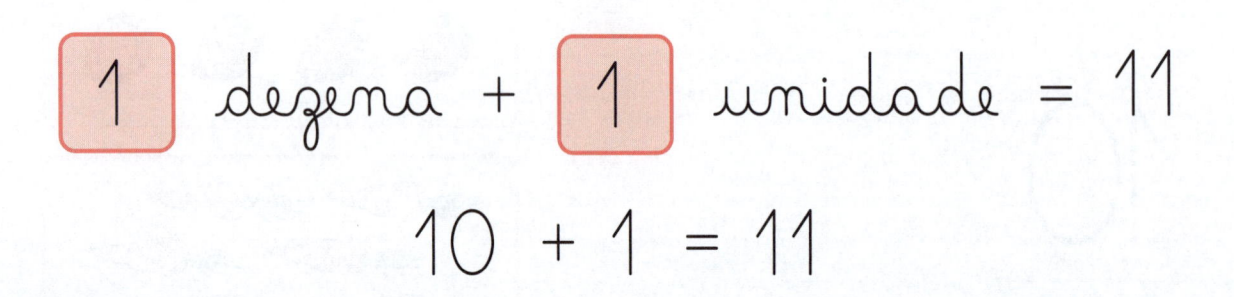

10 + 1 = 11

🔍 OBSERVE AS CORES E CONTE OS PICOLÉS.

✏️ QUANTOS SÃO OS PICOLÉS AMARELOS? [ ]

QUANTOS SÃO OS PICOLÉS VERDES? [ ]

HÁ QUANTOS PICOLÉS NO TOTAL? [ ]

✏️ CONTINUE ESCREVENDO O NÚMERO 11.

| 11 | | | | | | |

✏️ **CONTINUE DESENHANDO AS BOLINHAS NA JOANINHA ATÉ CHEGAR À QUANTIDADE SOLICITADA.**

11

✏️ **COMPLETE COM O NÚMERO CORRETO.**

5 + ☐ = 11

✏️ **CONTE E ESCREVA NA ETIQUETA O NÚMERO DE MAÇÃS QUE ESTÃO NA BANDEJA.**

[1] dezena + [2] unidades = 12

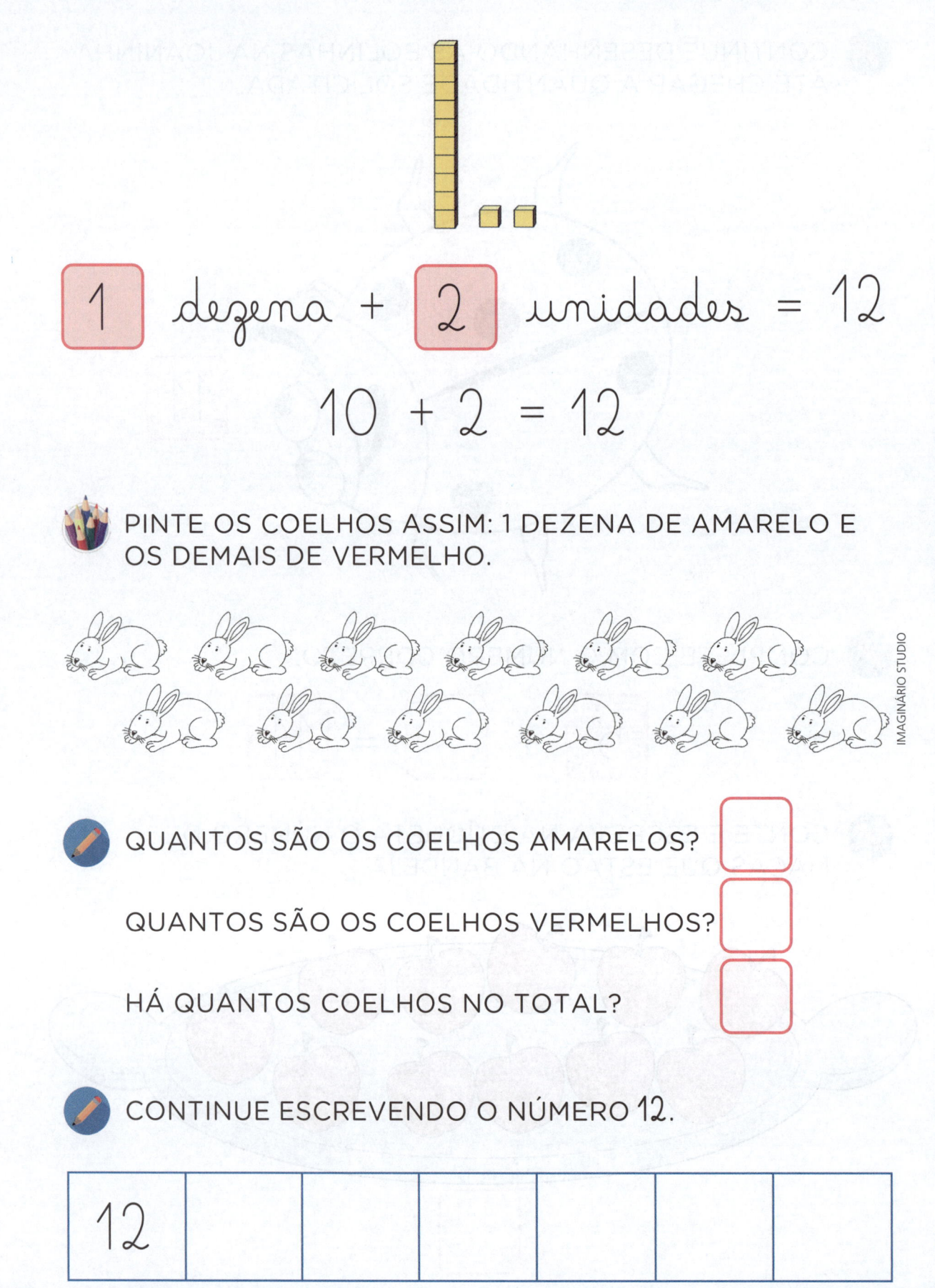

10 + 2 = 12

🖍️ PINTE OS COELHOS ASSIM: 1 DEZENA DE AMARELO E OS DEMAIS DE VERMELHO.

✏️ QUANTOS SÃO OS COELHOS AMARELOS?

QUANTOS SÃO OS COELHOS VERMELHOS?

HÁ QUANTOS COELHOS NO TOTAL?

✏️ CONTINUE ESCREVENDO O NÚMERO 12.

12							

✏️ COMPLETE DE MODO QUE CADA GRUPO TENHA 12 ELEMENTOS.

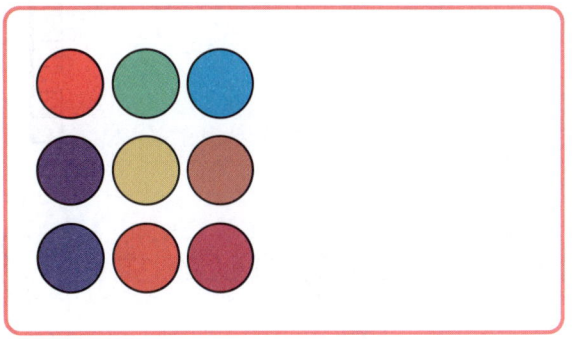

✏️ CONTE QUANTOS ELEMENTOS HÁ EM CADA QUADRO. DEPOIS, LIGUE CADA QUADRO À QUANTIDADE CORRESPONDENTE.

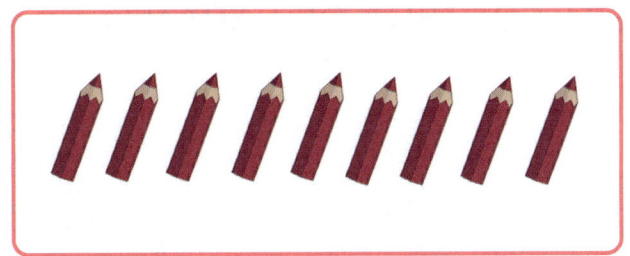

12

11

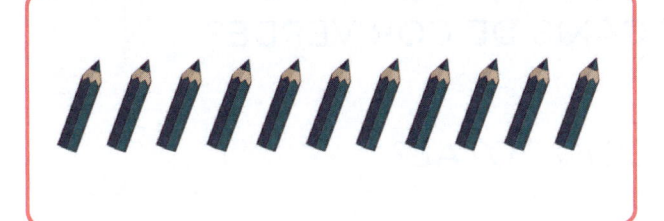

10

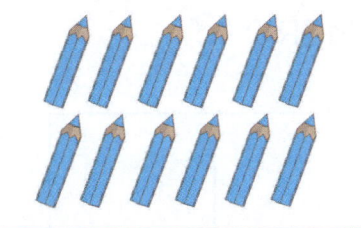

9

$\boxed{1}$ dezena + $\boxed{3}$ unidades = 13

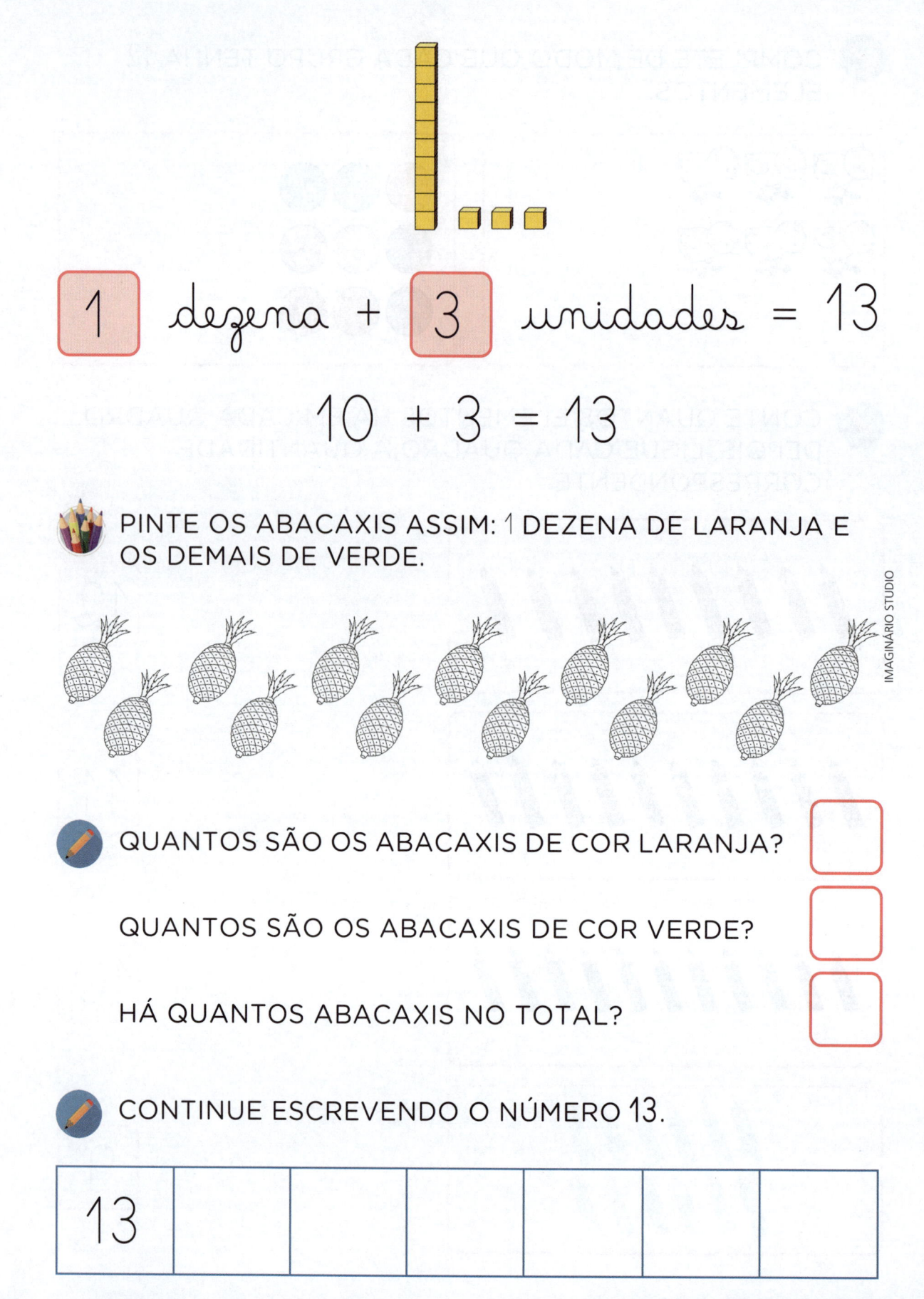

10 + 3 = 13

PINTE OS ABACAXIS ASSIM: 1 DEZENA DE LARANJA E OS DEMAIS DE VERDE.

QUANTOS SÃO OS ABACAXIS DE COR LARANJA?

QUANTOS SÃO OS ABACAXIS DE COR VERDE?

HÁ QUANTOS ABACAXIS NO TOTAL?

CONTINUE ESCREVENDO O NÚMERO 13.

13						

OBSERVE A CENA COM ATENÇÃO.

AGORA, NO QUADRO, MARQUE COM UM **X** A QUANTIDADE DE CADA ELEMENTO QUE APARECE NA CENA.

	1	2	3	4	5	6	7	8	9	10	11	12	13
☀													
🕊													
🌺													

QUAL DAS FIGURAS CORRESPONDE À SEGUINTE QUANTIDADE: 1 DEZENA E 3 UNIDADES?

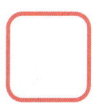

☀ ☐   🕊 ☐   🌺 ☐

✏️ ESCREVA O NÚMERO QUE VEM IMEDIATAMENTE **ANTES** E O NÚMERO QUE VEM IMEDIATAMENTE **DEPOIS**.

🏠 7 🏠 🏠 10 🏠

🏠 12 🏠

🖍️ DO GRUPO ABAIXO, PINTE APENAS 13 BORBOLETAS.

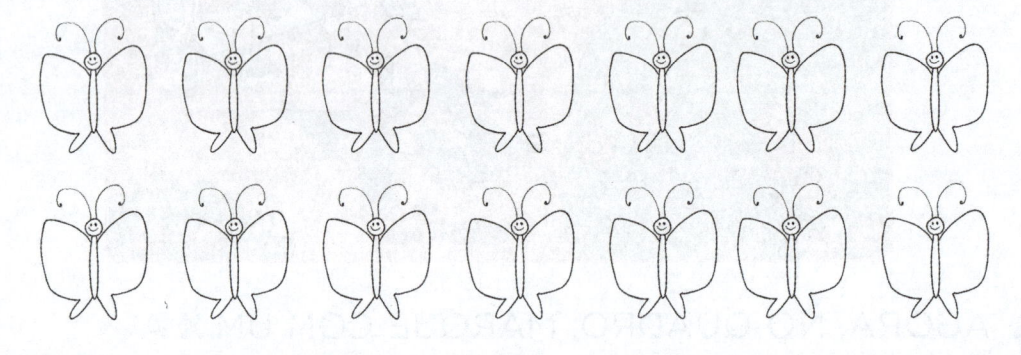

✏️ COMPLETE PARA QUE O PORTA-LÁPIS FIQUE COM 13 LÁPIS.

1 dezena + **4** unidades = 14

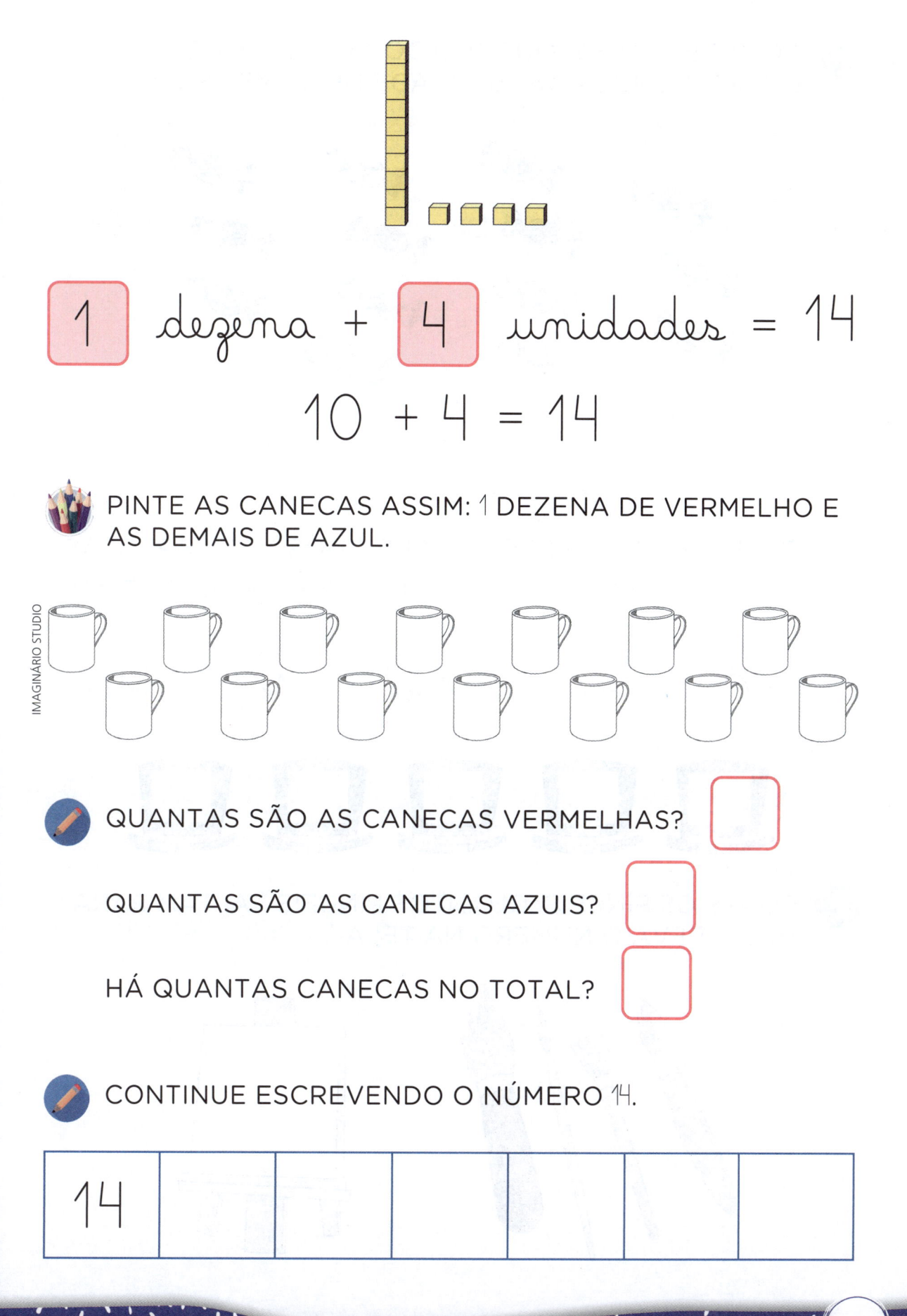

10 + 4 = 14

PINTE AS CANECAS ASSIM: 1 DEZENA DE VERMELHO E AS DEMAIS DE AZUL.

QUANTAS SÃO AS CANECAS VERMELHAS? ☐

QUANTAS SÃO AS CANECAS AZUIS? ☐

HÁ QUANTAS CANECAS NO TOTAL? ☐

CONTINUE ESCREVENDO O NÚMERO 14.

14							

CONTE E PINTE O QUADRO DO NÚMERO QUE CORRESPONDE À QUANTIDADE DE BOMBONS.

| 13 | 11 | 14 |

OBSERVE OS NÚMEROS. ESCREVA-OS NAS CARTOLAS EM ORDEM CRESCENTE, OU SEJA, DO MENOR PARA O MAIOR.

10   12   13   11   14

CONTE OS PINCÉIS. QUANTOS PINCÉIS FALTAM PARA 14? ESCREVA O NÚMERO NA TELA.

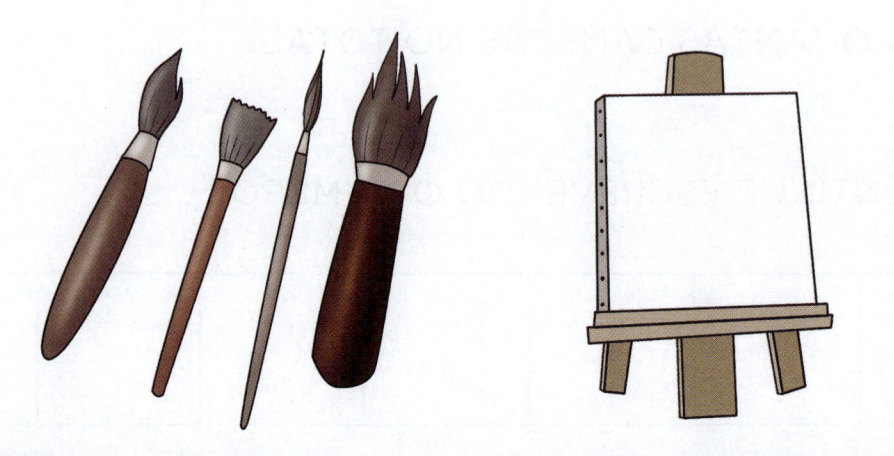

OBSERVE O QUADRO E CONTE QUANTOS ELEMENTOS ELE TEM. DEPOIS, DESENHE MAIS ELEMENTOS ATÉ COMPLETAR 14.

AGORA, COMPLETE COM O NÚMERO CORRETO.

10 + ☐ = 14

PINTE OS QUADRADINHOS DE CADA LINHA COM A MESMA COR DO PRIMEIRO. CONTE E ESCREVA NO QUADRO CORRESPONDENTE O NÚMERO DE QUADRADINHOS DE CADA COR.

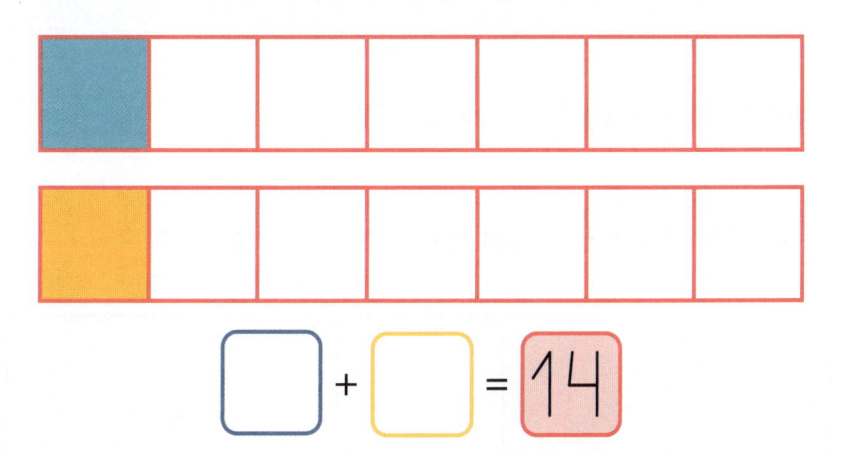

☐ + ☐ = 14

[1] dezena + [5] unidades = 15

10 + 5 = 15

- PINTE OS ROBÔS ASSIM: 1 DEZENA DE AMARELO E OS DEMAIS DE LARANJA.

IMAGINÁRIO STUDIO

- QUANTOS SÃO OS ROBÔS AMARELOS? ☐

  QUANTOS SÃO OS ROBÔS LARANJA? ☐

  HÁ QUANTOS ROBÔS NO TOTAL? ☐

- CONTINUE ESCREVENDO O NÚMERO 15.

15							

PINTE O CAMINHO DO NÚMERO 1 AO 15.

1	2	5	7	11	15	3	2	4
4	3	6	9	10	1	3	6	7
5	4	1	2	3	5	6	7	8
9	5	6	7	8	4	1	2	6
13	3	12	8	9	10	11	6	12
1	2	4	15	7	1	12	1	5
2	3	5	8	14	3	13	14	15

ESCREVA O NÚMERO QUE VEM IMEDIATAMENTE **ANTES** E O NÚMERO QUE VEM IMEDIATAMENTE **DEPOIS**.

5

8

11

14

✏️ DESENHE LARANJAS NA COPA DA ÁRVORE ATÉ COMPLETAR 15.

✏️ QUAL É O NOME DA FRUTA QUE ESTÁ NA CESTA? VOCÊ GOSTA DESSA FRUTA? CONTE E ESCREVA O NÚMERO NA ETIQUETA.

[1] dezena + [6] unidades = 16

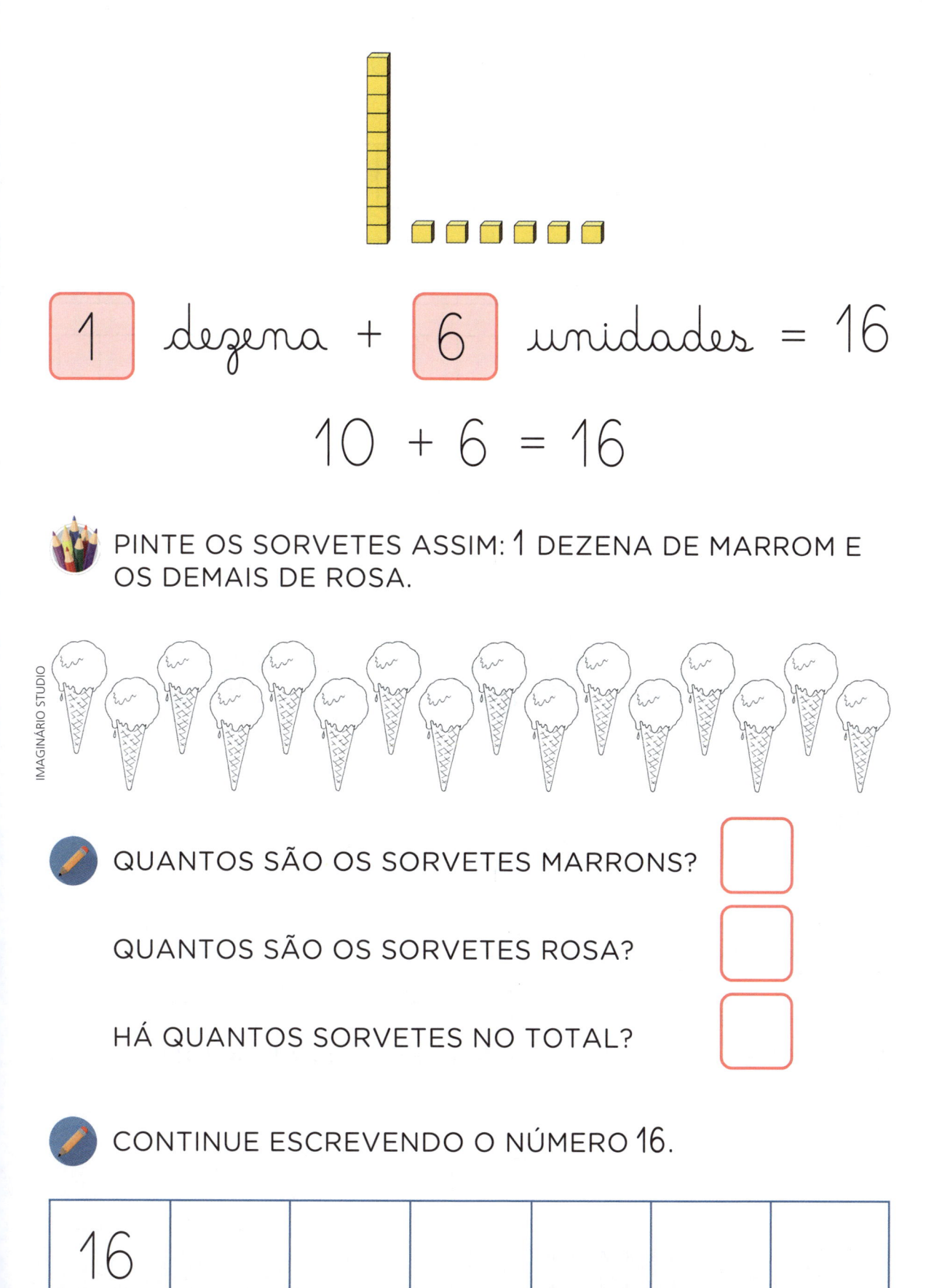

10 + 6 = 16

✏️ PINTE OS SORVETES ASSIM: 1 DEZENA DE MARROM E OS DEMAIS DE ROSA.

✏️ QUANTOS SÃO OS SORVETES MARRONS?

QUANTOS SÃO OS SORVETES ROSA?

HÁ QUANTOS SORVETES NO TOTAL?

✏️ CONTINUE ESCREVENDO O NÚMERO 16.

16							

PINTE CADA BARRA DE ACORDO COM AS QUANTIDADES INDICADAS.

10

13

8

16

COMPLETE ATÉ FORMAR 16 ELEMENTOS.

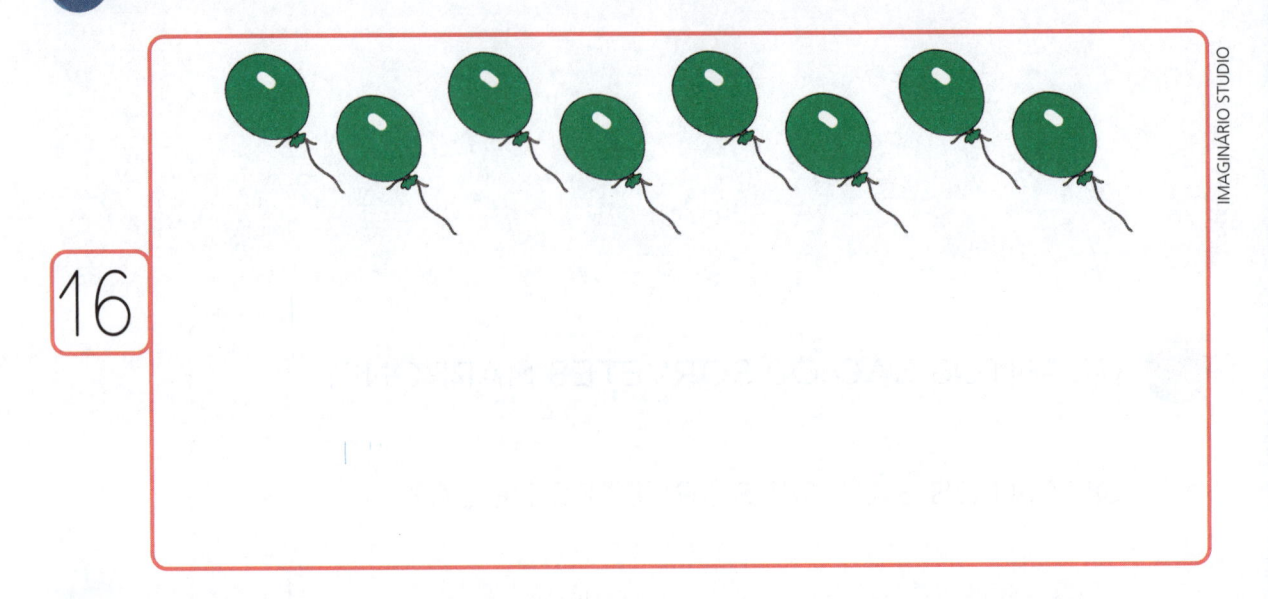

16

ESCREVA OS NÚMEROS QUE ESTÃO FALTANDO.

| | | | 4 | | 6 | |

| 9 | | 11 | | | | |

RELACIONE A QUANTIDADE DE ELEMENTOS AO NÚMERO CORRESPONDENTE.

16

10

12

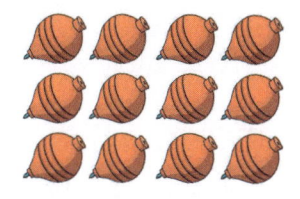

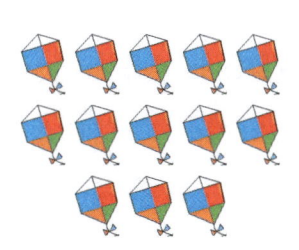

13

QUANTOS BOMBONS HÁ NA CAIXA? DESENHE MAIS BOMBONS PARA QUE FIQUE COM 16.

QUANTOS BOMBONS VOCÊ DESENHOU?

[1] dezena + [7] unidades = 17

10 + 7 = 17

PINTE AS TAÇAS ASSIM: 1 DEZENA DE VERDE E AS DEMAIS DE VERMELHO.

QUANTAS SÃO AS TAÇAS VERDES?

QUANTAS SÃO AS TAÇAS VERMELHAS?

HÁ QUANTAS TAÇAS NO TOTAL?

CONTINUE ESCREVENDO O NÚMERO 17.

17					

PINTE AS FICHAS EM QUE HÁ O NÚMERO 17.

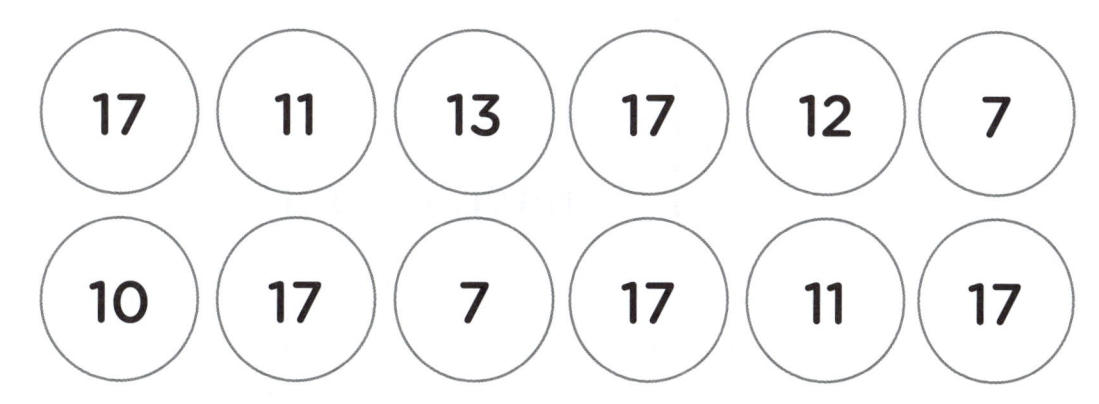

(17) (11) (13) (17) (12) (7)

(10) (17) (7) (17) (11) (17)

CONTE A QUANTIDADE DE BOLINHAS NAS PEÇAS DE DOMINÓ E REGISTRE AO LADO.

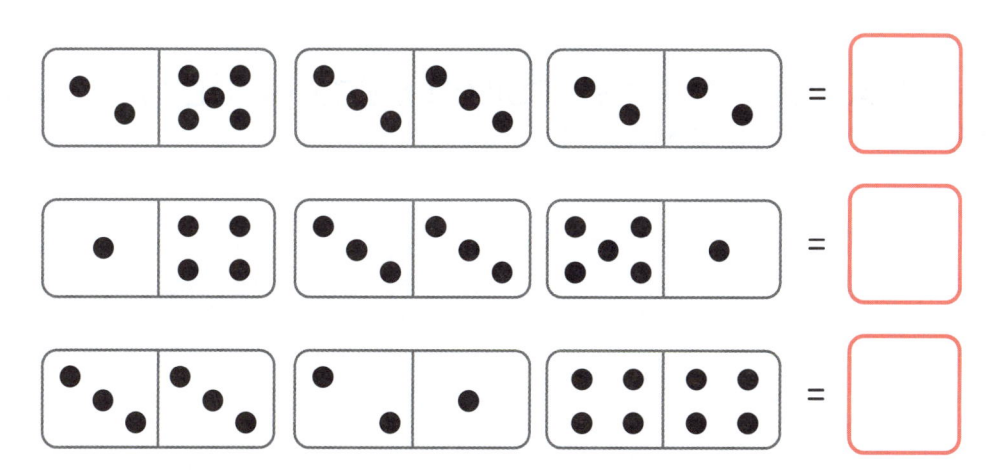

CONTE E ANOTE NA ETIQUETA O NÚMERO DE FLORZINHAS ESTAMPADAS NA MALETA.

[1] dezena + [8] unidades = 18

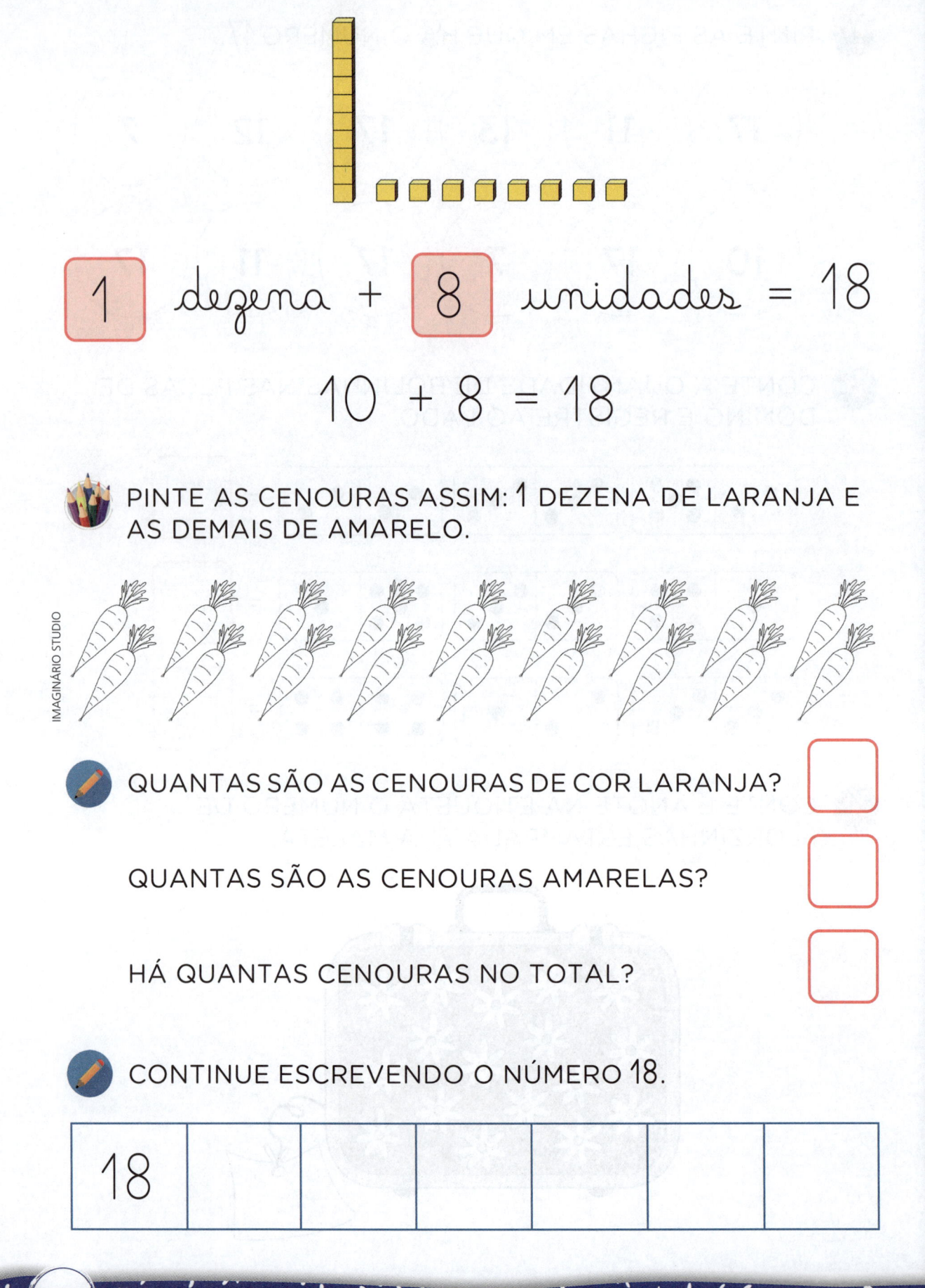

10 + 8 = 18

PINTE AS CENOURAS ASSIM: 1 DEZENA DE LARANJA E AS DEMAIS DE AMARELO.

QUANTAS SÃO AS CENOURAS DE COR LARANJA?

QUANTAS SÃO AS CENOURAS AMARELAS?

HÁ QUANTAS CENOURAS NO TOTAL?

CONTINUE ESCREVENDO O NÚMERO 18.

18					

✏️ COMPLETE A SEQUÊNCIA COM OS NÚMEROS QUE ESTÃO FALTANDO.

① ◯ ◯ ④ ◯ ◯

◯ ⑧ ◯ ◯ ◯ ⑫

⑬ ◯ ◯ ◯ ⑰ ◯

✏️ DESENHE MAIS CORAÇÕES PARA QUE O QUADRO FIQUE COM 18 ELEMENTOS.

✏️ COLOQUE OS NÚMEROS ABAIXO EM ORDEM CRESCENTE.

| 11 | 13 | 15 | 14 | 10 | 18 | 16 | 17 | 12 |

| 10 | | | | | | | | |

PINTE 18 SORVETES USANDO TRÊS CORES DIFERENTES.

ESCREVA O NÚMERO QUE VEM IMEDIATAMENTE **ANTES** E O NÚMERO QUE VEM IMEDIATAMENTE **DEPOIS**.

15   16   17

QUANTAS MOEDAS FALTAM PARA QUE O QUADRO FIQUE COM 18 REAIS? COMPLETE-O.

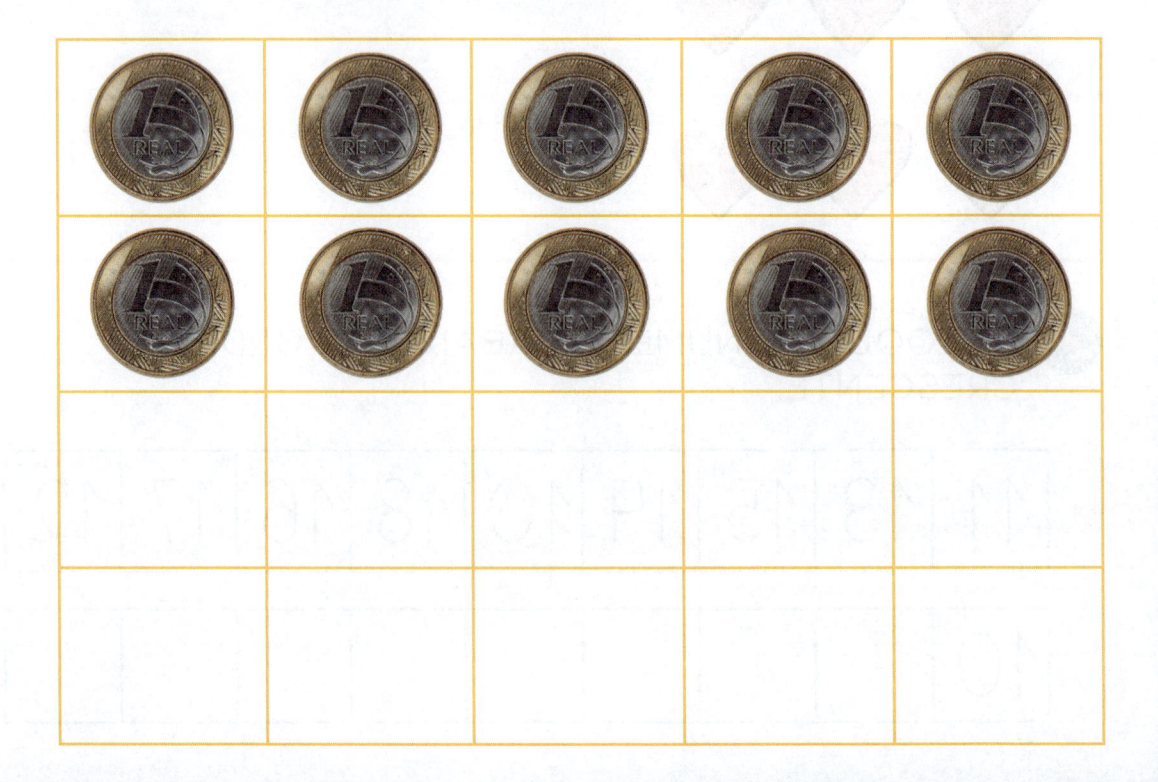

1 dezena + 9 unidades = 19

10 + 9 = 19

PINTE AS GARRAFAS ASSIM: 1 DEZENA DE AZUL E AS DEMAIS DE VERMELHO.

QUANTAS GARRAFAS SÃO AZUIS?

QUANTAS GARRAFAS SÃO VERMELHAS?

HÁ QUANTAS GARRAFAS NO TOTAL?

CONTINUE ESCREVENDO O NÚMERO 19.

19							

✏️ OBSERVE OS DESENHOS DAS CRIANÇAS. CIRCULE A CRIANÇA QUE DESENHOU 1 DEZENA E 9 UNIDADES DE BOLINHAS.

FOTOS: FREEPIK

✏️ LIGUE OS NÚMEROS EM ORDEM CRESCENTE E DESCUBRA O DESENHO.

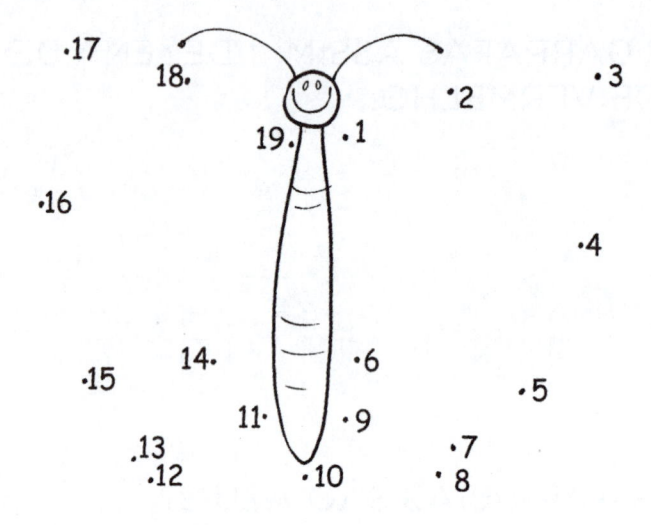

✏️ HÁ QUANTAS BOLINHAS COLORIDAS NO SACO? ESCREVA O NÚMERO NA ETIQUETA.

JUNTANDO 10 CUBINHOS COM MAIS 10 CUBINHOS VOCÊ TEM 20 CUBINHOS.

20 unidades = 2 dezenas

10 + 10 = 20

✏️ DE QUANTAS BARRAS VOCÊ PRECISA PARA TER 2 DEZENAS? MARQUE COM UM ✗ A RESPOSTA CERTA.

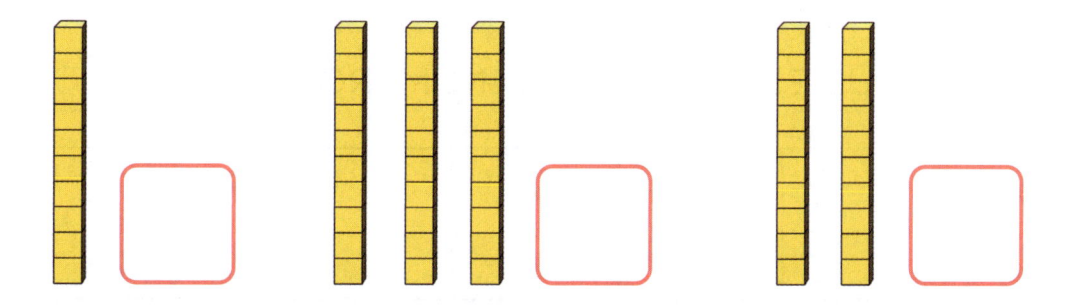

✏️ LIGUE AS BARRAS AO NÚMERO QUE ELAS REPRESENTAM.

20

10

PINTE OS DESENHOS USANDO AMARELO E LARANJA. SEMPRE QUE PINTAR 10 UNIDADES, TROQUE DE COR.

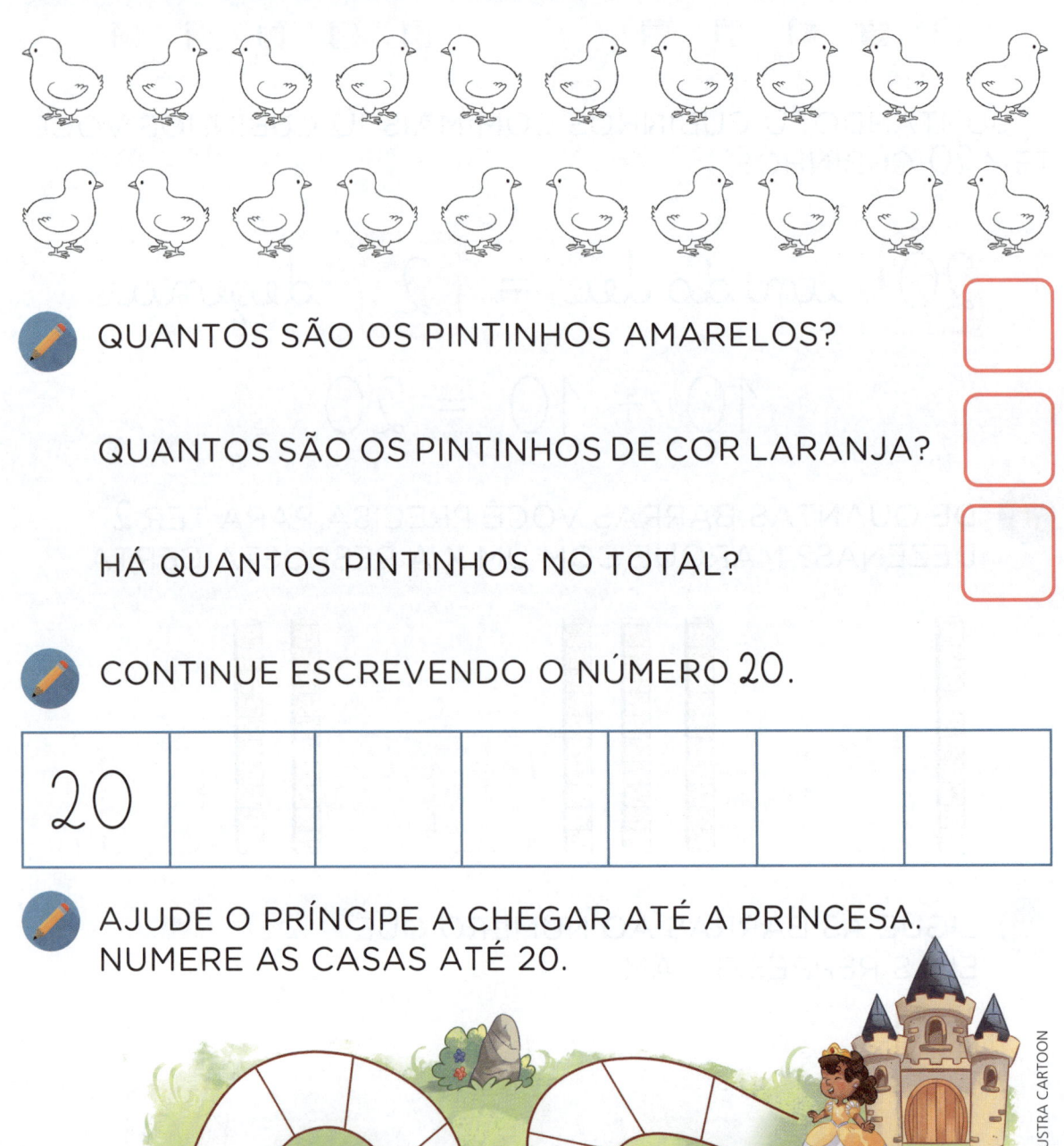

QUANTOS SÃO OS PINTINHOS AMARELOS?

QUANTOS SÃO OS PINTINHOS DE COR LARANJA?

HÁ QUANTOS PINTINHOS NO TOTAL?

CONTINUE ESCREVENDO O NÚMERO 20.

20						

AJUDE O PRÍNCIPE A CHEGAR ATÉ A PRINCESA. NUMERE AS CASAS ATÉ 20.

LIÇÃO 44

FORMANDO PARES

DEPOIS DO FUTEBOL, A PROFESSORA PEDIU AOS ALUNOS QUE FORMASSEM PARES, ISTO É, GRUPOS COM DUAS PESSOAS.

✏️ ORGANIZE OS GRUPOS TRAÇANDO UMA LINHA EM VOLTA DE CADA PAR DE ALUNOS.

🖍️ QUANTOS PARES DE CRIANÇAS VOCÊ FORMOU? PINTE O QUADRO DA RESPOSTA CORRETA.

| 1 | 2 | 3 | 4 | 5 | 6 | 7 | 8 | 9 | 10 |

✏️ EM CADA QUADRO, CIRCULE CADA PAR DE ELEMENTOS. DEPOIS, COMPLETE.

	QUANTOS PARES?	QUANTOS ELEMENTOS?

OUÇA A LEITURA QUE A PROFESSORA VAI FAZER.

> NA MINHA FAMÍLIA, HÁ 5 PESSOAS. MAMÃE COMPROU UM PAR DE CHINELOS PARA CADA UMA.

DESENHE AS 5 PESSOAS E OS CHINELOS QUE MAMÃE COMPROU.

CONTORNE OS PARES DE CHINELOS. DEPOIS, RESPONDA ÀS PERGUNTAS A SEGUIR.

QUANTOS PARES DE CHINELOS MAMÃE COMPROU?

HÁ QUANTOS CHINELOS NO TOTAL?

LIÇÃO 45

AS DEZENAS

CADA QUADRADINHO DA FIGURA VALE 10 OU 1 DEZENA. PINTE AS DEZENAS EXATAS CONFORME A LEGENDA. OBSERVE O MODELO.

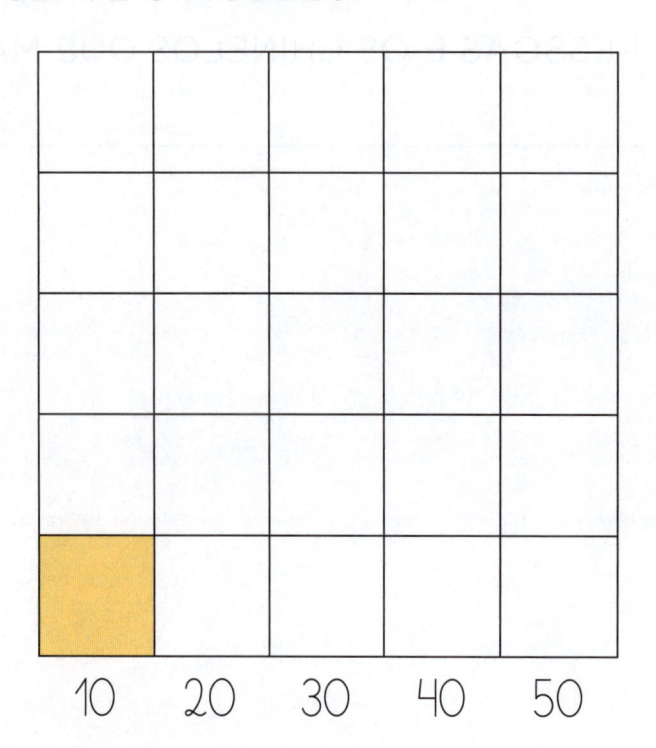

Legenda:
- 10
- 20
- 30
- 40
- 50

LIGUE CORRETAMENTE.

1 DEZENA	40
2 DEZENAS	30
3 DEZENAS	50
4 DEZENAS	10
5 DEZENAS	20

✏️ EFETUE AS ADIÇÕES E COMPLETE COM O RESULTADO.

10 + 10 + 10 = ☐

10 + 10 = ☐

10 + 10 + 10 + 10 = ☐

10 + 10 + 10 + 10 + 10 = ☐

✏️ OBSERVE OS GRUPOS A SEGUIR E RESPONDA.

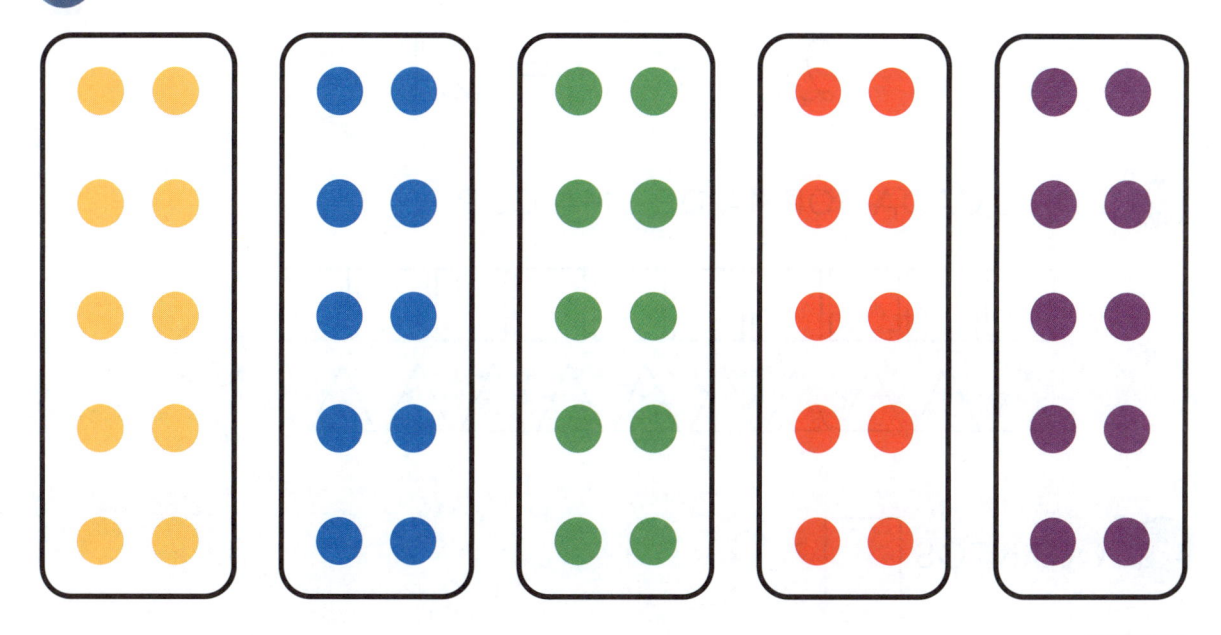

QUANTAS BOLINHAS HÁ EM CADA GRUPO? ☐

QUANTAS BOLINHAS HÁ NO TOTAL? ☐

QUANTAS DEZENAS DE BOLINHAS HÁ NO TOTAL? ☐

LIÇÃO 46

NÚMEROS DE 21 A 29

VOCÊ SE LEMBRA DE QUE UMA BARRA VALE 1 DEZENA OU 10 UNIDADES? E DE QUE 2 BARRAS VALEM 2 DEZENAS OU 20 UNIDADES?

AGORA, OBSERVE.

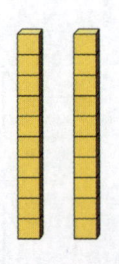

[2] dezenas + [1] unidade = 21

20 + 1 = 21

PINTE CADA FORMA DE UMA COR.

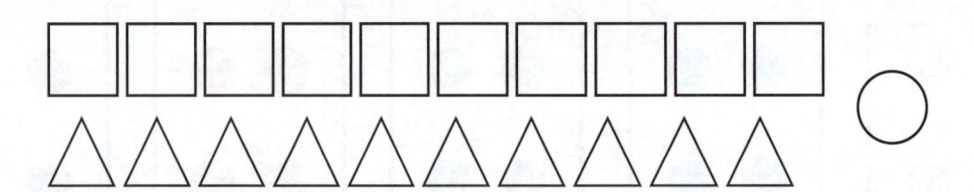

QUANTOS ☐ ?

QUANTOS △ ?

10 + 10 + 1 = 21

QUANTOS ◯ ?

QUANTAS FIGURAS HÁ AO TODO?

[2] dezenas + [2] unidades = 22

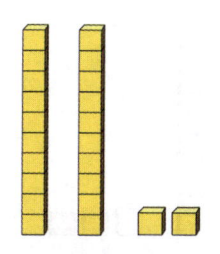

20 + 2 = 22

PINTE. SEMPRE QUE MUDAR A POSIÇÃO DO PIRULITO, MUDE A COR.

QUANTOS ? ☐

QUANTOS ? ☐   10 + 10 + 2 = 22

QUANTOS ? ☐

QUANTOS PIRULITOS HÁ AO TODO? ☐

[2] dezenas + [3] unidades = 23

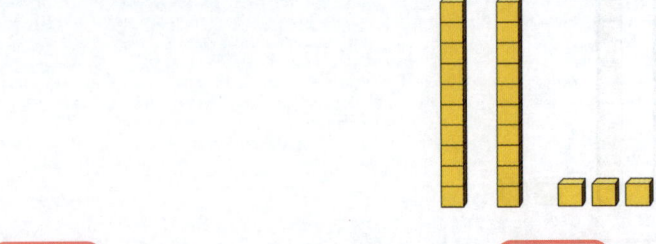

20 + 3 = 23

PINTE. SEMPRE QUE MUDAR A POSIÇÃO DO GUARDA-CHUVA, MUDE A COR.

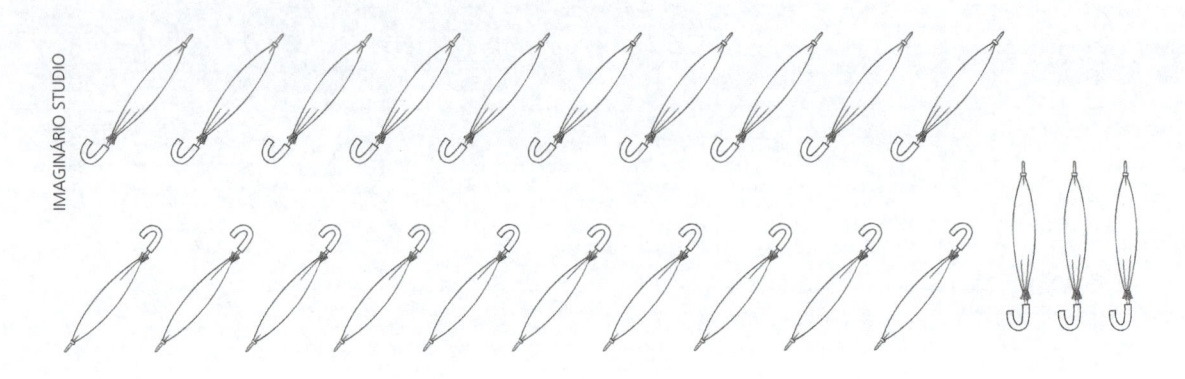

QUANTOS ⌒ ? ☐

QUANTOS ⌒ ? ☐   10 + 10 + 3 = 23

QUANTOS | ? ☐

QUANTOS GUARDA-CHUVAS HÁ AO TODO? ☐

✏️ QUE NÚMERO ESTÁ REPRESENTADO NO ÁBACO?

10
10
3

✏️ NO QUADRO ABAIXO, CIRCULE GRUPOS DE 10 ELEMENTOS. DEPOIS, CONTE E ANOTE NA ETIQUETA QUANTOS ELEMENTOS HÁ NO TOTAL.

✏️ ESCREVA O NÚMERO QUE VEM IMEDIATAMENTE **ANTES** E O NÚMERO QUE VEM IMEDIATAMENTE **DEPOIS**.

20   22   21

PINTE OS QUADRADINHOS CONFORME A LEGENDA.

🟧 21 🟦 22 🟥 23

20	22	12	21	23	10
23	20	21	12	11	22
13	21	22	23	13	20
12	23	11	10	22	21

CONTINUE ESCREVENDO OS NÚMEROS ATÉ O FINAL DA LINHA.

21 _____

22 _____

23 _____

DESENHE CARINHAS PARA FORMAR UM AGRUPAMENTO COM 23 ELEMENTOS.

[2] dezenas + [4] unidades = 24

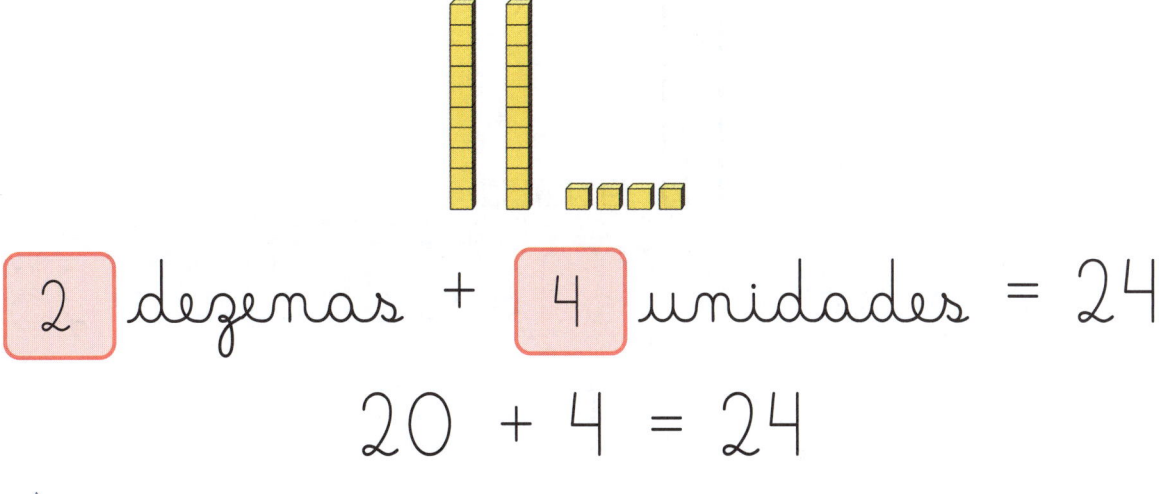

20 + 4 = 24

PINTE. SEMPRE QUE MUDAR A POSIÇÃO DO PASSARINHO, MUDE A COR.

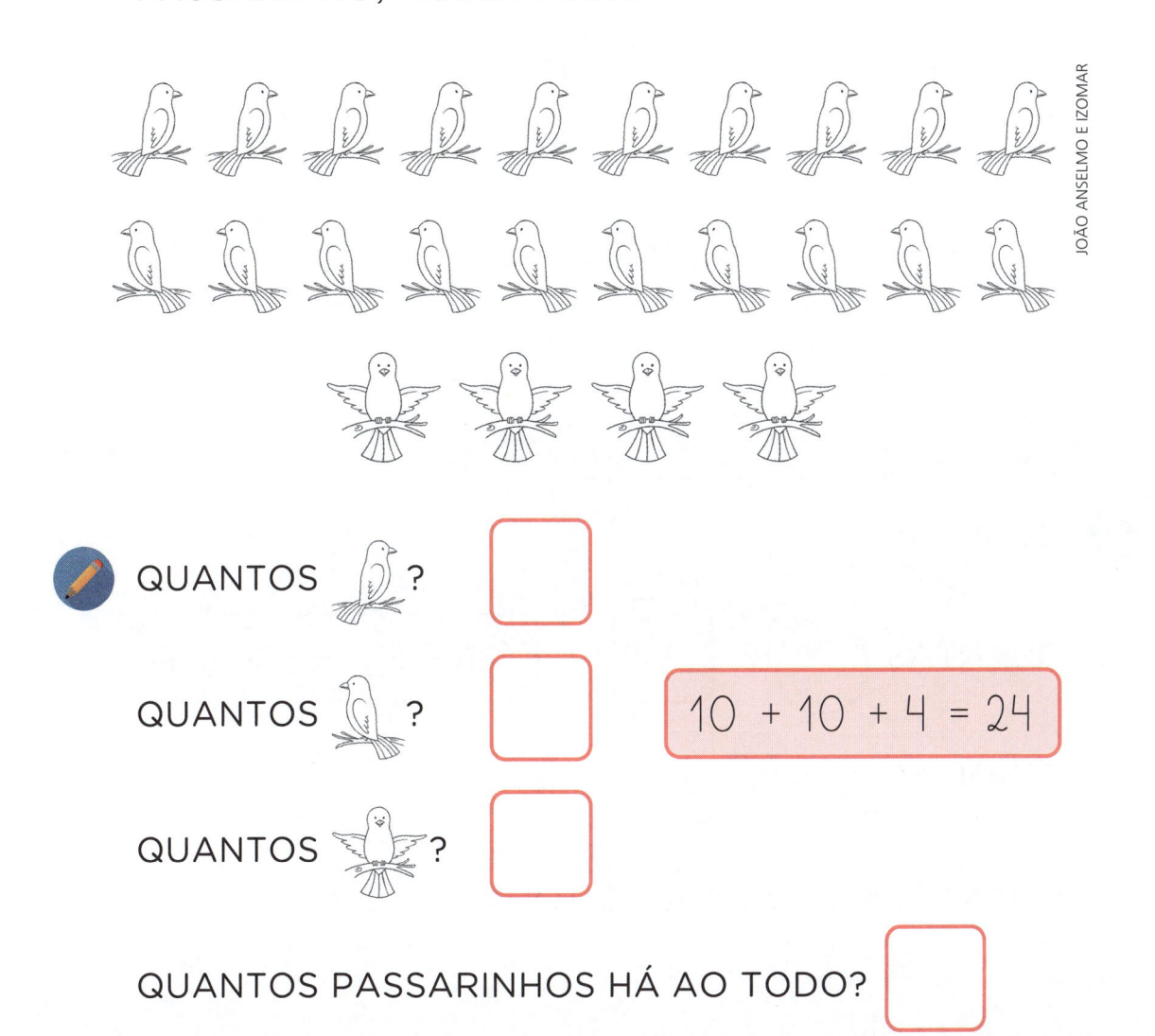

JOÃO ANSELMO E IZOMAR

QUANTOS 🐦 ? ☐

QUANTOS 🐦 ? ☐   10 + 10 + 4 = 24

QUANTOS 🐦 ? ☐

QUANTOS PASSARINHOS HÁ AO TODO? ☐

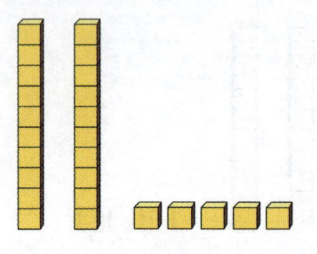

$\boxed{2}$ dezenas + $\boxed{5}$ unidades = 25

20 + 5 = 25

PINTE. SEMPRE QUE MUDAR A FRUTA, MUDE A COR.

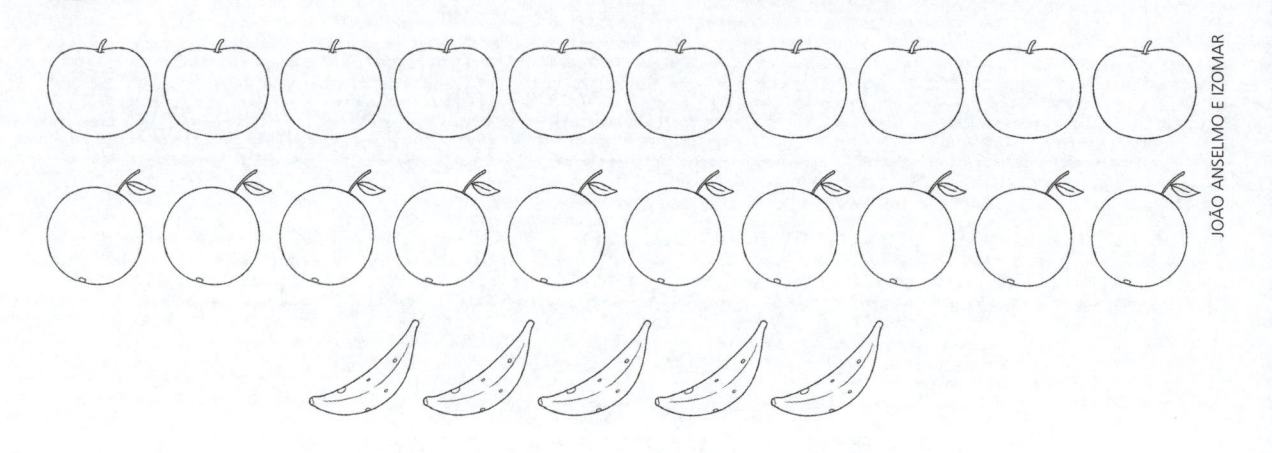

QUANTAS 🍎 ? ☐

QUANTAS 🍊 ? ☐

10 + 10 + 5 = 25

QUANTAS 🍌 ? ☐

QUANTAS FRUTAS HÁ AO TODO? ☐

[2] dezenas + [6] unidades = 26

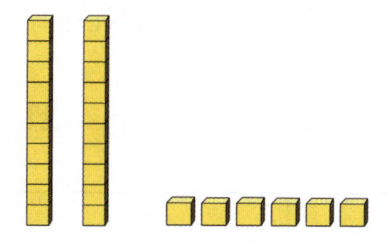

20 + 6 = 26

🖍️ PINTE. SEMPRE QUE MUDAR A FIGURA, MUDE A COR.

JOÃO ANSELMO E IZOMAR

✏️ QUANTOS 🚗 ? ☐

QUANTOS 🚚 ? ☐   10 + 10 + 6 = 26

QUANTOS 🚐 ? ☐

QUANTOS VEÍCULOS HÁ AO TODO? ☐

✏️ COLOQUE OS NÚMEROS EM ORDEM CRESCENTE.

| 24 | 26 | 20 | 23 | 21 | 25 | 22 |

| 20 | | | | | | |

✏️ DESENHE MAIS ELEMENTOS NOS QUADROS PARA QUE TENHAM A QUANTIDADE INDICADA NA ETIQUETA.

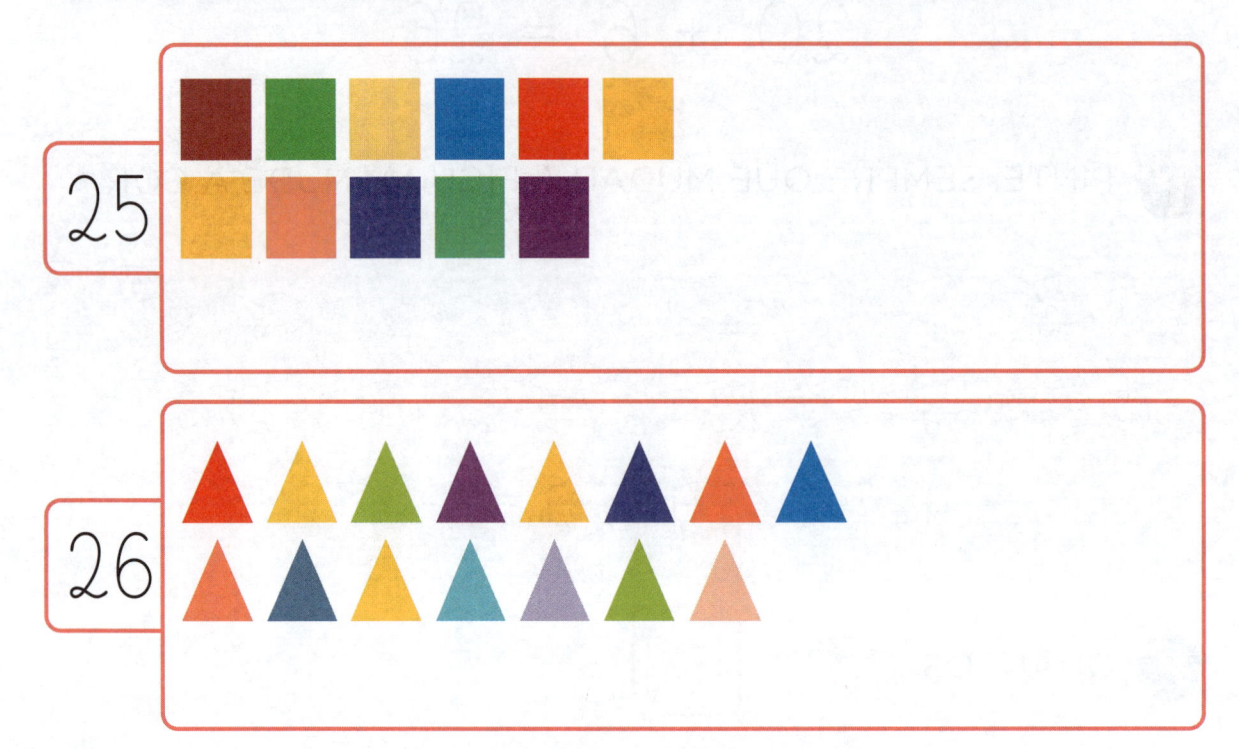

25

26

✏️ CONTINUE ESCREVENDO OS NÚMEROS ATÉ O FINAL DA LINHA.

24

25

26

✏️ CIRCULE CADA GRUPO DE 10 DOCINHOS. DEPOIS, CONTE QUANTOS SÃO OS DOCINHOS E FAÇA UM **X** NA RESPOSTA CERTA.

| 24 | 25 | 26 |

✏️ COMPLETE OS DESENHOS E RESPONDA QUANTOS SÃO OS BRINQUEDOS.

PEDRO TEM 10 RAQUETES.

BRUNO TEM 10 BOLINHAS DE GUDE.

VINÍCIUS TEM 5 PETECAS.

OS TRÊS JUNTOS TÊM _____ BRINQUEDOS.

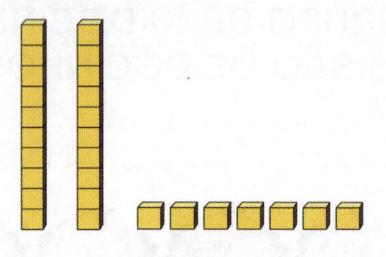

[2] dezenas + [7] unidades = 27

20 + 7 = 27

PINTE. SEMPRE QUE MUDAR A FLOR, MUDE A COR.

QUANTAS 🌼 ?

QUANTAS 🌹 ?

10 + 10 + 7 = 27

QUANTAS 🌷 ?

QUANTAS FLORES HÁ AO TODO?

[2] dezenas + [8] unidades = 28

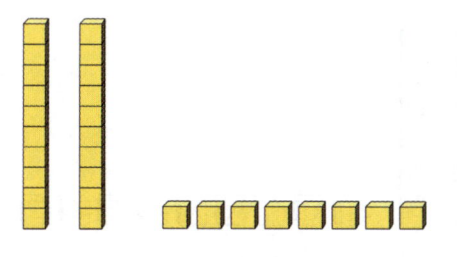

20 + 8 = 28

PINTE. SEMPRE QUE MUDAR A FIGURA, MUDE A COR.

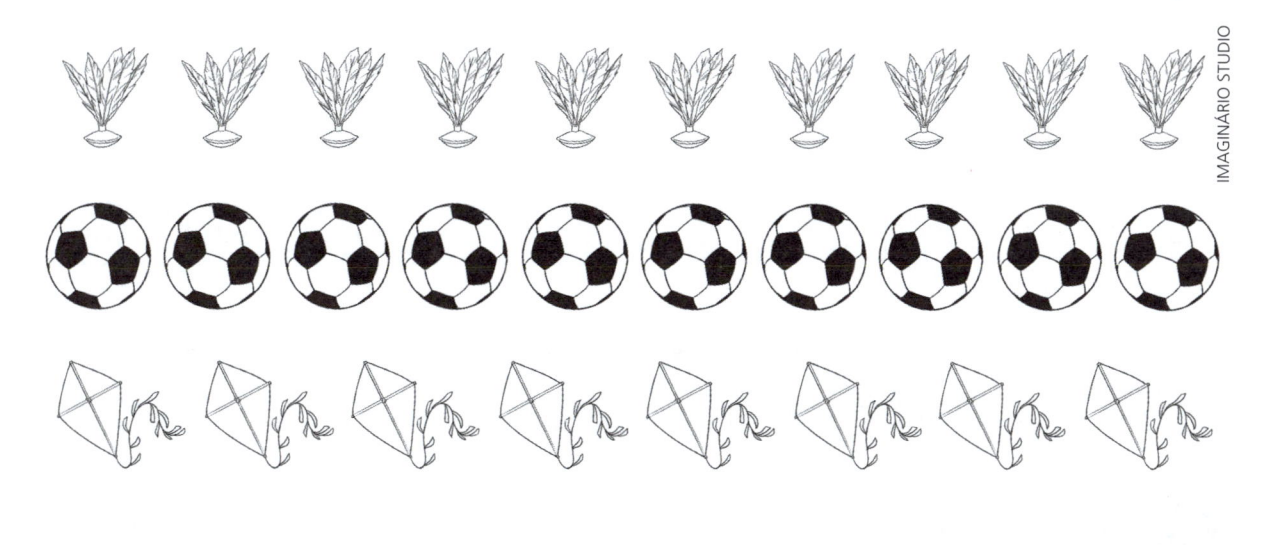

QUANTAS 🌱 ? ☐

QUANTAS ⚽ ? ☐

QUANTAS 🪁 ? ☐

10 + 10 + 8 = 28

QUANTOS BRINQUEDOS HÁ AO TODO? ☐

[2] dezenas + [9] unidades = 29

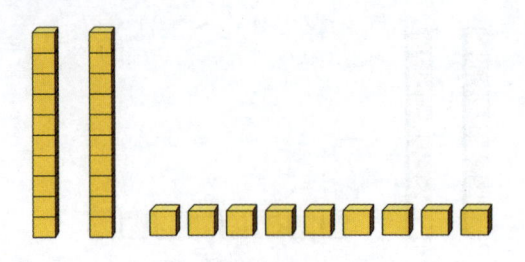

20 + 9 = 29

PINTE. SEMPRE QUE MUDAR A FIGURA, MUDE A COR.

QUANTOS 🐦 ? ☐

QUANTOS 🐱 ? ☐

10 + 10 + 9 = 29

QUANTOS 🐶 ? ☐

QUANTOS ANIMAIS HÁ AO TODO? ☐

✏️ COMPLETE COM OS NÚMEROS QUE ESTÃO FALTANDO.

	21	22		24		26	27		29

✏️ ESCREVA O NÚMERO QUE VEM IMEDIATAMENTE **ANTES** E O NÚMERO QUE VEM IMEDIATAMENTE **DEPOIS**.

| | 20 | | | | 25 | | | | 28 | |

✏️ CADA SAQUINHO CONTÉM 10 BALAS. QUANTAS BALAS HÁ NO TOTAL?

10 + 10 + 3 = ☐

10 + 10 + 4 = ☐

✏️ CONTINUE ESCREVENDO ATÉ O FINAL DA LINHA.

27

28

29

QUANTOS ELEMENTOS HÁ EM CADA QUADRO? PARA FACILITAR A CONTAGEM, FORME GRUPOS DE 10. DEPOIS, CIRCULE A RESPOSTA CORRETA.

21 22 23 24 25 26 27 28 29

21 22 23 24 25 26 27 28 29

ESCREVA EM ORDEM CRESCENTE OS NÚMEROS QUE APARECEM NOS BALÕES.

29 22 21 26 27 24 25 23 28

LIÇÃO 47

O RELÓGIO

O RELÓGIO É UTILIZADO PARA MARCAR AS HORAS.

🔍 OBSERVE OS RELÓGIOS A SEGUIR.

O PONTEIRO PEQUENO ESTÁ NO 1. O PONTEIRO GRANDE ESTÁ NO 12. É 1 **HORA**.

O PONTEIRO PEQUENO ESTÁ NO 3. O PONTEIRO GRANDE ESTÁ NO 12. SÃO 3 **HORAS**.

🔍 EXISTE, TAMBÉM, O RELÓGIO DIGITAL, QUE NÃO TEM PONTEIROS. OBSERVE COMO ELE MARCA AS HORAS:

1 HORA

3 HORAS

✏️ ESCREVA AS HORAS QUE OS RELÓGIOS ESTÃO MARCANDO.

_____   _____

✏️ LIGUE AS CENAS AO PERÍODO DO DIA EM QUE ELAS ACONTECEM NA SUA ROTINA.

FOTOS: FREEPIK

MANHÃ

TARDE

NOITE

LIÇÃO 48

NOSSO DINHEIRO

O DINHEIRO BRASILEIRO É CHAMADO DE **REAL**. SEU SÍMBOLO É **R$**.

AS **MOEDAS** SÃO FEITAS DE METAL E PODEM TER OS SEGUINTES VALORES:

| 1 REAL | 50 CENTAVOS | 25 CENTAVOS |

| 10 CENTAVOS | 5 CENTAVOS |

FOTOS: CASA DA MOEDA DO BRASIL

EM CADA QUADRO, COMPLETE COM O VALOR DAS MOEDAS.

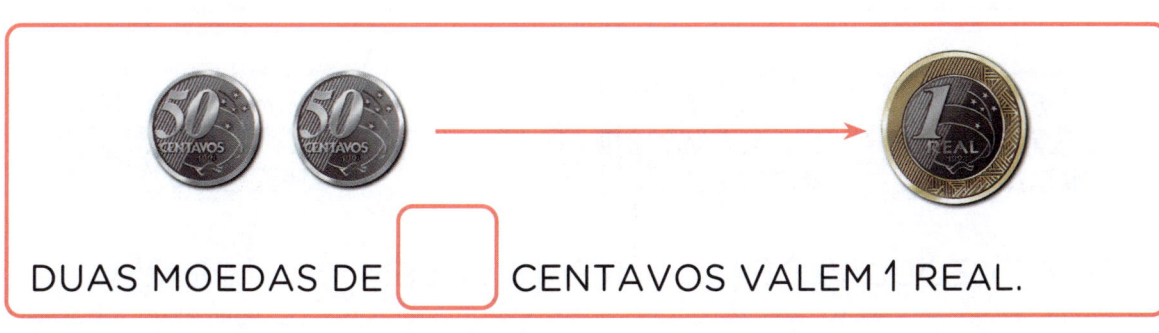

CINCO MOEDAS DE ☐ CENTAVOS VALEM 50 CENTAVOS.

DUAS MOEDAS DE ☐ CENTAVOS VALEM 1 REAL.

AS **CÉDULAS** SÃO FEITAS DE PAPEL E TAMBÉM SÃO CHAMADAS DE **NOTAS**.

2 REAIS

5 REAIS

10 REAIS

20 REAIS

50 REAIS

100 REAIS

200 REAIS

FOTOS: CASA DA MOEDA DO BRASIL

EM CADA QUADRO, COMPLETE COM O VALOR DAS MOEDAS E CÉDULAS.

DUAS MOEDAS DE ☐ REAL VALEM ☐ REAIS.

DUAS CÉDULAS DE ☐ REAIS VALEM ☐ REAIS.

FOTOS: CASA DA MOEDA DO BRASIL

ESTA É A QUANTIA EM DINHEIRO QUE TENHO.

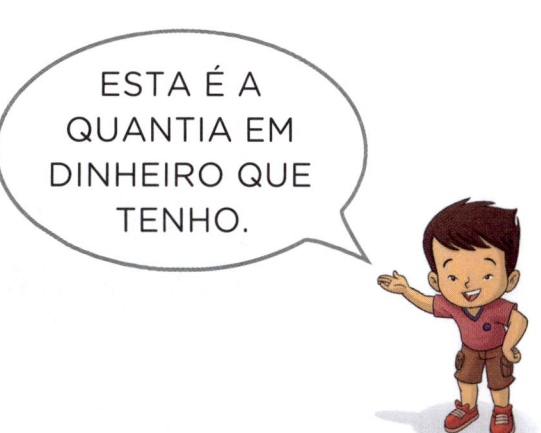

✏️ OBSERVE OS QUADROS A SEGUIR. O QUE O MENINO PODE COMPRAR COM O DINHEIRO QUE TEM? MARQUE UM **X** NAS ETIQUETAS.

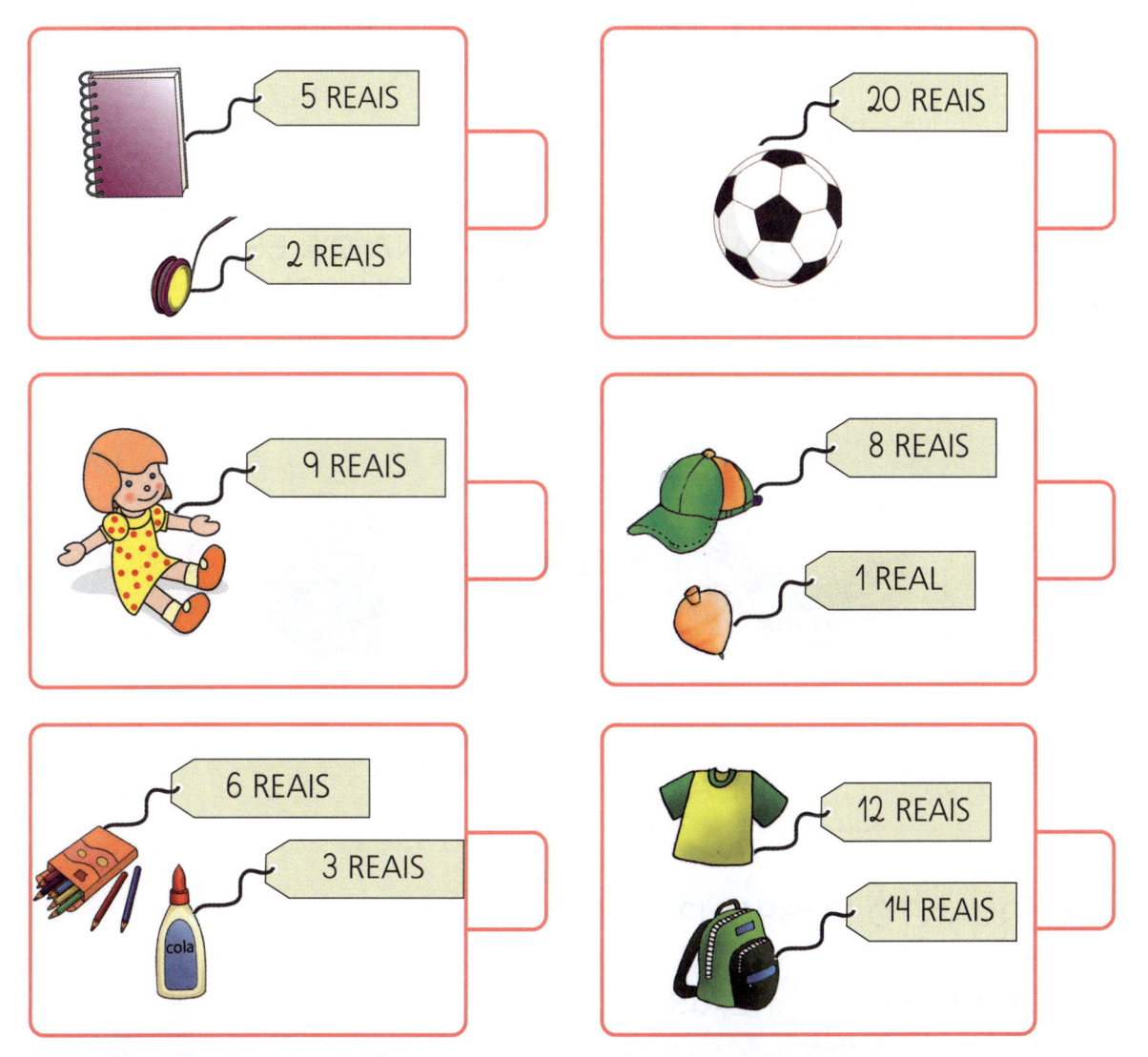

5 REAIS

2 REAIS

20 REAIS

9 REAIS

8 REAIS

1 REAL

6 REAIS

3 REAIS

12 REAIS

14 REAIS

ATENÇÃO: OS VALORES NÃO CORRESPONDEM AO VALOR REAL DOS PRODUTOS.

GUGA LEVOU PARA A ESCOLA ESTA QUANTIA DE DINHEIRO.

FOTOS: CASA DA MOEDA DO BRASIL

✏️ QUANTOS REAIS GUGA TEM? CONTE E ESCREVA O RESULTADO NO QUADRO.

☐ REAIS

✏️ NA HORA DO LANCHE, NA CANTINA DA ESCOLA, GUGA PEDIU UM SANDUÍCHE NATURAL E UM SUCO.

QUANTOS REAIS GUGA GASTARÁ EM SEU LANCHE?

ILUSTRAÇÕES: IMAGINÁRIO STUDIO

4 REAIS

2 REAIS

4 + 2 = ☐ REAIS

✏️ QUANTO SOBROU?

8 − 6 = ☐ REAIS

LIÇÃO 49

NÚMEROS DE 30 A 50

OBSERVE.

$10 + 10 + 10$

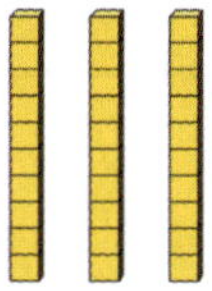

= 30 unidades ou 3 dezenas

🖍️ PINTE. SEMPRE QUE MUDAR A POSIÇÃO DA PENA, MUDE A COR.

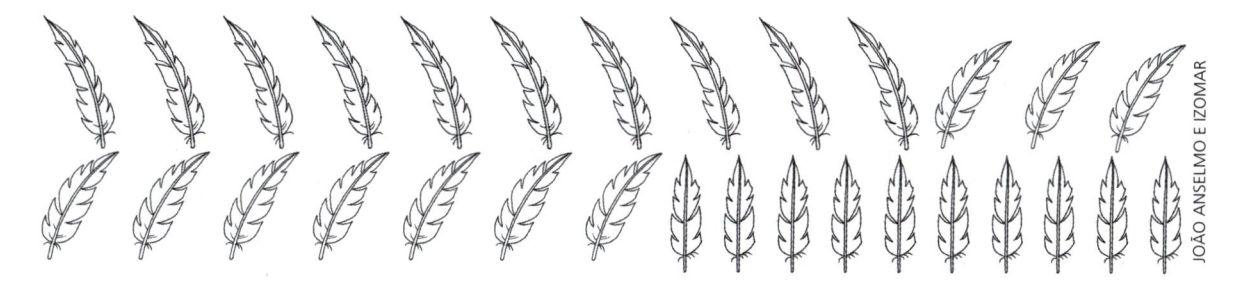

✏️ QUANTAS 🪶 ? ☐

QUANTAS 🪶 ? ☐

QUANTAS 🪶 ? ☐

$10 + 10 + 10 = 30$

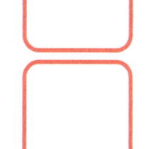

QUANTAS PENAS HÁ AO TODO? ☐

✏️ CONTINUE ESCREVENDO O NÚMERO 30.

30							

✏️ ESCREVA EM ORDEM CRESCENTE OS NÚMEROS QUE APARECEM NOS QUADROS.

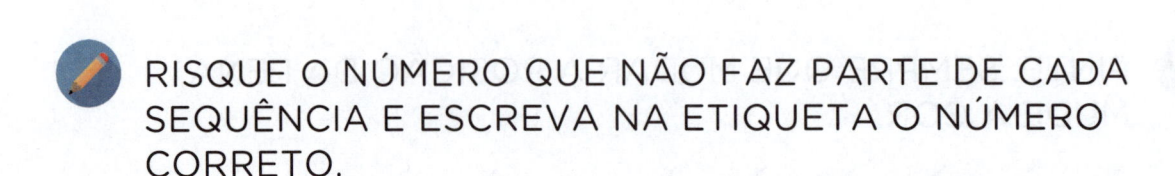

| 32 | 35 | 37 | 39 | 36 | 31 | 38 | 33 | 34 |

| | | | | | | | | |

✏️ RISQUE O NÚMERO QUE NÃO FAZ PARTE DE CADA SEQUÊNCIA E ESCREVA NA ETIQUETA O NÚMERO CORRETO.

| 10 | 11 | 22 | 13 | 14 | 15 | 16 | 17 | 18 | 19 | ☐

| 20 | 21 | 22 | 23 | 24 | 25 | 26 | 27 | 38 | 29 | ☐

| 30 | 31 | 32 | 33 | 34 | 45 | 36 | 37 | 38 | 39 | ☐

✏️ DESCUBRA O RESULTADO.

30 + 🖐️(3) = ☐   30 + ✊(0) = ☐

30 + 🖐️(5) = ☐   30 + ☝️(1) = ☐

288

OBSERVE.

$$10 + 10 + 10 + 10$$

= 40 unidades ou 4 dezenas

PINTE. SEMPRE QUE MUDAR A POSIÇÃO DA JOANINHA, MUDE A COR.

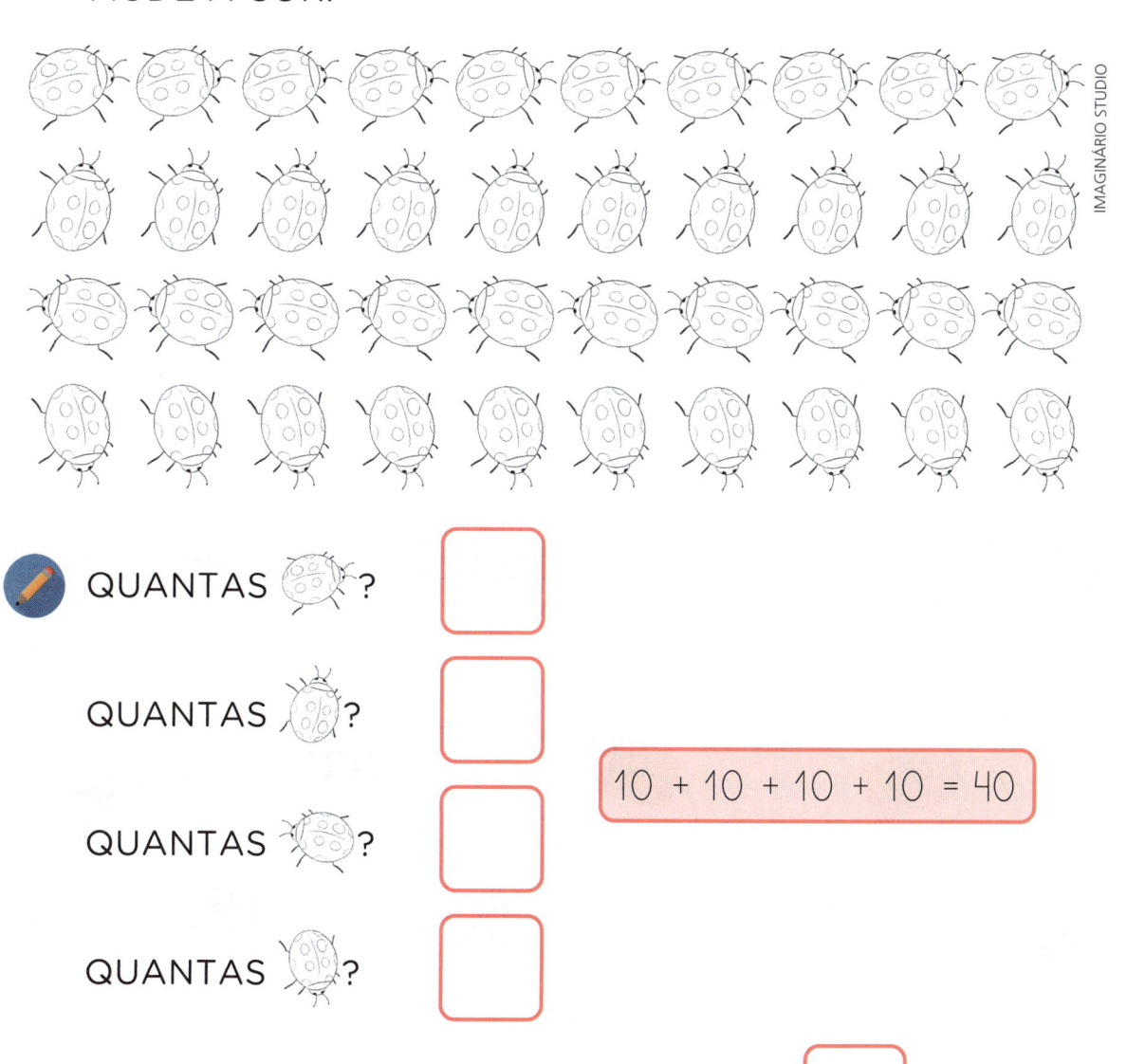

QUANTAS 🐞 ? ☐

QUANTAS 🐞 ? ☐

QUANTAS 🐞 ? ☐

QUANTAS 🐞 ? ☐

$$10 + 10 + 10 + 10 = 40$$

QUANTAS JOANINHAS HÁ AO TODO? ☐

CONTINUE ESCREVENDO O NÚMERO 40.

40						

ESCREVA O NÚMERO QUE VEM IMEDIATAMENTE **ANTES** E O NUMERO QUE VEM IMEDIATAMENTE **DEPOIS**.

___ 42 ___   ___ 45 ___

___ 47 ___   ___ 49 50

ESCREVA EM ORDEM CRESCENTE OS NÚMEROS QUE APARECEM NAS ETIQUETAS.

49, 41, 43, 46, 48, 42, 45, 44, 47

OBSERVE.

$$10 + 10 + 10 + 10 + 10$$

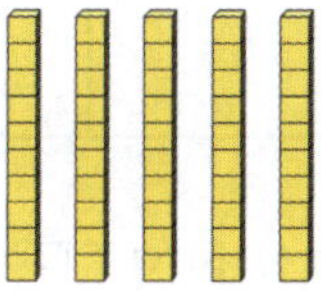

|||||| = 50 unidades ou 5 dezenas

PINTE. SEMPRE QUE MUDAR A POSIÇÃO DO PIÃO, MUDE A COR.

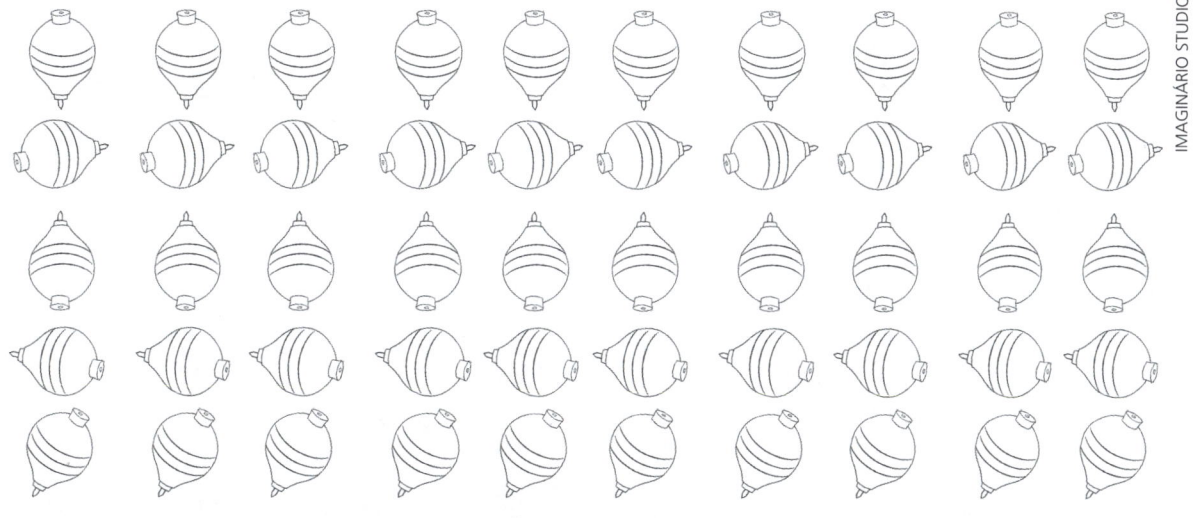

QUANTOS 🪀 ? ☐

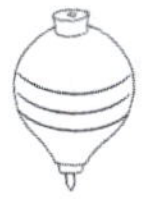

QUANTOS 🪀 ? ☐

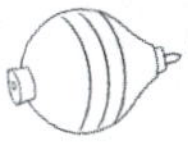

QUANTOS 🪀 ? ☐ $10 + 10 + 10 + 10 + 10 = 50$

QUANTOS 🪀 ? ☐

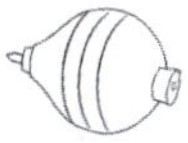

QUANTOS 🪀 ? ☐

QUANTOS PIÕES HÁ AO TODO? ☐

✏️ CONTINUE ESCREVENDO O NÚMERO 50.

50					

✏️ ESCREVA O NÚMERO QUE VEM IMEDIATAMENTE **ANTES** E O NÚMERO QUE VEM IMEDIATAMENTE **DEPOIS**.

___ 52 ___   ___ 58 ___

___ 55 ___   ___ 51 ___

✏️ CONTE E RESPONDA.

QUANTAS MÃOS?

QUANTOS DEDOS EM CADA MÃO?

QUANTOS PARES DE MÃOS?

QUANTOS DEDOS?

✏️ CADA PINO DE BOLICHE VALE 10 PONTOS. LIGUE CADA GRUPO DE ELEMENTOS AO NÚMERO CORRESPONDENTE.

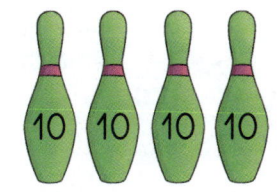

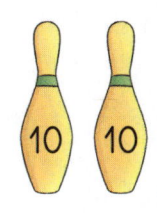

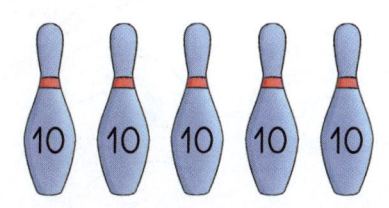

20

50

30

40

10

VEJA EM QUANTAS FLORES A ABELHA POUSARÁ ANTES DE CHEGAR À COLMEIA!
ESCREVA OS NÚMEROS QUE FALTAM PARA COMPLETAR ESSE CAMINHO.

NATUREZA E SOCIEDADE

SUMÁRIO

LIÇÃO/CONTEÚDO	PÁGINA
50. IDENTIDADE	297
51. O TEMPO PASSA...	302
52. O CORPO HUMANO	307
OS OSSOS	308
53. OS SENTIDOS	315
54. FAMÍLIA	324
55. MORADIA	327
56. ESCOLA	330
57. O AMBIENTE	336
58. O AR	340
59. A ÁGUA	343
60. OS SERES VIVOS E OS ELEMENTOS NÃO VIVOS	347
61. AS PLANTAS	350
62. OS ANIMAIS	357
63. OS MEIOS DE TRANSPORTE	364
64. O TRÂNSITO	368
65. OS MEIOS DE COMUNICAÇÃO	372

LIÇÃO 50

IDENTIDADE

TODA CRIANÇA TEM UM NOME E UMA HISTÓRIA.

MEU NOME É MARIANA.

MEU NOME É VÍTOR.

CONVERSE COM A PROFESSORA E OS COLEGAS SOBRE A ORIGEM DO SEU NOME. QUEM O ESCOLHEU? POR QUÊ?

ESCREVA SEU PRIMEIRO NOME.

TODAS AS PESSOAS TAMBÉM TÊM UM SOBRENOME. O SOBRENOME, GERALMENTE, É O NOME DE FAMÍLIA.

ESCREVA NO QUADRO, COM A AJUDA DA PROFESSORA, O SEU SOBRENOME.

OBSERVE A IMAGEM A SEGUIR.

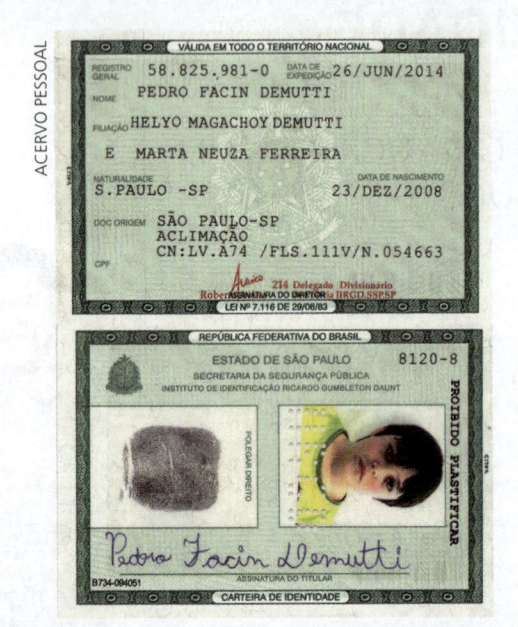

ESTA É UMA **CARTEIRA DE IDENTIDADE**.
É UM DOCUMENTO QUE TRAZ INFORMAÇÕES SOBRE A PESSOA, COM FOTO, ASSINATURA E A IMPRESSÃO DIGITAL DELA.

DESENHE SEU ROSTO OU COLE UMA FOTO. PASSE O DEDO POLEGAR NA TINTA PRETA E IMPRIMA SUA DIGITAL NO LOCAL ADEQUADO.

A SUA DIGITAL TAMBÉM FAZ PARTE DA SUA HISTÓRIA.

VOCÊ TEM UMA CARTEIRA DE IDENTIDADE? CONVERSE COM A PROFESSORA E OS COLEGAS SOBRE A IMPORTÂNCIA DE TER ESSE DOCUMENTO.

✏️ OUÇA AS PERGUNTAS E REGISTRE A RESPOSTA PINTANDO O BOLO COM A IDADE CORRESPONDENTE.

QUANTOS ANOS VOCÊ TINHA QUANDO COMEÇOU A ANDAR?

QUANTOS ANOS VOCÊ TINHA QUANDO COMEÇOU A FALAR?

✏️ EM UMA FOLHA DE PAPEL, DESENHE OU PEÇA A AJUDA DE UM ADULTO PARA ESCREVER:
- O QUE LHE DEIXA CONTENTE;
- O QUE LHE DEIXA CHATEADO.

🌶️ PEÇA A UM FAMILIAR QUE LHE CONTE UMA HISTÓRIA INTERESSANTE QUE ACONTECEU QUANDO VOCÊ ERA BEBÊ. DEPOIS, RECONTE ESSA HISTÓRIA PARA A PROFESSORA E OS COLEGAS.

✏️ ESCREVA NOS QUADROS, COM A AJUDA DE UM ADULTO, OUTRAS INFORMAÇÕES QUE O IDENTIFICAM.

DIA E MÊS EM QUE VOCÊ NASCEU

IDADE

COR DOS OLHOS

COR DOS CABELOS

ALTURA

PESO

✏️ OBSERVE AS FIGURAS E NUMERE OS QUADROS DE ACORDO COM AS FASES DE CRESCIMENTO DA CRIANÇA.

JOSÉ LUIS JUHAS/ILUSTRA CARTOON

MARQUE AS ATIVIDADES QUE VOCÊ GOSTA DE FAZER PINTANDO OS QUADRINHOS.

BRINCAR NO COMPUTADOR	ASSISTIR À TELEVISÃO	ESCOVAR OS DENTES
BRINCAR	PASSEAR	TOMAR BANHO
TOMAR SORVETE	DORMIR	ESTUDAR
EMPINAR PIPA	DANÇAR	COMER

301

LIÇÃO 51

O TEMPO PASSA...

AS PESSOAS MUDAM COM O TEMPO.

REGISTRE UM POUCO DA SUA HISTÓRIA. DESENHE O QUE É PEDIDO.

COM 1 ANO

COM 2 OU 3 ANOS

ATUALMENTE

OBSERVANDO SUA HISTÓRIA, COMO VOCÊ PERCEBE QUE O TEMPO PASSOU? CONVERSE SOBRE ISSO COM A PROFESSORA E OS COLEGAS.

VOCÊ TAMBÉM PODE OBSERVAR A PASSAGEM DO TEMPO EM UM DIA DE AULA NA ESCOLA.
MONTE SEU QUADRO DE ROTINA NA ESCOLA.
FAÇA DESENHOS PARA REPRESENTAR AS ATIVIDADES QUE VOCÊ REALIZA E MARQUE OS HORÁRIOS.

HORÁRIO DA CHEGADA

HORÁRIO DA SAÍDA

VOCÊ PODE PERCEBER QUE O TEMPO PASSA COM A MUDANÇA DOS DIAS.

DESENHE UMA ATIVIDADE QUE VOCÊ SEMPRE REALIZA **PELA MANHÃ**.

DESENHE UMA ATIVIDADE QUE VOCÊ SEMPRE REALIZA **À NOITE**.

O TEMPO PODE SER MEDIDO EM HORAS CONTADAS NO RELÓGIO, EM DIAS, SEMANAS, MESES E ANOS.

UMA SEMANA TEM SETE DIAS: DOMINGO, SEGUNDA-FEIRA, TERÇA-FEIRA, QUARTA-FEIRA, QUINTA-FEIRA, SEXTA-FEIRA E SÁBADO.

OBSERVE O CALENDÁRIO. PINTE DE AMARELO OS DIAS DA SEMANA EM QUE VOCÊ VEM PARA A ESCOLA E DE VERMELHO OS DIAS EM QUE NÃO HÁ AULA.

QUE DIA DA SEMANA É HOJE? CIRCULE-O.

SEMANA

DOMINGO	SEGUNDA-FEIRA	TERÇA-FEIRA	QUARTA-FEIRA	QUINTA-FEIRA	SEXTA-FEIRA	SÁBADO

PINTE DE AZUL-CLARO O NÚMERO QUE CORRESPONDE AO DIA DE HOJE, DE AMARELO O DIA DE ONTEM E DE LARANJA O DIA QUE SERÁ AMANHÃ.

CALENDÁRIO

D	S	T	Q	Q	S	S
1	2	3	4	5	6	7
8	9	10	11	12	13	14
15	16	17	18	19	20	21
22	23	24	25	26	27	28
29	30	31				

CONVERSE COM A PROFESSORA E OS COLEGAS SOBRE ALGO QUE ACONTECEU NO FINAL DE SEMANA COM SUA FAMÍLIA.

UM ANO TEM DOZE MESES: JANEIRO, FEVEREIRO, MARÇO, ABRIL, MAIO, JUNHO, JULHO, AGOSTO, SETEMBRO, OUTUBRO, NOVEMBRO E DEZEMBRO.

PINTE O NOME DO MÊS EM QUE ESTAMOS.

JANEIRO	FEVEREIRO	MARÇO
ABRIL	MAIO	JUNHO
JULHO	AGOSTO	SETEMBRO
OUTUBRO	NOVEMBRO	DEZEMBRO

EM QUAL MÊS VOCÊ NASCEU? COPIE O NOME DESSE MÊS NO QUADRO.

LIÇÃO 52

O CORPO HUMANO

O CORPO HUMANO É COMPOSTO DE CABEÇA, TRONCO, MEMBROS SUPERIORES E MEMBROS INFERIORES.

- OBSERVE O QUE AS SETAS ESTÃO APONTANDO NO CORPO DO MENINO.
- FALE O NOME DESSAS PARTES QUE COMPÕEM O TRONCO E OS MEMBROS SUPERIORES E INFERIORES.
- AGORA, COLE OS ADESIVOS DA PÁGINA 411 COM OS NOMES NO LUGAR CORRETO. PEÇA AJUDA A UM ADULTO.

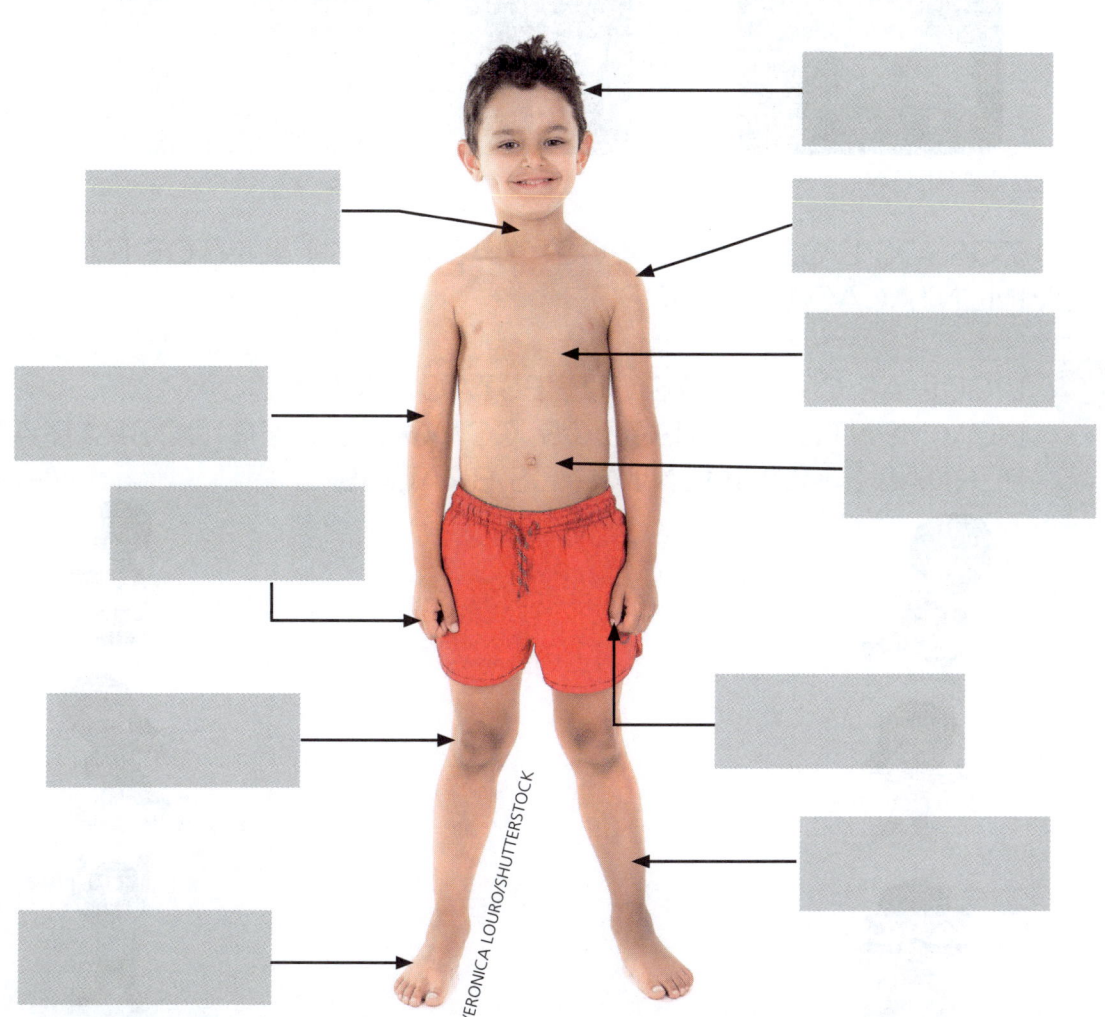

VERONICA LOURO/SHUTTERSTOCK

307

OS OSSOS

TOQUE NO SEU CORPO. PRIMEIRO NA CABEÇA, DEPOIS NO PEITO, NAS PERNAS, NOS BRAÇOS E NOS DEDOS.

VOCÊ SENTIU ALGUMAS PARTES DURAS, QUE SÃO OS OSSOS.

OS OSSOS SÃO RESPONSÁVEIS PELA SUSTENTAÇÃO DO CORPO.

COMO SERIA NOSSO CORPO SE NÃO TIVÉSSEMOS OSSOS?

OBSERVE AS IMAGENS ABAIXO. ELAS SÃO RADIOGRAFIAS DE OSSOS DO CORPO HUMANO.

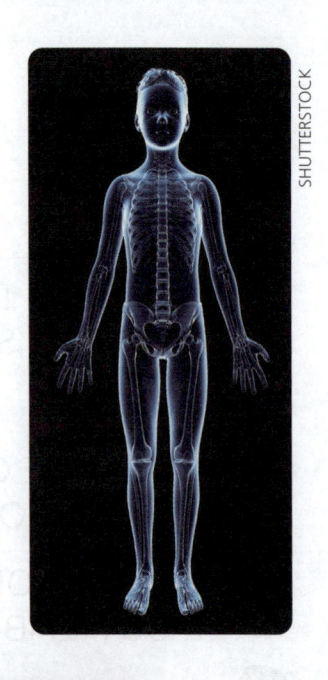

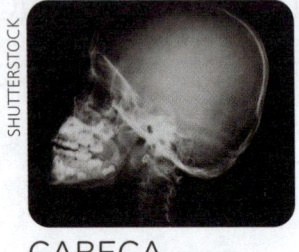

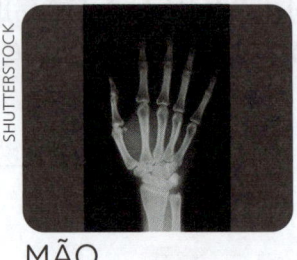

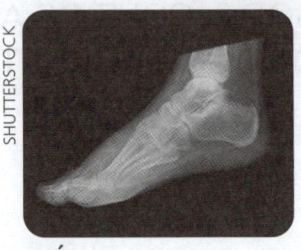

CABEÇA   MÃO   PÉ

OS OSSOS E OS MÚSCULOS TRABALHAM JUNTOS NA MOVIMENTAÇÃO DO CORPO.

LIGUE AS CRIANÇAS QUE ESTÃO FAZENDO MOVIMENTOS PARECIDOS, COMO CORRER, DOBRAR AS PERNAS E MOVIMENTAR OS BRAÇOS.

AS PESSOAS PODEM DEMONSTRAR SENTIMENTOS POR MEIO DE EXPRESSÕES DO CORPO.

DESENHE EM CADA QUADRO COMO VOCÊ SE SENTE QUANDO ESTÁ:

ALEGRE	TRISTE
ZANGADO	CHORANDO

AS PESSOAS TAMBÉM PODEM USAR PARTES DO CORPO PARA PRODUZIR SONS.

OBSERVE AS FIGURAS DAS CRIANÇAS E PRODUZINDO SONS COM AS MÃOS, COM OS PÉS E COM A BOCA. COM OS COLEGAS, REPITA OS MOVIMENTOS CANTANDO UMA MÚSICA.

INVENTE E PRODUZA OUTROS SONS COM OS COLEGAS.

CUIDAR DO CORPO É MUITO IMPORTANTE PARA TERMOS UMA VIDA SAUDÁVEL. VOCÊ PODE CUIDAR DO SEU CORPO COMENDO ALIMENTOS SAUDÁVEIS, TENDO BONS HÁBITOS DE HIGIENE, SEGUINDO AS ORIENTAÇÕES DOS PROFISSIONAIS DE SAÚDE, BRINCANDO E DESCANSANDO.

MARQUE COM UM **X** OS ALIMENTOS QUE FAZEM BEM PARA O CORPO.

OUÇA A LEITURA QUE A PROFESSORA VAI FAZER E COLE OS ADESIVOS DA PÁGINA 413 NO LUGAR CERTO.

COISAS QUE FAZEM BEM À NOSSA SAÚDE	
ALIMENTAÇÃO SAUDÁVEL	PRATICAR ESPORTES
CUIDAR DA HIGIENE PESSOAL	PROTEÇÃO DOS ADULTOS
LAZER	DORMIR BEM E O TEMPO ADEQUADO

✏️ COM A AJUDA DE UM ADULTO, RESPONDA ÀS PERGUNTAS MARCANDO COM UM **X** NO QUADRO.

VOCÊ ESCOVA OS DENTES TODOS OS DIAS?

SIM ☐   NÃO ☐   ÀS VEZES ☐

✏️ QUANDO VOCÊ ESCOVA OS DENTES?

APÓS O ALMOÇO ☐   DE MANHÃ ☐

APÓS O JANTAR ☐   ANTES DE DORMIR ☐

✏️ CIRCULE O QUE VOCÊ DEVE FAZER PARA TER DENTES SAUDÁVEIS.

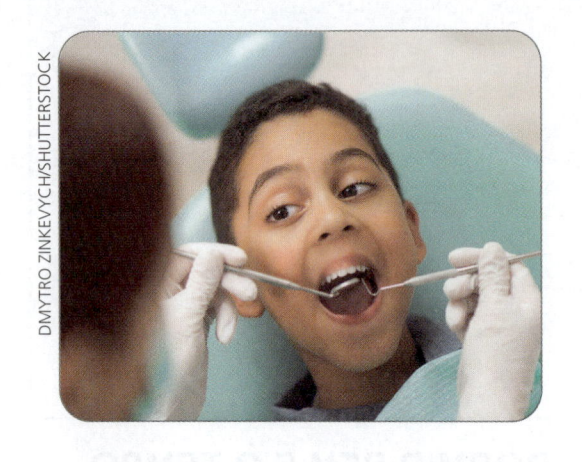

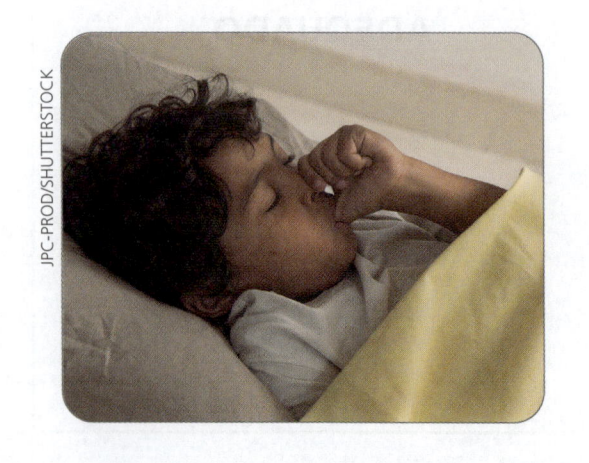

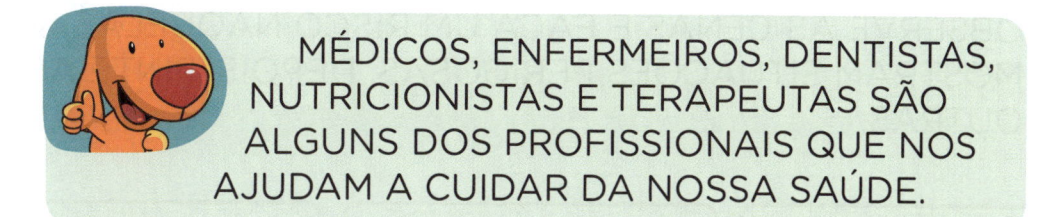

MÉDICOS, ENFERMEIROS, DENTISTAS, NUTRICIONISTAS E TERAPEUTAS SÃO ALGUNS DOS PROFISSIONAIS QUE NOS AJUDAM A CUIDAR DA NOSSA SAÚDE.

OBSERVE AS IMAGENS E CIRCULE AQUELA QUE MOSTRA O PROFISSIONAL QUE JÁ CUIDOU DE VOCÊ.

PEDIATRA

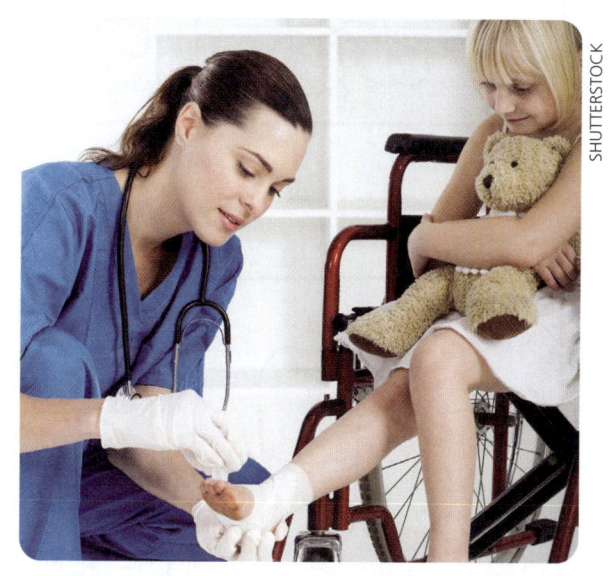

ORTOPEDISTA

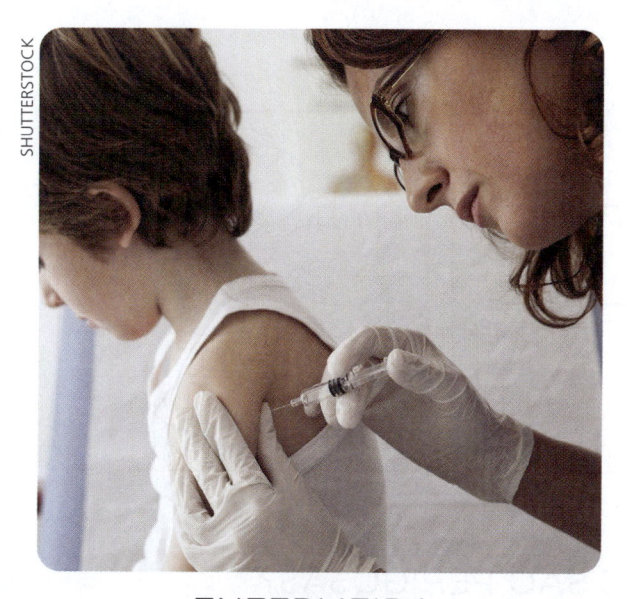

ENFERMEIRA

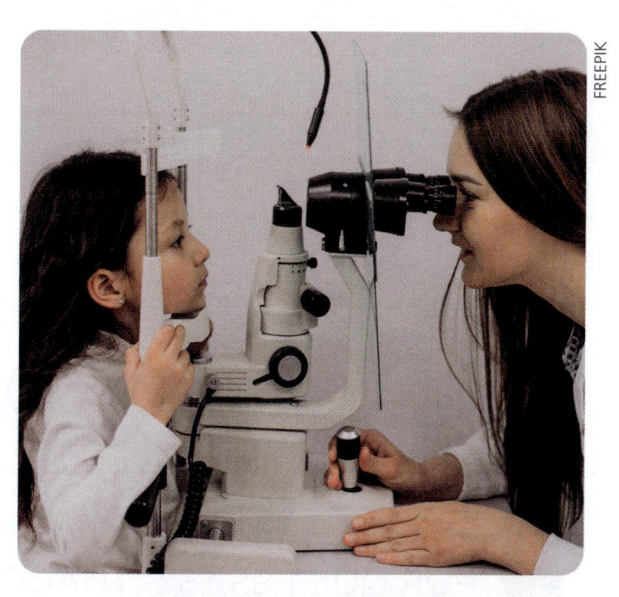

OFTALMOLOGISTA

OBSERVE AS CENAS E FAÇA UM RISCO NAQUELAS QUE MOSTRAM SITUAÇÕES PERIGOSAS. DEPOIS, PINTE AS OUTRAS.

POR QUE ESSAS SITUAÇÕES SÃO PERIGOSAS? CONVERSE COM OS COLEGAS.

LIÇÃO 53

OS SENTIDOS

> AS PESSOAS PODEM CONHECER E PERCEBER OS OBJETOS OU AS SITUAÇÕES DO DIA A DIA USANDO OS ÓRGÃOS DO CORPO.

FOTOS: SHUTTERSTOCK

O QUE VOCÊ MAIS GOSTA DE SENTIR? O QUE VOCÊ MAIS GOSTA DE COMER? QUAL É O CHEIRO DE QUE VOCÊ MAIS GOSTA? E QUAL É A MÚSICA QUE VOCÊ MAIS GOSTA DE OUVIR?

ALGUNS ÓRGÃOS DO NOSSO CORPO SÃO CHAMADOS DE **ÓRGÃOS DOS SENTIDOS**. PARA VER, OBSERVAR E IDENTIFICAR OS OBJETOS USAMOS O SENTIDO DA VISÃO. OS OLHOS SÃO OS ÓRGÃOS DA **VISÃO**.

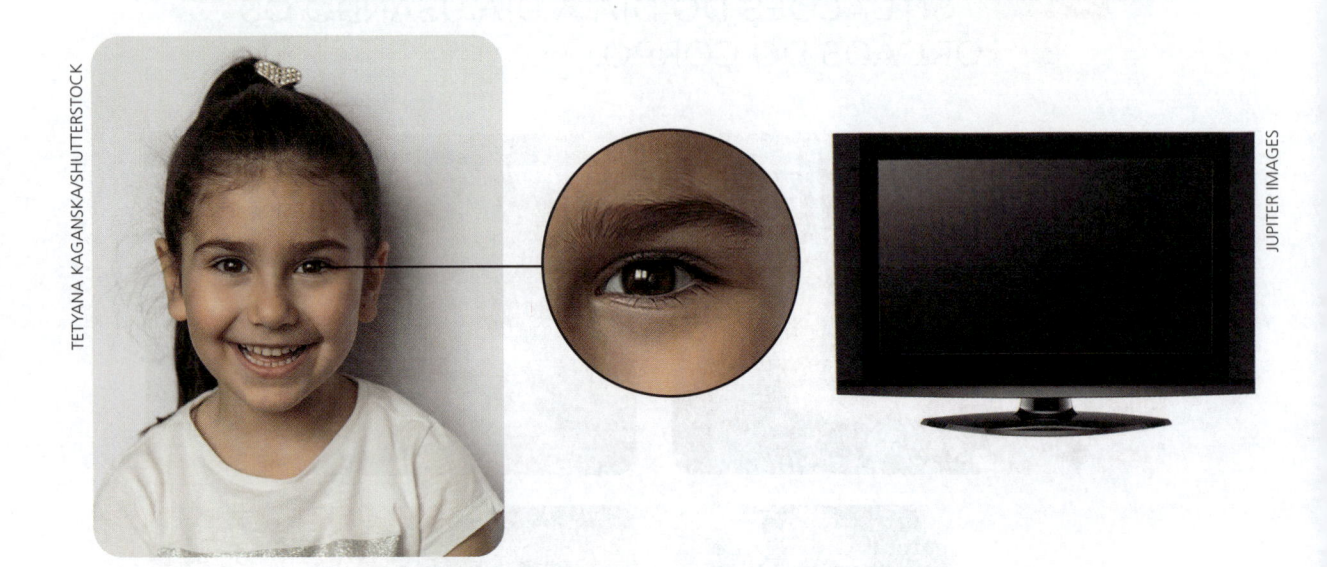

COM O SENTIDO DA AUDIÇÃO, OUVIMOS E PERCEBEMOS OS SONS DO MEIO EM QUE VIVEMOS. AS ORELHAS SÃO OS ÓRGÃOS DA **AUDIÇÃO**.

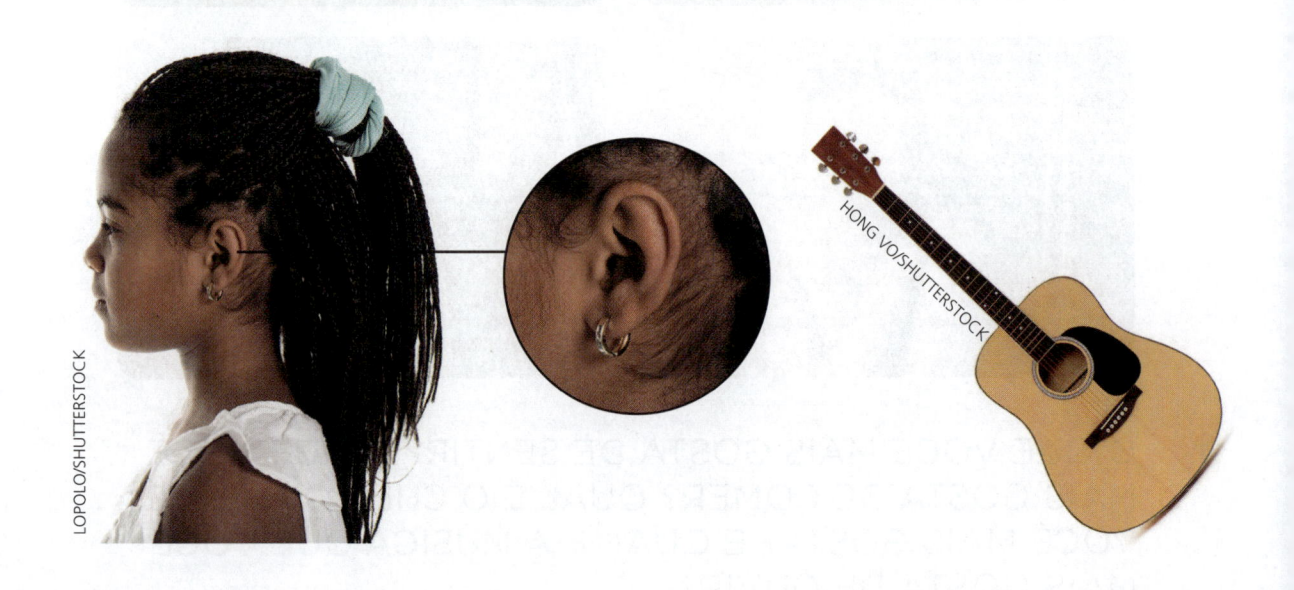

É PELO SENTIDO DO OLFATO QUE PERCEBEMOS E IDENTIFICAMOS OS CHEIROS.
O NARIZ É O ÓRGÃO DO **OLFATO**.

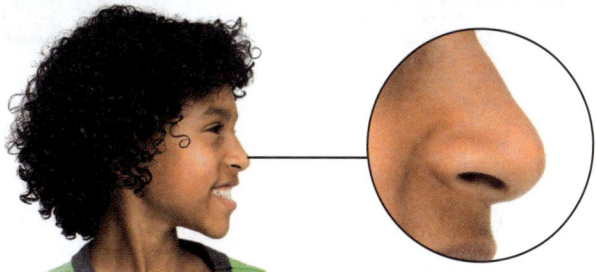

QUANDO A NOSSA LÍNGUA ENTRA EM CONTATO COM OS ALIMENTOS, PERCEBEMOS GOSTOS DIFERENTES.
A LÍNGUA É O ÓRGÃO DO **PALADAR**.

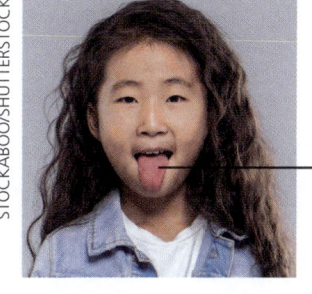

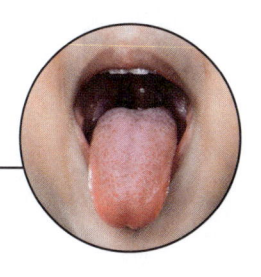

COM A PELE, PERCEBEMOS E IDENTIFICAMOS O QUE NOS CERCA.
A PELE É O ÓRGÃO DO **TATO**.

✏️ QUE ÓRGÃO VOCÊ USA PARA VER MUITAS COISAS?

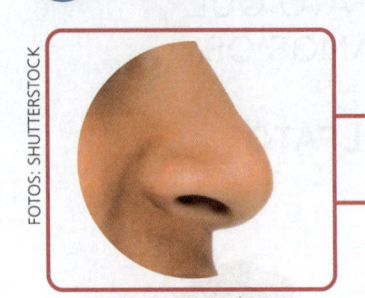

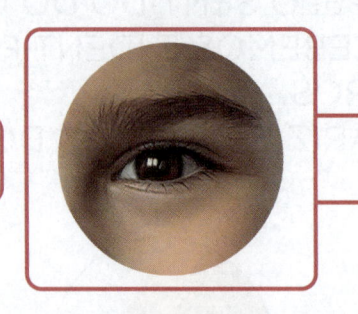

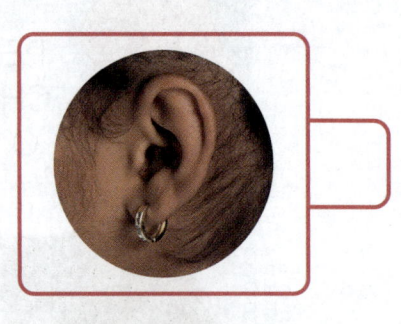

COM O SENTIDO DA VISÃO, PODEMOS RECONHECER O AMBIENTE À NOSSA VOLTA.

✏️ OBSERVE AO SEU REDOR E DESENHE ALGUNS ELEMENTOS QUE VOCÊ PERCEBE POR MEIO DA VISÃO.

VOCÊ JÁ VIU QUE A PELE É RESPONSÁVEL PELO SENTIDO DO TATO.

POR MEIO DA PELE PERCEBEMOS AS SENSAÇÕES DE FRIO, DE CALOR E, TAMBÉM, DE DOR.

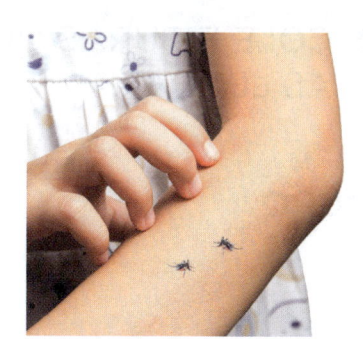

FOTOS: SHUTTERSTOCK

QUAIS PARTES DO CORPO, ALÉM DAS MÃOS, PERMITEM A SENSAÇÃO DO TATO?

VOCÊ SABIA QUE OS DEFICIENTES VISUAIS UTILIZAM O TATO PARA LER?

ELES UTILIZAM O **ALFABETO BRAILLE**.

BRAILLE É UM SISTEMA DE ESCRITA COMPOSTO DE PONTOS EM RELEVO.

SHUTTERSTOCK

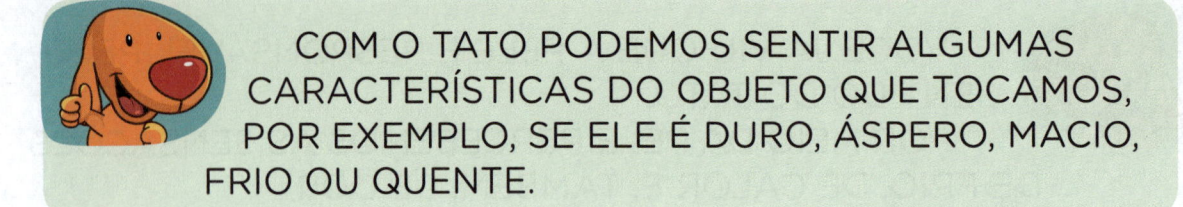

COM O TATO PODEMOS SENTIR ALGUMAS CARACTERÍSTICAS DO OBJETO QUE TOCAMOS, POR EXEMPLO, SE ELE É DURO, ÁSPERO, MACIO, FRIO OU QUENTE.

COLE FIGURAS OU DESENHE OBJETOS DE ACORDO COM AS LEGENDAS.

DURO

MACIO

LISO

ÁSPERO

FRIO

QUENTE

✏️ QUAL É O ÓRGÃO QUE VOCÊ USA PARA SENTIR CHEIROS?

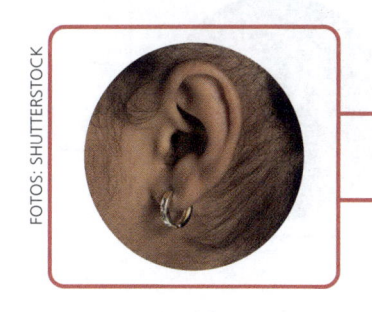

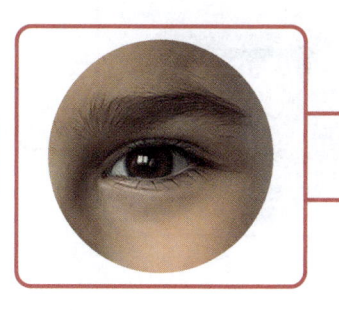

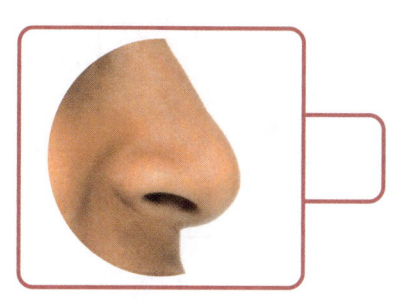

🖍️ PINTE DE AMARELO O QUE TEM CHEIRO AGRADÁVEL E DE MARROM O QUE TEM CHEIRO DESAGRADÁVEL.

💬 QUAL CHEIRO VOCÊ MAIS GOSTA DE SENTIR?

✏️ QUE ÓRGÃO VOCÊ USA PARA OUVIR OS SONS?

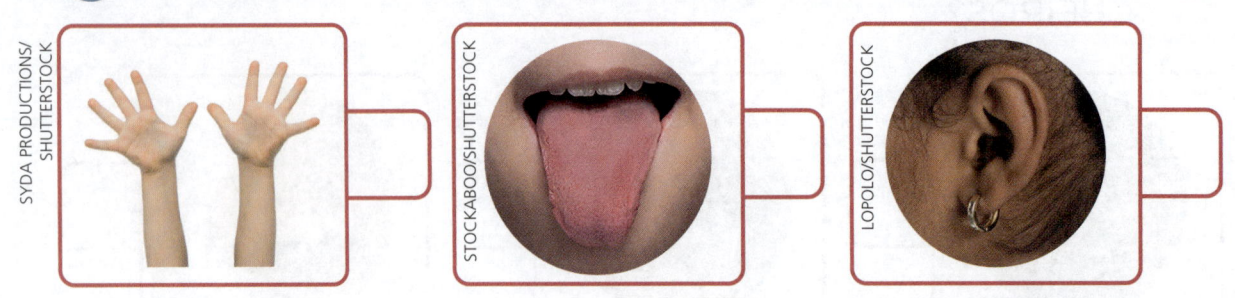

✏️ EM QUE SITUAÇÃO O SOM É MAIS AGRADÁVEL DE OUVIR? CIRCULE.

QUAIS ÓRGÃOS DOS SENTIDOS ESTÃO SENDO UTILIZADOS? COLE OS ADESIVOS DA PÁGINA 413 NO LUGAR CERTO.

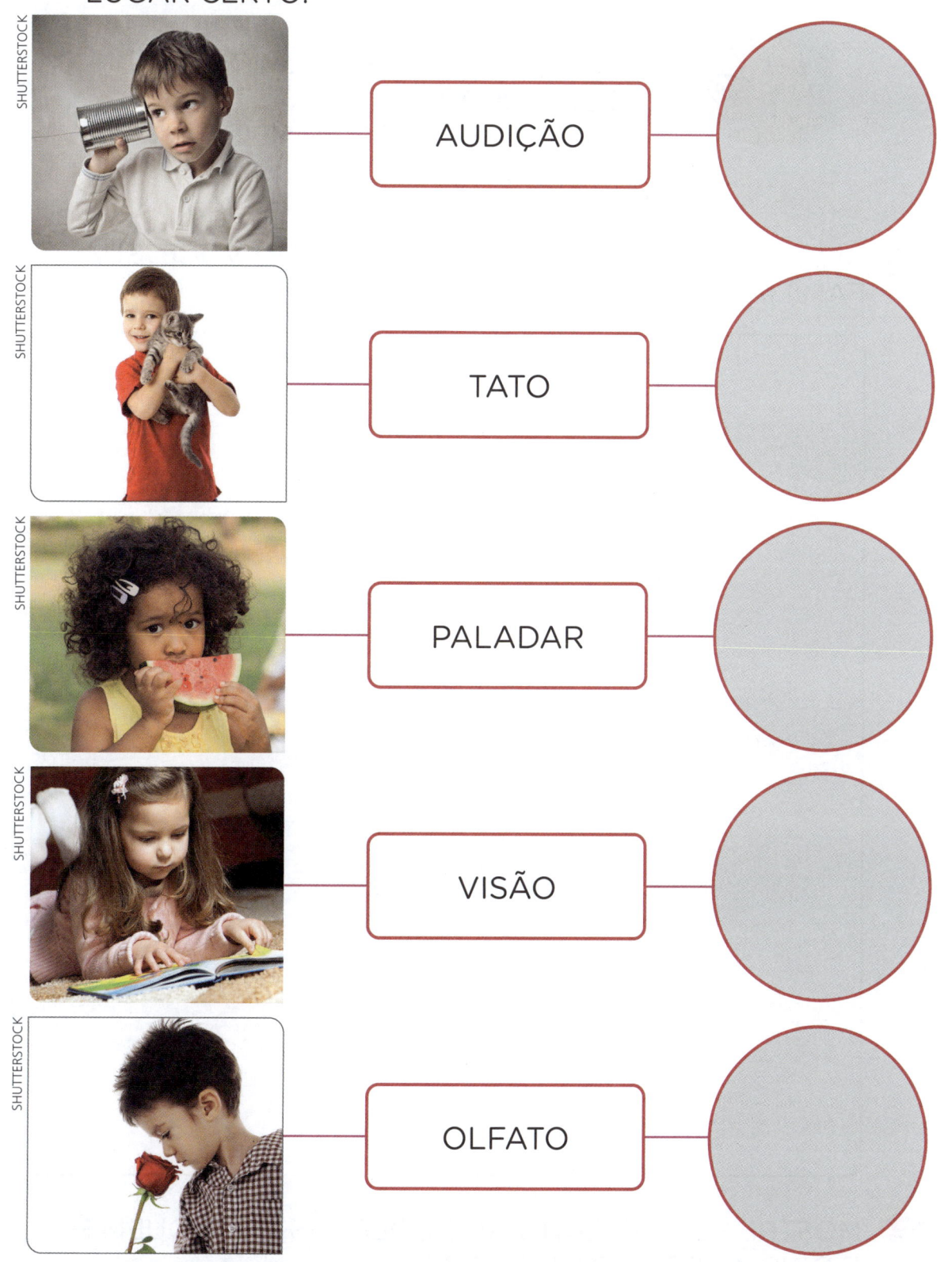

- AUDIÇÃO
- TATO
- PALADAR
- VISÃO
- OLFATO

LIÇÃO 54

FAMÍLIA

O SER HUMANO, GERALMENTE, VIVE EM GRUPO.
A FAMÍLIA É NOSSO PRIMEIRO GRUPO DE CONVIVÊNCIA.

✏️ DESENHE AS PESSOAS QUE MORAM COM VOCÊ: SUA FAMÍLIA.

🟠 MOSTRE SEU DESENHO AOS COLEGAS, DIGA QUEM É E O NOME DE CADA PESSOA.

AS FAMÍLIAS SÃO DIFERENTES.
AS PESSOAS DE UMA FAMÍLIA COSTUMAM PASSAR MOMENTOS AGRADÁVEIS JUNTAS.

- QUAL DESSAS FAMÍLIAS SE PARECE MAIS COM A SUA?

- DESENHE O QUE VOCÊ E SEUS FAMILIARES FAZEM PARA SE DIVERTIR AO AR LIVRE.

OS AVÓS, TIOS, TIAS, PRIMOS, PRIMAS, SOBRINHOS E SOBRINHAS SÃO OS NOSSOS PARENTES.

LIGUE CORRETAMENTE.

OS FILHOS DOS MEUS TIOS SÃO MEUS...

TIAS

OS PAIS DOS MEUS PAIS SÃO MEUS...

AVÓS

AS FILHAS DOS MEUS AVÓS SÃO MINHAS...

PRIMOS

PARA QUE UMA FAMÍLIA VIVA EM HARMONIA, É IMPORTANTE QUE TODOS SE AJUDEM E COOPEREM UNS COM OS OUTROS.

COMO VOCÊ AJUDA SUA FAMÍLIA NO DIA A DIA? PINTE OS QUADROS QUE MOSTRAM O QUE VOCÊ COSTUMA FAZER PARA AJUDAR SUA FAMÍLIA.

ARRUMAR OS BRINQUEDOS

CUIDAR DAS PLANTAS

CUIDAR DO CACHORRO

LIÇÃO 55

MORADIA

PENSE EM TODAS AS PESSOAS QUE MORAM COM VOCÊ E NO QUE ELAS LHE PROPORCIONAM: CARINHO, ATENÇÃO, CUIDADO, PROTEÇÃO, ALIMENTAÇÃO, DIVERSÃO...
MORADIA É O LUGAR ONDE VIVEMOS. TODOS NÓS PRECISAMOS DE UMA MORADIA QUE NOS FORNEÇA ABRIGO, SEGURANÇA E CONFORTO.

COMO É SUA MORADIA?
DESENHE E PINTE SUA MORADIA.

DE QUE LUGAR DA SUA MORADIA VOCÊ MAIS GOSTA? POR QUÊ? CONTE PARA A PROFESSORA E OS COLEGAS.

HÁ DIVERSOS TIPOS DE MORADIA. ELAS PODEM SER CONSTRUÍDAS COM DIFERENTES MATERIAIS.

RELACIONE CADA MORADIA AO TIPO DE MATERIAL MAIS UTILIZADO EM SUA CONSTRUÇÃO. USE UMA COR DIFERENTE PARA CADA MORADIA.

CASA DE MADEIRA

CASA DE ALVENARIA

CASA DE PAU A PIQUE

PRÉDIO DE APARTAMENTOS

TIJOLO

PALHA

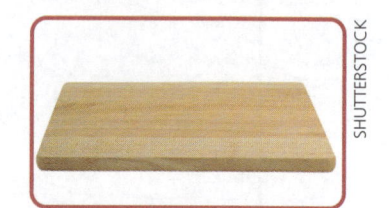

MADEIRA

BARRO

CIMENTO

💬 VÁRIOS PROFISSIONAIS TRABALHAM NA CONSTRUÇÃO DE UMA MORADIA. OBSERVE AS FOTOS E DIGA O NOME DESSAS PROFISSÕES.

✏️ RELACIONE CADA PROFISSIONAL AO SEU INSTRUMENTO DE TRABALHO.

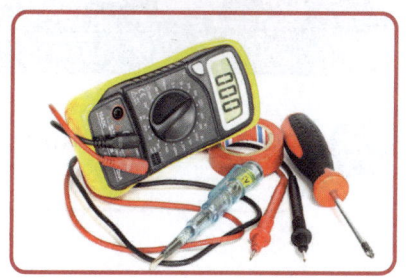

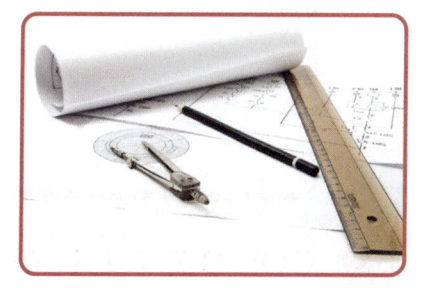

FOTOS: SHUTTERSTOCK

LIÇÃO 56

ESCOLA

TODA CRIANÇA TEM O DIREITO DE IR À ESCOLA. NA ESCOLA, VOCÊ APRENDE SOBRE MUITOS ASSUNTOS IMPORTANTES E FAZ AMIGOS.

ESCREVA O NOME DA SUA ESCOLA.

COMO É A ESCOLA ONDE VOCÊ ESTUDA?

A SALA DE AULA É O LOCAL ONDE VOCÊ REALIZA ALGUMAS ATIVIDADES NA ESCOLA.

CIRCULE OS OBJETOS QUE VOCÊ ENCONTRA EM SUA SALA DE AULA.

CARTEIRAS  LOUSA  CESTO DE LIXO

ARMÁRIO 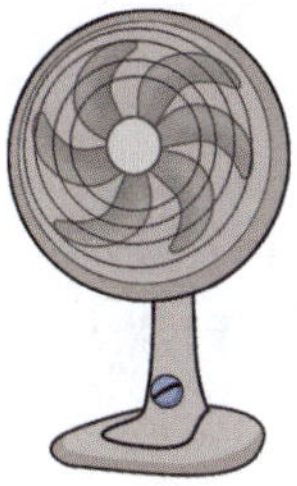 VENTILADOR  SOFÁ

PINTE A CENA QUE MOSTRA O QUE VOCÊ MAIS GOSTA DE FAZER NA SALA DE AULA.

PINTE OS MATERIAIS QUE VOCÊ USA EM ATIVIDADES NA SALA DE AULA.

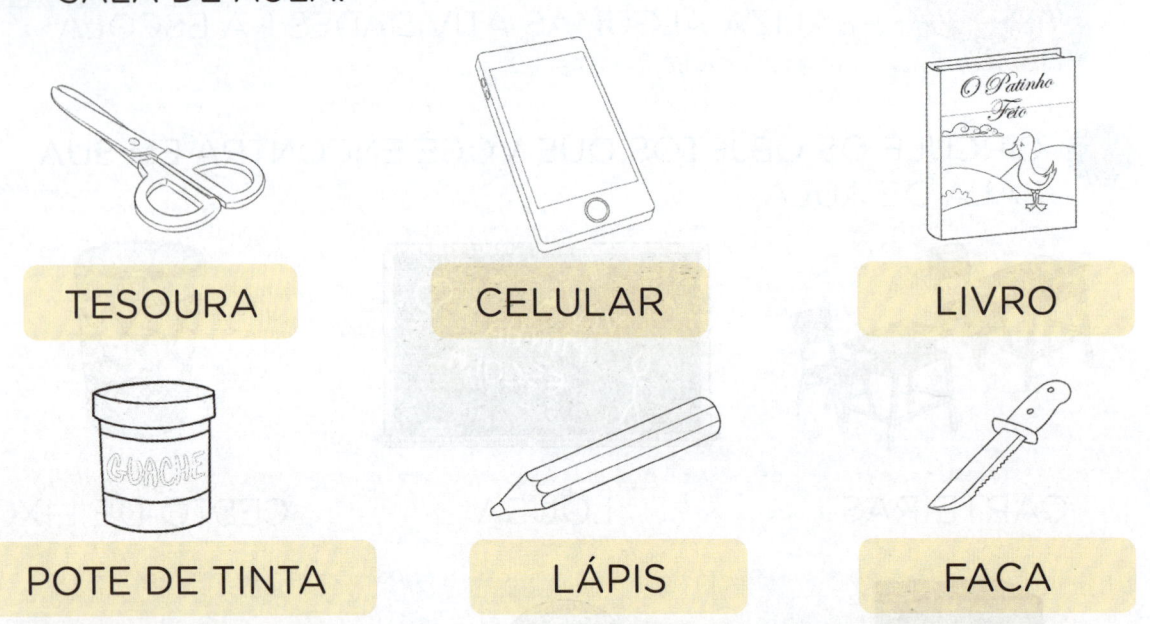

| TESOURA | CELULAR | LIVRO |

| POTE DE TINTA | LÁPIS | FACA |

> NA ESCOLA HÁ REGRAS DE CONVIVÊNCIA PARA QUE NÃO HAJA CONFLITO ENTRE AS PESSOAS.

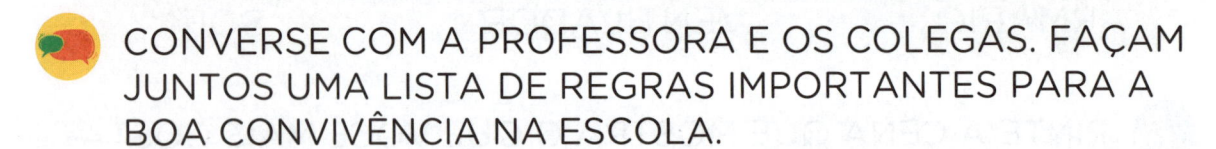

CONVERSE COM A PROFESSORA E OS COLEGAS. FAÇAM JUNTOS UMA LISTA DE REGRAS IMPORTANTES PARA A BOA CONVIVÊNCIA NA ESCOLA.

RESPONDA ÀS PERGUNTAS PINTANDO AS CARINHAS.

VOCÊ GOSTA DE BRINCAR COM SEUS COLEGAS DA ESCOLA?

COMO VOCÊ ACHA QUE SE SENTEM AS CRIANÇAS QUE BRINCAM JUNTAS?

E COMO SE SENTEM AS CRIANÇAS QUE NÃO BRINCAM COM AS DEMAIS?

✏️ ALÉM DA SALA DE AULA, A ESCOLA TEM OUTRAS DEPENDÊNCIAS. MARQUE COM UM **X** AS DEPENDÊNCIAS QUE HÁ NA SUA ESCOLA.

SALA DE INFORMÁTICA ☐

CANTINA ☐

BANHEIRO ☐

BIBLIOTECA ☐

QUADRA POLIESPORTIVA ☐

AUDITÓRIO ☐

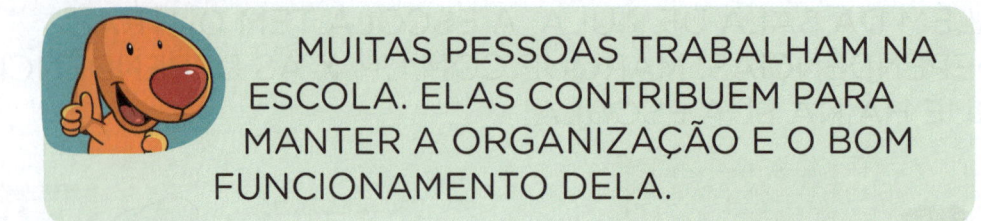

MUITAS PESSOAS TRABALHAM NA ESCOLA. ELAS CONTRIBUEM PARA MANTER A ORGANIZAÇÃO E O BOM FUNCIONAMENTO DELA.

- VOCÊ CONHECE AS PESSOAS QUE TRABALHAM NA SUA ESCOLA?

- CIRCULE AS FIGURAS QUE REPRESENTAM OS PROFISSIONAIS QUE VOCÊ ENCONTRA NA SUA ESCOLA.

NO CAMINHO PARA A ESCOLA, VOCÊ PASSA POR LUGARES ONDE EXISTEM PESSOAS TRABALHANDO. SÃO PROFISSIONAIS QUE REALIZAM DIFERENTES ATIVIDADES.

OBSERVE AS IMAGENS A SEGUIR.

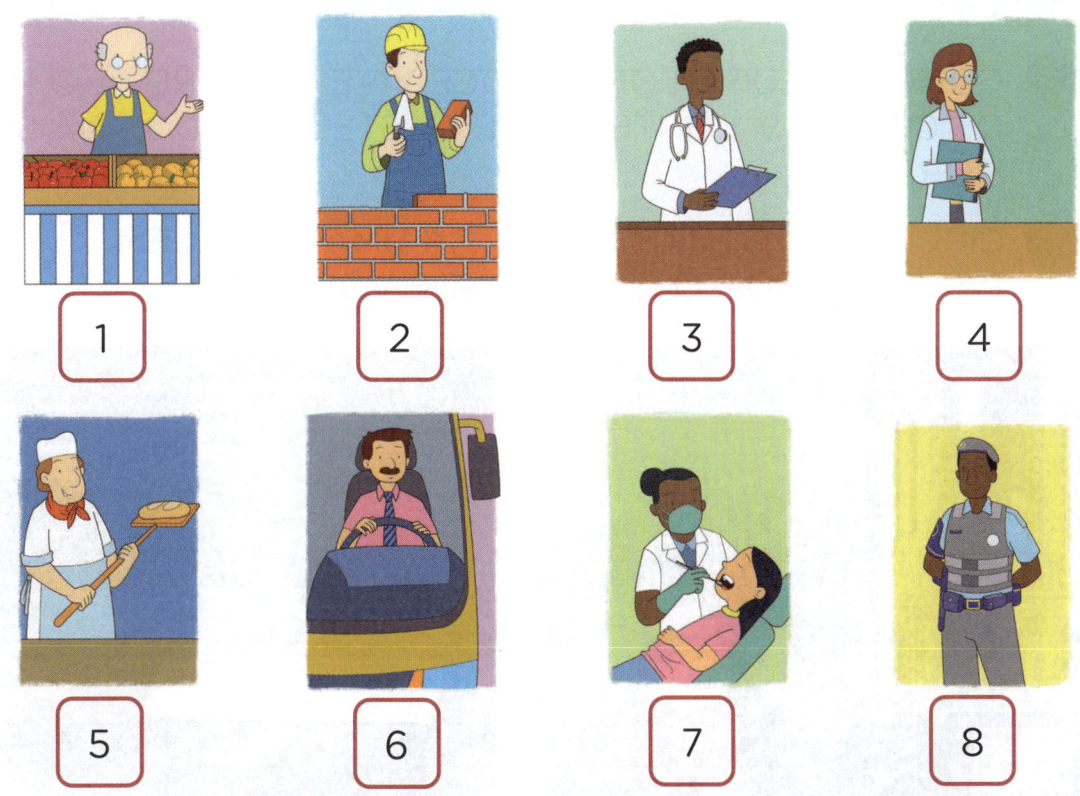

| 1 | 2 | 3 | 4 |
| 5 | 6 | 7 | 8 |

A PROFESSORA VAI LER O NOME DAS PROFISSÕES E VOCÊ VAI COLOCAR O NÚMERO CORRESPONDENTE, DE ACORDO COM O NÚMERO DE CADA IMAGEM.

☐ PADEIRO   ☐ FEIRANTE

☐ MÉDICO   ☐ PEDREIRO

☐ DENTISTA   ☐ PROFESSORA

☐ POLICIAL   ☐ MOTORISTA

LIÇÃO 57

O AMBIENTE

AMBIENTE É O NOME DADO AO LUGAR E TUDO O QUE TEM NELE, COMO A LUZ, A ÁGUA, O SOLO, O AR E OS SERES VIVOS.

- COMO É O LUGAR ONDE VOCÊ VIVE? DESCREVA-O PARA OS COLEGAS. CONTE O QUE EXISTE AO REDOR DA SUA MORADIA.

- CIRCULE A FOTO QUE MOSTRA UMA PAISAGEM PARECIDA COM O LUGAR ONDE VOCÊ MORA.

RECIFE – PERNAMBUCO

SÍTIO EM MINAS GERAIS

LINDOIA – SÃO PAULO

SÃO PAULO – SÃO PAULO

O CUIDADO COM O AMBIENTE É TÃO IMPORTANTE QUANTO OS CUIDADOS COM O CORPO.
É NO AMBIENTE QUE VIVEMOS, POR ISSO PRECISAMOS CUIDAR DELE E PRESERVÁ-LO.

PINTE DE VERDE A MOLDURA DA FOTO QUE MOSTRA UM AMBIENTE BEM CUIDADO.

FOTOS: SHUTTERSTOCK

EM QUAL DESSES LUGARES VOCÊ GOSTARIA DE BRINCAR? POR QUÊ?

UMA DAS MANEIRAS DE CUIDAR DO AMBIENTE É CUIDAR DO DESTINO DO LIXO.

PARA ISSO, É PRECISO DESCARTAR O LIXO NO LUGAR CERTO E SEPARAR O MATERIAL QUE PODE SER RECICLADO.

EXISTEM LIXEIRAS COLORIDAS PARA SEPARAR O LIXO.

PINTE AS LIXEIRAS DE ACORDO COM A LEGENDA.

- 🟦 PAPEL
- 🟥 PLÁSTICO
- 🟨 METAL
- 🟩 VIDRO
- ⬛ LIXO ORGÂNICO

PAPEL

PLÁSTICO

METAL

VIDRO

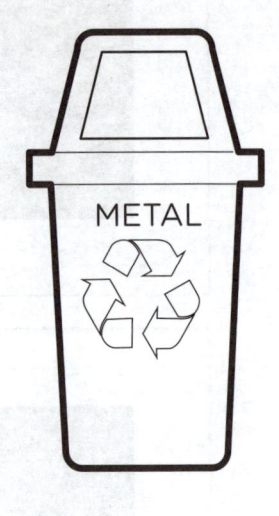

LIXO ORGÂNICO

RECICLAR É REUTILIZAR ALGUNS MATERIAIS DESCARTADOS PARA FABRICAR NOVOS PRODUTOS.

VOCÊ VAI FAZER A COLETA SELETIVA, ISTO É, SEPARAR O LIXO COLOCANDO CADA MATERIAL DESCARTADO NAS LIXEIRAS CORRETAS. COLE OS ADESIVOS DA PÁGINA 411 AO LADO DAS LIXEIRAS CORRESPONDENTES.

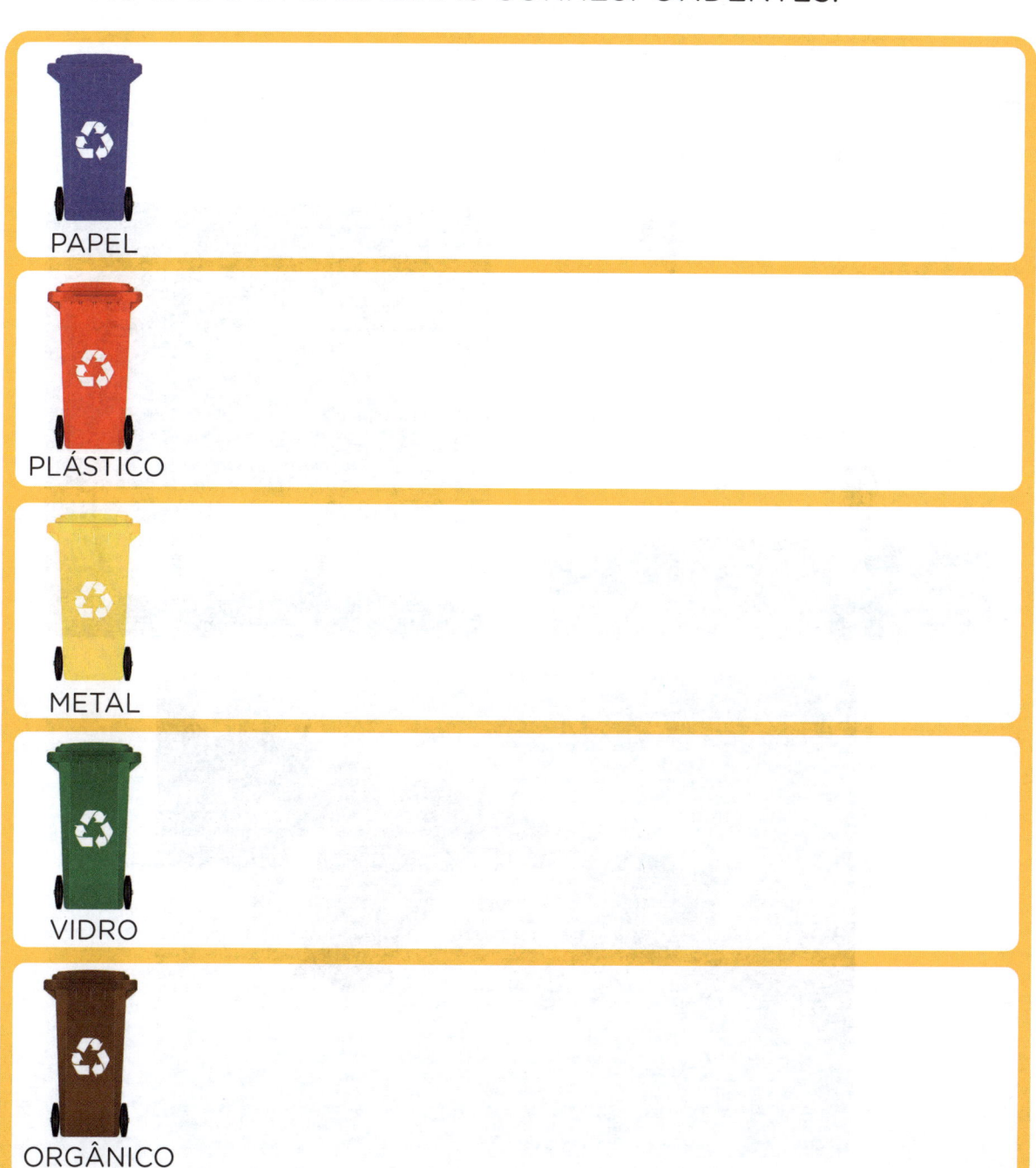

PAPEL

PLÁSTICO

METAL

VIDRO

ORGÂNICO

LIÇÃO 58

O AR

O AR É UM RECURSO NATURAL. O AR É MUITO IMPORTANTE PORQUE TODOS OS SERES VIVOS PRECISAM DELE PARA RESPIRAR. NÃO PODEMOS VER O AR, MAS É POSSÍVEL SENTI-LO.

OBSERVE AS FOTOS ABAIXO. COMO VOCÊ PODE PERCEBER A PRESENÇA DO AR?

PINTE AS CENAS EM QUE VOCÊ PODE PERCEBER A PRESENÇA DO AR.

341

O SER HUMANO TAMBÉM PRECISA CUIDAR DO AR.
O AR POLUÍDO FAZ MAL À SAÚDE.

MARQUE UM **X** NAS CENAS EM QUE O AR ESTÁ SENDO POLUÍDO.

LIÇÃO 59

A ÁGUA

A ÁGUA TAMBÉM É UM RECURSO NATURAL MUITO IMPORTANTE PARA OS SERES VIVOS. TODOS OS SERES VIVOS PRECISAM DE ÁGUA PARA VIVER.

PROCURE EM REVISTAS IMAGENS DE PESSOAS UTILIZANDO A ÁGUA. RECORTE-AS E COLE-AS NO QUADRO A SEGUIR.

PARA QUE VOCÊ USA A ÁGUA?

✏️ CIRCULE AS CENAS QUE MOSTRAM A UTILIZAÇÃO DE ÁGUA NA HIGIENE DO CORPO.

💬 COMO A ÁGUA ESTÁ SENDO UTILIZADA NAS OUTRAS CENAS?

VOCÊ SABE QUE A ÁGUA É MUITO IMPORTANTE PARA OS SERES VIVOS. POR ISSO, PRECISAMOS PRESERVAR E EVITAR O DESPERDÍCIO PARA QUE A ÁGUA NUNCA ACABE.

PINTE OS SERES QUE PRECISAM DE ÁGUA PARA VIVER.

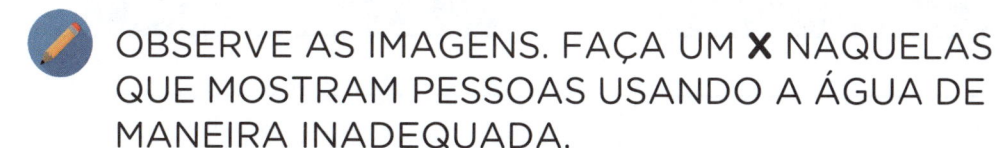

OBSERVE AS IMAGENS. FAÇA UM **X** NAQUELAS QUE MOSTRAM PESSOAS USANDO A ÁGUA DE MANEIRA INADEQUADA.

MUITAS PESSOAS JOGAM LIXO NOS RIOS E NO MAR, O QUE DEIXA A ÁGUA POLUÍDA. ALÉM DE SUJAR A ÁGUA, O LIXO PODE FAZER MAL PARA OS PEIXES E OUTROS SERES QUE VIVEM NOS RIOS E NOS MARES.

COMPARE AS FOTOS E PINTE A MOLDURA DAS IMAGENS QUE MOSTRAM AS ÁGUAS DOS RIOS POLUÍDAS.

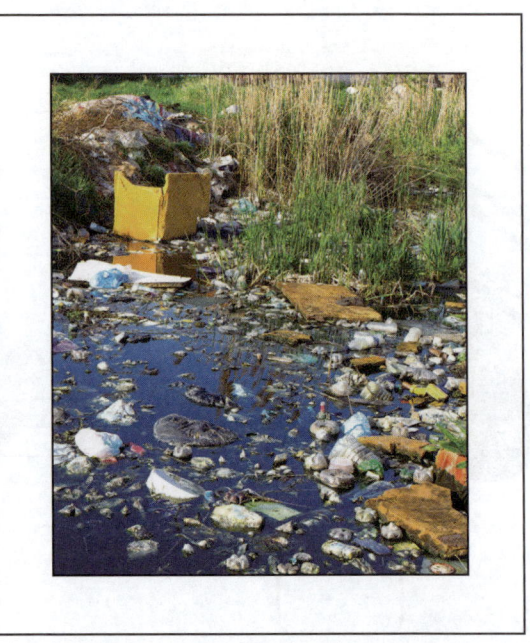

FOTOS: SHUTTERSTOCK

LIÇÃO 60

OS SERES VIVOS E OS ELEMENTOS NÃO VIVOS

NO AMBIENTE, ENCONTRAMOS VÁRIOS ELEMENTOS, COMO A LUZ, A ÁGUA, O SOLO, O AR E OS SERES VIVOS.

OS **SERES VIVOS** SÃO AQUELES QUE NASCEM, CRESCEM, PODEM SE REPRODUZIR E MORREM.

COLOQUE AS FIGURAS EM ORDEM, NUMERANDO DE ACORDO COM O CICLO DE VIDA DOS SERES VIVOS.

ANIMAL

PLANTA

CIRCULE, EM CADA GRUPO, OS SERES VIVOS.

NO AMBIENTE ENCONTRAMOS TAMBÉM OS **ELEMENTOS NÃO VIVOS**. SÃO AQUELES QUE FAZEM PARTE DA NATUREZA, MAS NÃO TÊM VIDA, COMO A ÁGUA, O SOLO, AS ROCHAS E O AR.

FALE O NOME DOS ELEMENTOS NÃO VIVOS QUE VOCÊ PODE VER NA FOTO.

OBSERVE A IMAGEM E PINTE OS ELEMENTOS DO AMBIENTE QUE **NÃO TÊM VIDA**.

LIÇÃO 61

AS PLANTAS

AS PLANTAS SÃO SERES VIVOS: ELAS NASCEM, CRESCEM, PODEM SE REPRODUZIR, ISTO É, DAR ORIGEM A NOVAS PLANTAS, E DEPOIS MORREM. MUITAS PLANTAS SÃO FORMADAS POR RAIZ, CAULE, FOLHAS, FLORES E FRUTOS.

RAIZ

FOLHA E FRUTO

FLOR E CAULE

FOTOS: SHUTTERSCTOK

PINTE AS PARTES DA PLANTA DE ACORDO COM A LEGENDA.

- ■ CAULE
- ■ FOLHAS
- ■ FLORES
- ■ FRUTOS

AS ÁRVORES SÃO MUITO IMPORTANTES PARA A NOSSA VIDA E PARA O PLANETA.

ELAS SERVEM DE ABRIGO PARA MUITOS ANIMAIS, PRODUZEM ALIMENTOS, FORNECEM SOMBRA E AJUDAM A MANTER O AR LIMPO, CONTROLANDO A POLUIÇÃO.

PESQUISE, RECORTE E COLE DIFERENTES TIPOS DE ÁRVORES.

PARA QUE UMA PLANTA SOBREVIVA, ELA PRECISA DE LUZ, CALOR, AR, ÁGUA E SAIS MINERAIS.

LIGUE A PLANTA AOS ELEMENTOS DE QUE ELA NECESSITA PARA SE DESENVOLVER.

EXISTEM PLANTAS QUE PODEM SER CULTIVADAS NAS HORTAS, NOS POMARES E NOS JARDINS.

NO POMAR, PLANTAMOS E COLHEMOS FRUTOS, COMO LARANJA E BANANA.

NA HORTA, CULTIVAMOS E COLHEMOS VÁRIAS PLANTAS, COMO ALFACE, COUVE-FLOR, TOMATE, BATATA E CENOURA.

TOMATE

COUVE

ALFACE

CENOURA

353

NO JARDIM, PLANTAMOS FLORES.

JARDIM COM PLANTAS E FLORES.

CANTEIRO COM FLORES DIVERSAS.

FOTOS: SHUTTERSTOCK

OBSERVE AS FRUTAS ABAIXO. FALE O NOME DE CADA UMA. CIRCULE AS TRÊS FRUTAS DE QUE VOCÊ MAIS GOSTA.

MANGA    MAÇÃ    BANANA    MELANCIA

UVA 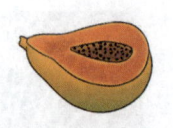   MAMÃO    LARANJA    PERA

GOIABA    MORANGO    ABACATE    CAJU

354

DESENHE FIGURAS DO QUE PODEMOS ENCONTRAR NO POMAR, NA HORTA E NO JARDIM.

POMAR

HORTA

JARDIM

VOCÊ JÁ SABE QUE ANTES DAS REFEIÇÕES É PRECISO LAVAR AS MÃOS.

AS FRUTAS, AS VERDURAS E OS LEGUMES TAMBÉM DEVEM SER LAVADOS MUITO BEM EM ÁGUA CORRENTE ANTES DE SEREM CONSUMIDOS.

É PRECISO LAVAR PARA RETIRAR RESTOS DE TERRA, PEQUENOS INSETOS E OUTRAS COISAS QUE NÃO ENXERGAMOS, COMO AS BACTÉRIAS.

ASSINALE A SEQUÊNCIA DE CENAS QUE MOSTRA UMA ATITUDE CORRETA.

LIÇÃO 62

OS ANIMAIS

OS ANIMAIS, INCLUINDO O SER HUMANO, SÃO SERES VIVOS. ELES TÊM UM CICLO DE VIDA: NASCEM, CRESCEM, PODEM SE REPRODUZIR E MORREM.
OS ANIMAIS PRECISAM DOS ELEMENTOS DA NATUREZA PARA VIVER.

OBSERVE OS ANIMAIS ABAIXO.

TAMANDUÁ

ARARINHA-AZUL

ONÇA

CALANGO

HIPOPÓTAMO

MICO-LEÃO-DOURADO

JACARÉ

LOBO-GUARÁ

TUIUIÚ

FOTOS: SHUTTERSTOCK

VOCÊ SABE DIZER ONDE CADA UM DELES VIVE?

HÁ ANIMAIS QUE SE DESENVOLVEM DENTRO DO CORPO DA MÃE. OUTROS ANIMAIS SE DESENVOLVEM DENTRO DE OVOS, FORA DO CORPO DA MÃE.

CIRCULE OS ANIMAIS QUE SE DESENVOLVEM DENTRO DA MÃE. DEPOIS, MARQUE COM UM **X** OS ANIMAIS QUE SE DESENVOLVEM DENTRO DE OVOS.

FOTOS: SHUTTERSTOCK

MICO-LEÃO-DOURADO

LOBO-GUARÁ

TARTARUGA

CAPIVARA

JACARÉ-DE-PAPO-
-AMARELO

VACA

JIBOIA

MACACO-PREGO

TIÊ-SANGUE

VOCÊ SABIA QUE O ANIMAL QUE SE DESENVOLVE DENTRO DO CORPO DA MÃE E MAMA QUANDO NASCE É CHAMADO **MAMÍFERO**?

E QUE O ANIMAL QUE NASCE DO OVO É **OVÍPARO**?

CADA ESPÉCIE DE ANIMAL TEM CARACTERÍSTICAS PRÓPRIAS. ELES DIFEREM NA FORMA DE SE LOCOMOVER, NO REVESTIMENTO DO CORPO, NA FORMA DE SE ALIMENTAR E NO LUGAR ONDE PODEM VIVER.

RELACIONE CADA ANIMAL AO LUGAR EM QUE ELE PODE VIVER. USE CORES VARIADAS.

FOTOS: SHUTTERSTOCK

359

OS ANIMAIS SE LOCOMOVEM DE VÁRIAS MANEIRAS. ALGUNS ANDAM, ENQUANTO OUTROS NADAM, VOAM, RASTEJAM OU PULAM.

COLE, NOS QUADROS ADEQUADOS, FIGURAS DE ANIMAIS QUE ANDAM, NADAM OU RASTEJAM. USE OS ADESIVOS DA PÁGINA 415.

ANDAM

NADAM

RASTEJAM

O CORPO DOS ANIMAIS TEM DIFERENTES TIPOS DE REVESTIMENTO, CUJA FUNÇÃO É PROTEGÊ-LOS E AJUDÁ-LOS NA LOCOMOÇÃO.

COLE FIGURAS DE ANIMAIS QUE TENHAM O CORPO REVESTIDO DE PENAS, PELOS OU ESCAMAS. USE OS ADESIVOS DA PÁGINA 415.

PENAS

PELOS

ESCAMAS

EXISTEM ANIMAIS QUE VIVEM NAS MATAS E FLORESTAS. ELES SÃO CHAMADOS DE **ANIMAIS SILVESTRES**.

PINTE OS QUADROS DOS ANIMAIS SILVESTRES DE AZUL.

FOTOS: SHUTTERSTOCK

HÁ OUTROS ANIMAIS QUE PODEM VIVER PERTO DOS SERES HUMANOS. SÃO OS **ANIMAIS DOMESTICADOS**.

CIRCULE OS ANIMAIS DOMESTICADOS.

GALINHA ONÇA JACARÉ

GIRAFA VACA OVELHA

VOCÊ CUIDA DE ALGUM ANIMAL? SE SIM, QUAL É O NOME DELE?

EM UMA FOLHA DE PAPEL, DESENHE OU COLE UMA FOTO DO ANIMAL DE ESTIMAÇÃO QUE TEM OU GOSTARIA DE TER.

LIÇÃO 63

OS MEIOS DE TRANSPORTE

OS MEIOS DE TRANSPORTE LEVAM PESSOAS, ANIMAIS E MERCADORIAS DE UM LUGAR PARA OUTRO.

✏️ RISQUE OS MEIOS DE TRANSPORTE QUE VOCÊ JÁ UTILIZOU.

GIOVANNI LOVE/SHUTTERSTOCK
MUELLEK JOSEF/SHUTTERSTOCK
CAVAN-IMAGES/SHUTTERSTOCK
PABLO FERNANDES/SHUTTERSTOCK
TUPUNGATO/SHUTTERSTOCK
REBECCA SCHOLZ/PIXABAY
TARCISIO SCHNAIDER/SHUTTERSTOCK
DIEGO GRANDI/SHUTTERSTOCK
PEXELS/PIXABAY

💬 SUA FAMÍLIA TEM ALGUM MEIO DE TRANSPORTE? QUAL? QUE MEIOS DE TRANSPORTE VOCÊ UTILIZA PARA IR À ESCOLA?

OS **MEIOS DE TRANSPORTE TERRESTRES** SÃO AQUELES QUE UTILIZAM ESTRADAS, RUAS E AVENIDAS, COMO OS CARROS E OS ÔNIBUS, E TAMBÉM OS QUE UTILIZAM TRILHOS, COMO OS TRENS E OS METRÔS.

PINTE OS MEIOS DE TRANSPORTE TERRESTRES.

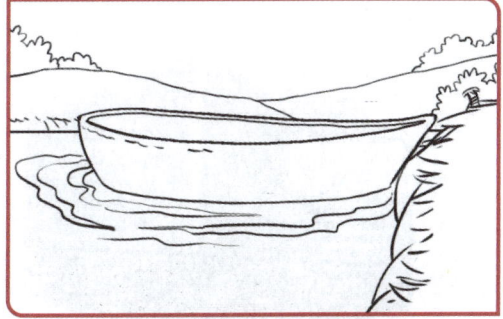

NO **TRANSPORTE AÉREO**, O DESLOCAMENTO É FEITO NO AR, COMO OS AVIÕES, OS HELICÓPTEROS OU OS BALÕES.

CIRCULE OS MEIOS DE TRANSPORTE AÉREOS.

NO **TRANSPORTE AQUAVIÁRIO**, O DESLOCAMENTO É FEITO NA ÁGUA, EM LAGOS, RIOS, MARES E OCEANOS.

MARQUE UM **X** NOS MEIOS DE TRANSPORTE AQUAVIÁRIOS.

LIÇÃO 64

O TRÂNSITO

PARA ORIENTAR AS PESSOAS E OS VEÍCULOS QUE CIRCULAM NAS ESTRADAS E NAS RUAS DA CIDADE, EXISTEM OS **SINAIS DE TRÂNSITO**.
PARA EVITAR ACIDENTES E GARANTIR A SEGURANÇA DE TODOS, EXISTEM **REGRAS DE TRÂNSITO** QUE DEVEMOS SEMPRE OBEDECER.

PINTE OS SEMÁFOROS:

COM A COR QUE INDICA **PARE**!

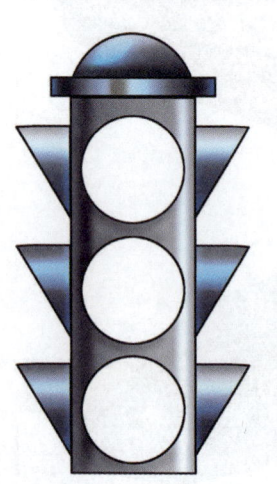

COM A COR QUE INDICA **ATENÇÃO**!

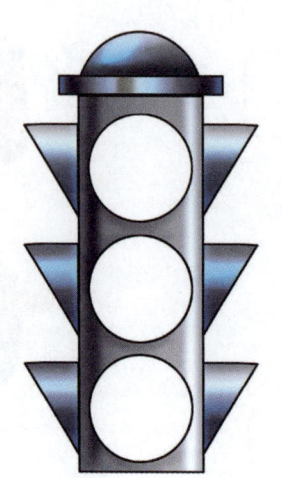

COM A COR QUE INDICA **SIGA**!

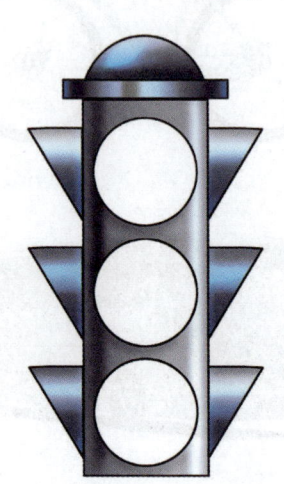

PINTE OS SEMÁFOROS PARA PEDESTRES:

COM A COR QUE INDICA **AGUARDAR**!

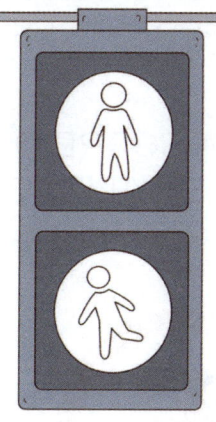

COM A COR QUE INDICA **ATRAVESSAR**!

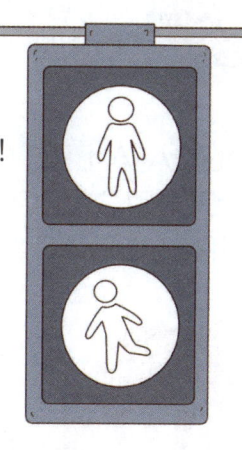

PRESTE ATENÇÃO AOS SINAIS DE TRÂNSITO. SIGA TAMBÉM ALGUMAS REGRAS DE SEGURANÇA.

ATRAVESSE A RUA DE MÃOS DADAS COM O ADULTO E USE SEMPRE A FAIXA DE PEDESTRES, QUE SÃO LISTRAS BRANCAS PINTADAS NO CHÃO DAS RUAS.

SEMPRE ANDE NO BANCO DE TRÁS DO CARRO E USE CINTO DE SEGURANÇA E AS CADEIRINHAS APROPRIADAS.

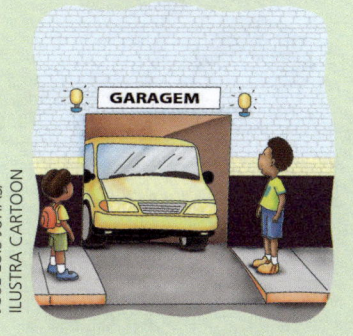

CUIDADO COM LOCAIS DE ENTRADA E SAÍDA DE VEÍCULOS.

JOSÉ LUIS JUHAS/ ILUSTRA CARTOON

AS PLACAS DE SINALIZAÇÃO SERVEM PARA ORIENTAR MOTORISTAS E PEDESTRES.

OUÇA A LEITURA DA PROFESSORA SOBRE O SIGNIFICADO DE CADA PLACA DE SINALIZAÇÃO. CIRCULE AS QUE VOCÊ CONHECE.

| PARADA OBRIGATÓRIA | ÁREA ESCOLAR | PROIBIDO ESTACIONAR | PROIBIDO BUZINAR |

PINTE AS CENAS EM QUE AS PESSOAS ESTÃO RESPEITANDO AS LEIS DE TRÂNSITO.

✏️ PINTE OS PROFISSIONAIS QUE TRABALHAM NAS RUAS.

| CARTEIRA | GUARDA DE TRÂNSITO | GARI |

| PORTEIRA | POLICIAL | BOMBEIRO |

💬 QUAIS DESSES PROFISSIONAIS TRABALHAM NA ORGANIZAÇÃO DO TRÂNSITO?

LIÇÃO 65

OS MEIOS DE COMUNICAÇÃO

OS MEIOS DE COMUNICAÇÃO SÃO UTILIZADOS PARA QUE AS PESSOAS POSSAM SE COMUNICAR, ESTANDO PERTO OU LONGE. ELES TAMBÉM SERVEM PARA MANTER AS PESSOAS INFORMADAS DOS FATOS QUE ACONTECEM NAS DIVERSAS PARTES DO MUNDO.

- COMO VOCÊ SE COMUNICA COM SEUS AMIGOS E FAMILIARES? E COMO FICA SABENDO DAS NOTÍCIAS?

- VEJA ALGUNS MEIOS DE COMUNICAÇÃO E FALE O NOME DELES.

COMPUTADOR

RÁDIO

JORNAL

REVISTAS

TELEFONE

TELEVISÃO

TELEGRAMAS E CARTAS

LIVROS

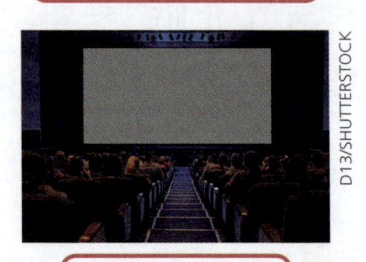

CINEMA

A COMUNICAÇÃO TAMBÉM PODE SER FEITA POR MEIO DE GESTOS.

OBSERVE AS CENAS.

1

2

3

4

O QUE AS PESSOAS DAS CENAS ESTÃO COMUNICANDO POR MEIO DE GESTOS? ESCREVA O NÚMERO DA CENA NO QUADRINHO CORRESPONDENTE.

☐ PEDINDO SILÊNCIO.

☐ DANDO ORDEM PARA QUE OS CARROS SIGAM.

☐ CONVERSANDO POR MEIO DA LÍNGUA DE SINAIS.

☐ DIZENDO NÃO.

VOCÊ SABIA QUE OS DEFICIENTES AUDITIVOS USAM SINAIS E GESTOS FEITOS COM AS MÃOS PARA SE COMUNICAR?
A LÍNGUA DOS SINAIS UTILIZA O ALFABETO EM **LIBRAS**.

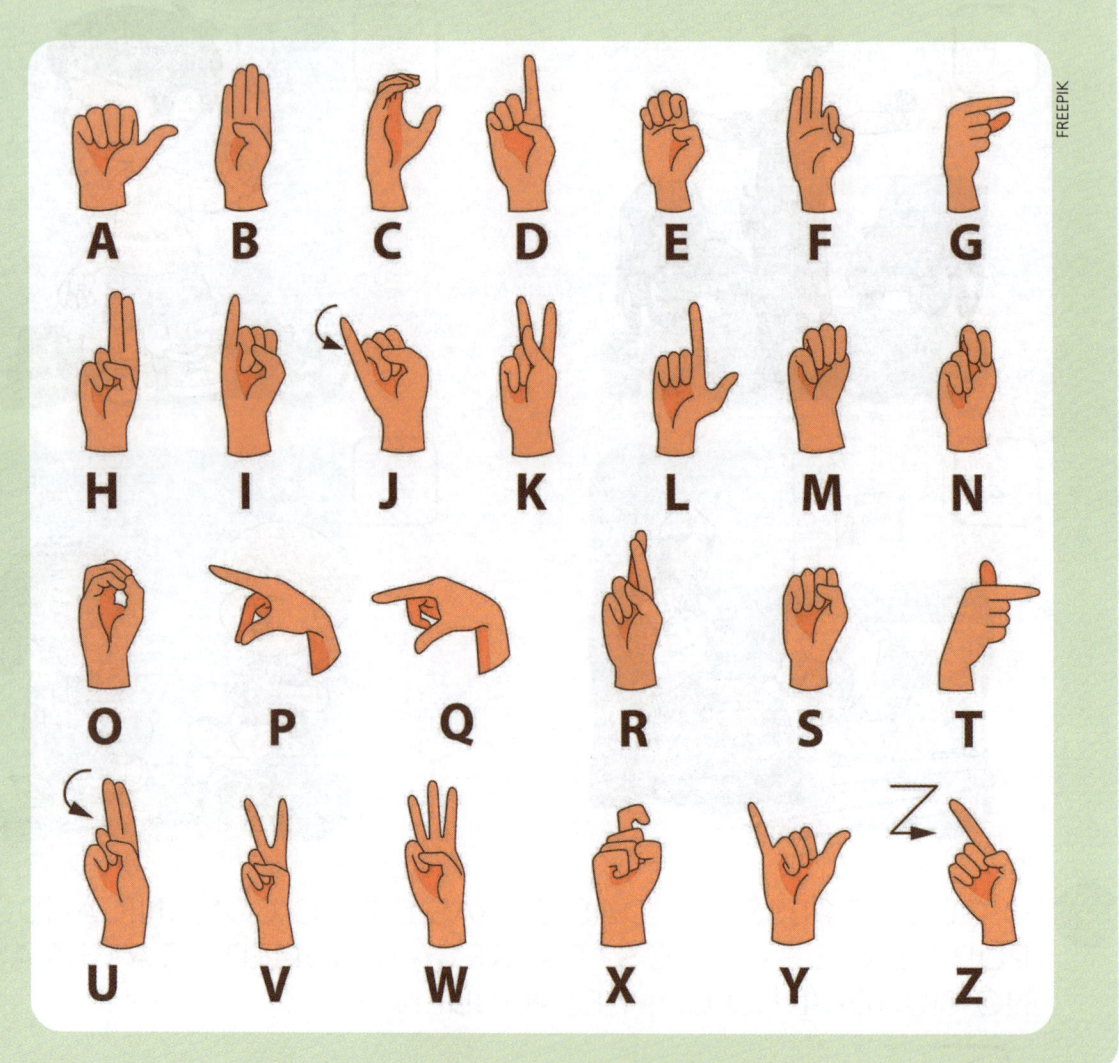

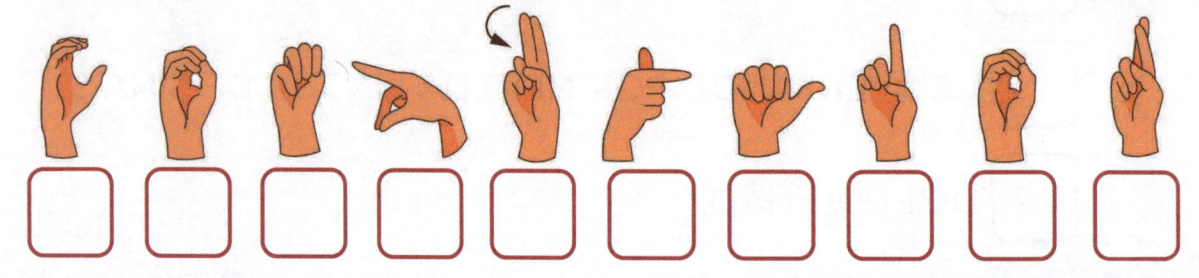

ESCREVA A LETRA QUE CORRESPONDE A CADA SINAL PARA FORMAR O NOME DE UM MEIO DE COMUNICAÇÃO.

CIRCULE OS MEIOS DE COMUNICAÇÃO QUE VOCÊ COSTUMA UTILIZAR.

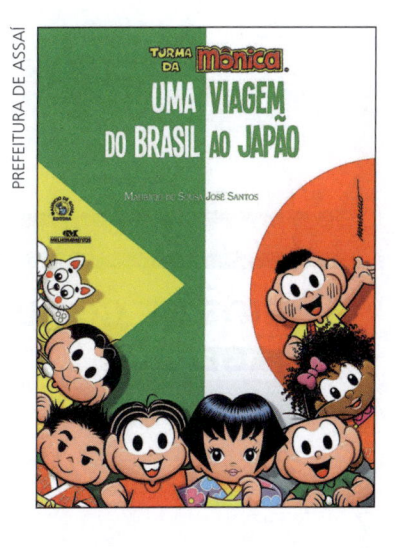

VOCÊ TEM LIVROS DE HISTÓRIAS INFANTIS? QUAIS SÃO SUAS HISTÓRIAS PREFERIDAS? CONTE PARA A PROFESSORA E OS COLEGAS QUAIS HISTÓRIAS INFANTIS VOCÊ CONHECE.

PESQUISE, EM JORNAIS E REVISTAS, FIGURAS DE MEIOS DE COMUNICAÇÃO. RECORTE-AS E COLE-AS NOS QUADROS CORRESPONDENTES.

MEIOS DE COMUNICAÇÃO QUE USAM O SOM

MEIOS DE COMUNICAÇÃO QUE USAM O SOM, A ESCRITA E A IMAGEM

MEIOS DE COMUNICAÇÃO QUE USAM A ESCRITA E A IMAGEM

ALMANAQUE

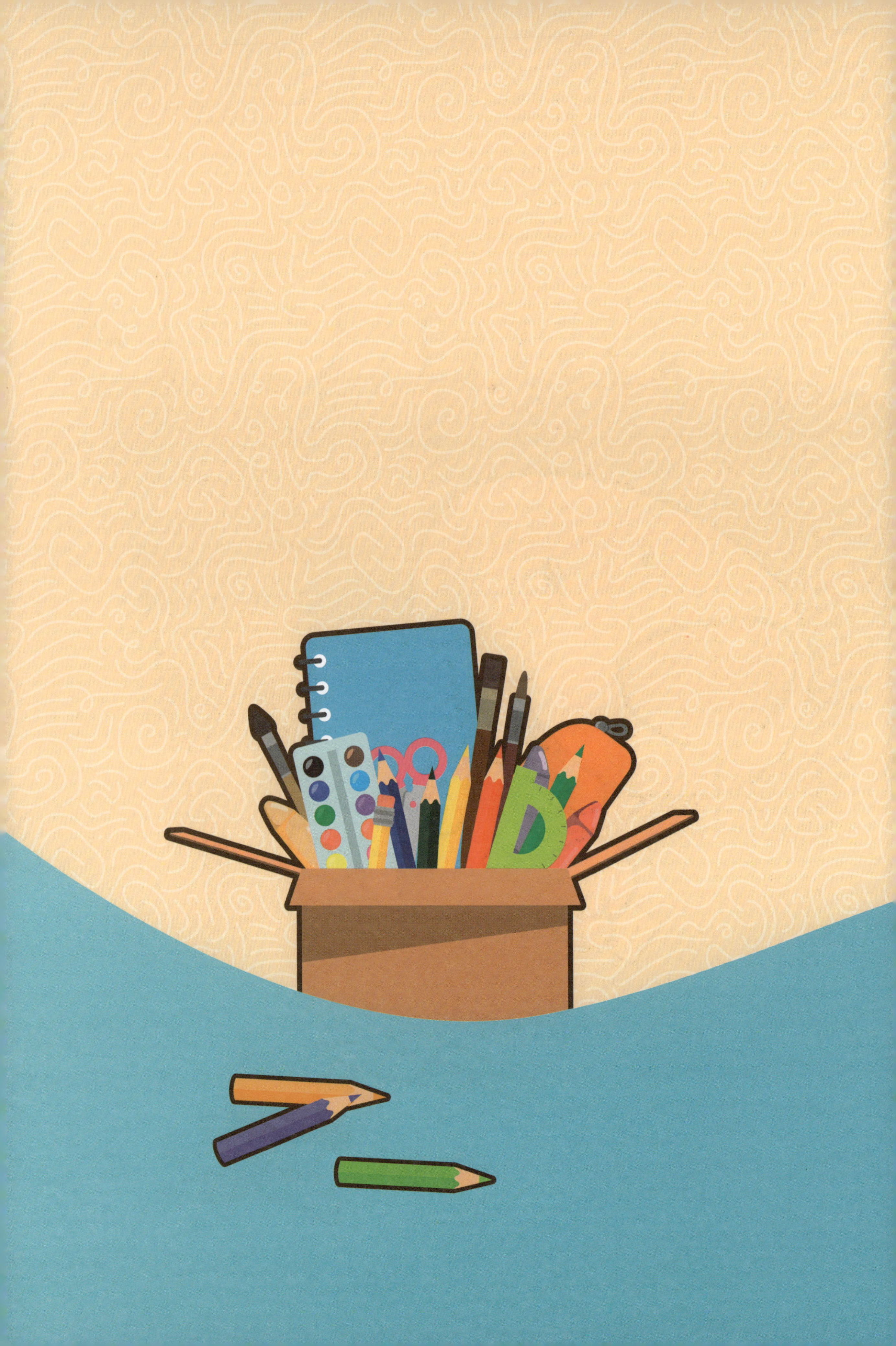

CRACHÁ

ALMANAQUE

Parte integrante da coleção **Eu gosto m@is** – Educação Infantil – volume 3 – IBEP.

ALFABETO MÓVEL

A	E	I	O	U
A	E	I	O	U
BA	BE	BI	BO	BU
CA	CE	CI	CO	CU
DA	DE	DI	DO	DU
FA	FE	FI	FO	FU
GA	GE	GI	GO	GU
HA	HE	HI	HO	HU
JA	JE	JI	JO	JU
KA	KE	KI	KO	KU
LA	LE	LI	LO	LU
MA	ME	MI	MO	MU

Parte integrante da coleção **Eu gosto m@is** – Educação Infantil – volume 3 – IBEP.

A	E	I	O	U
a	e	i	o	u
ba	be	bi	bo	bu
ca	ce	ci	co	cu
da	de	di	do	du
fa	fe	fi	fo	fu
ga	ge	gi	go	gu
ha	he	hi	ho	hu
ja	je	ji	jo	ju
ka	ke	ki	ko	ku
la	le	li	lo	lu
ma	me	mi	mo	mu

Parte integrante da coleção **Eu gosto m@is** - Educação Infantil - volume 3 - IBEP.

ALMANAQUE

NA	NE	NI	NO	NU
PA	PE	PI	PO	PU
QUA	QUE	QUI	QUO	
RA	RE	RI	RO	RU
SA	SE	SI	SO	SU
TA	TE	TI	TO	TU
VA	VE	VI	VO	VU
WA	WE	WI	WO	WU
XA	XE	XI	XO	XU
ZA	ZE	ZI	ZO	ZU
GUA	GUE	GUI		Y
A	E	I	O	U

Parte integrante da coleção **Eu gosto m@is** – Educação Infantil – volume 3 – IBEP.

na	ne	ni	no	nu
pa	pe	pi	po	pu
qua	que	qui	quo	
ra	re	ri	ro	ru
sa	se	si	so	su
ta	te	ti	to	tu
va	ve	vi	vo	vu
wa	we	wi	wo	wu
xa	xe	xi	xo	xu
za	ze	zi	zo	zu
gua	gue	gui		y
A	E	I	O	U

ENCAIXE DE PALAVRAS

INSTRUÇÕES

RECORTE AS CARTAS. DEPOIS, CORTE NA LINHA TRACEJADA. EMBARALHE AS PARTES DAS CARTAS. FORME AS PALAVRAS E LEIA.

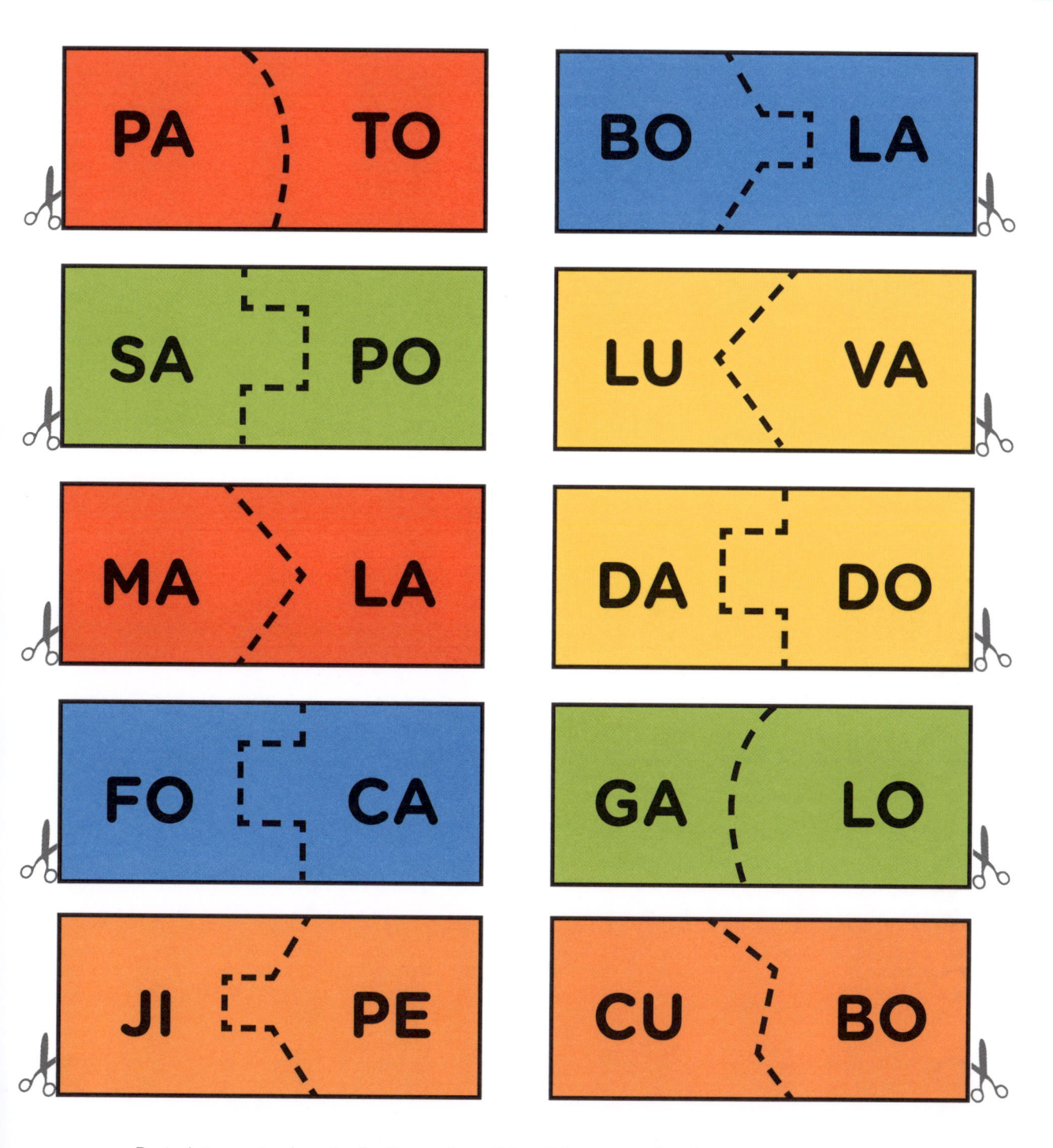

ALMANAQUE

PA	TO	BO	LA
SA	PO	LU	VA
MA	LA	DA	DO
FO	CA	GA	LO
JI	PE	CU	BO

Parte integrante da coleção **Eu gosto m@is** – Educação Infantil – volume 3 – IBEP.

DOMINÓ

ALMANAQUE

DOMINÓ

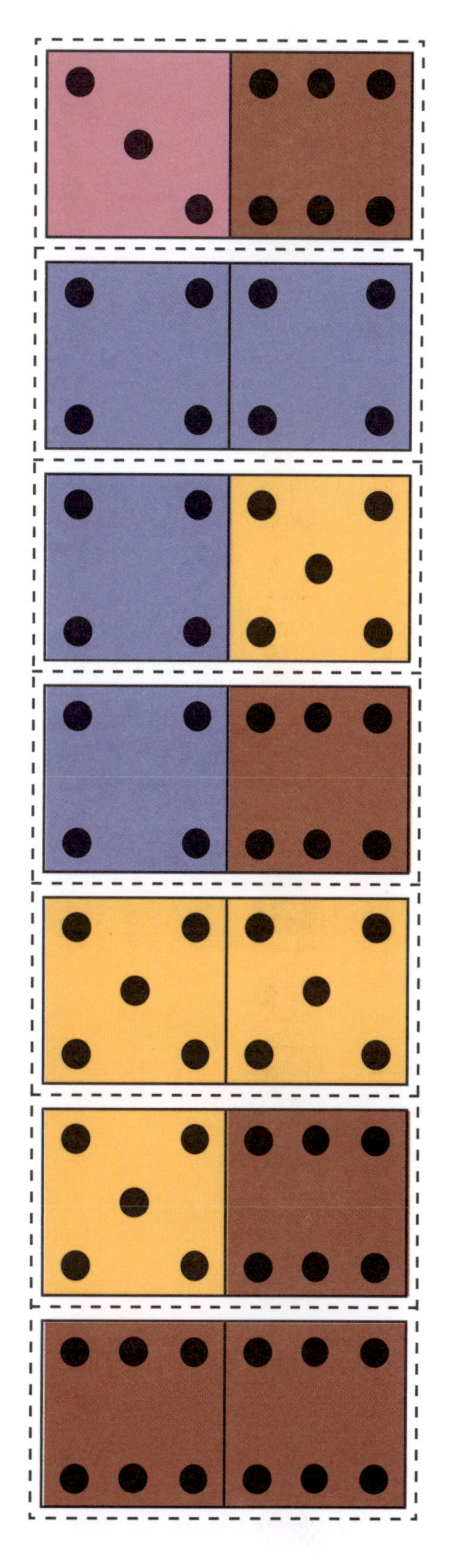

ALMANAQUE

JOGO DA MEMÓRIA – NÚMEROS

ALMANAQUE

ILUSTRAÇÕES JOÃO ANSELMO E IZOMAR

(9 bolinhas)	(pipa)	1	6
(8 flores)	(4 joaninhas)	2	7
(7 morangos)	(3 maçãs)	3	8
(6 sorvetes)	(2 piões)	4	9
	(5 peixes)	5	0

Parte integrante da coleção **Eu gosto m@is** – Educação Infantil – volume 3 – IBEP.

391

MOEDAS

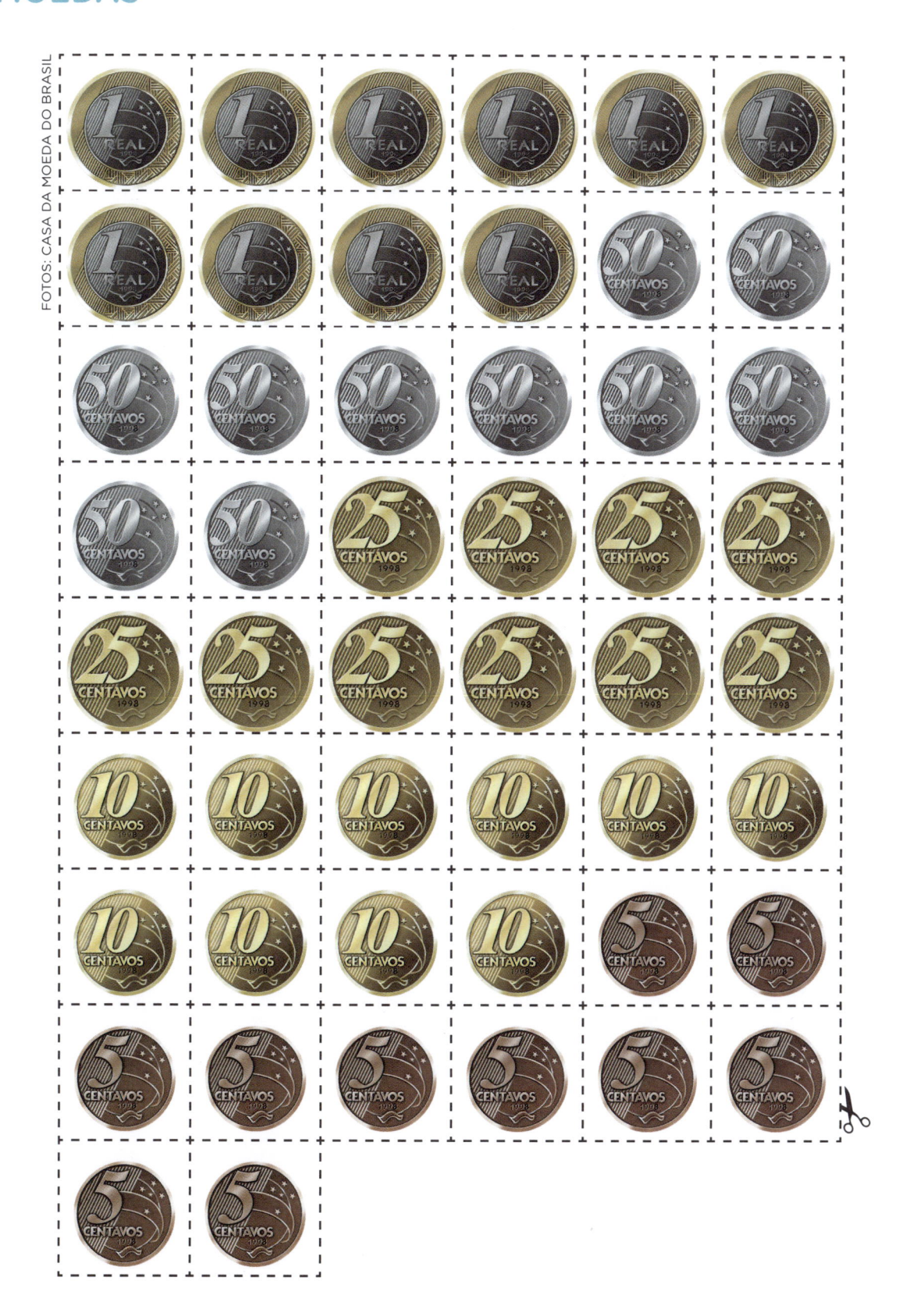

FOTOS: CASA DA MOEDA DO BRASIL

ALMANAQUE

Parte integrante da coleção **Eu gosto m@is** – Educação Infantil – volume 3 – IBEP.

CÉDULAS

FOTOS: CASA DA MOEDA DO BRASIL

ALMANAQUE

Parte integrante da coleção **Eu gosto m@is** – Educação Infantil – volume 3 – IBEP.

DADOS

INSTRUÇÕES PARA MONTAR:

- RECORTE _____
- DOBRE _ _ _ _ _
- PASSE COLA NOS LUGARES INDICADOS PELA PALAVRA **COLE**.
- FECHE O DADO.

ALMANAQUE

ALMANAQUE

COLE COLE COLE
COLE COLE
COLE COLE

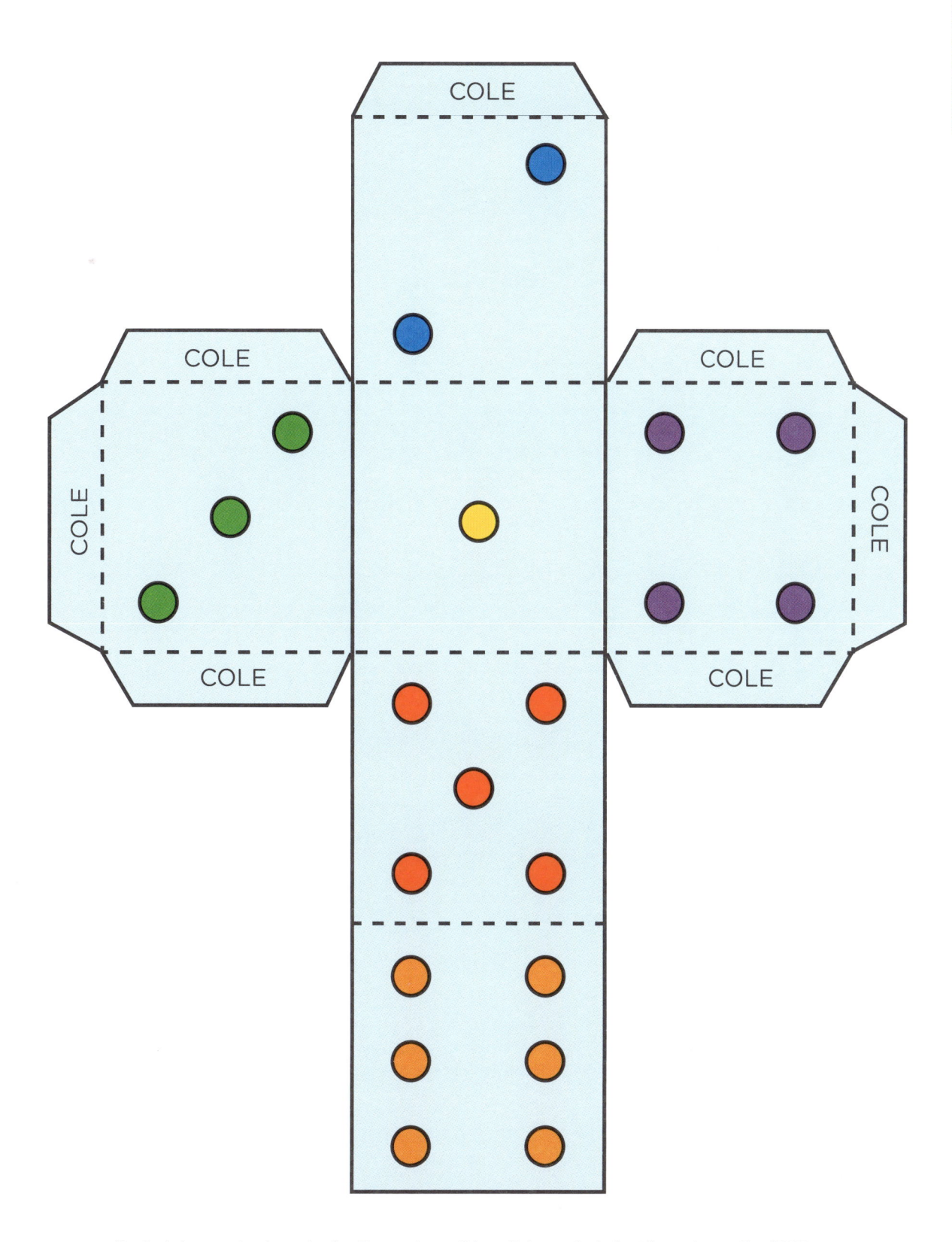

Parte integrante da coleção **Eu gosto m@is** – Educação Infantil – volume 3 – IBEP.

399

PÁSCOA

- LIGUE OS PONTOS DA FIGURA E DESCUBRA O ANIMAL QUE REPRESENTA UM DOS SÍMBOLOS DA PÁSCOA. DEPOIS, PINTE-O COM TINTA E COLE ALGODÃO.

ALMANAQUE

Parte integrante da coleção **Eu gosto m@is** – Educação Infantil – volume 3 – IBEP.

DIA NACIONAL DO LIVRO INFANTIL – 18 DE ABRIL

NO DIA 18 DE ABRIL, COMEMORA-SE O DIA NACIONAL DO LIVRO INFANTIL, EM HOMENAGEM A JOSÉ BENTO MONTEIRO LOBATO, CONSIDERADO O MAIOR ESCRITOR BRASILEIRO DE HISTÓRIAS INFANTIS.

O SÍTIO DO PICAPAU AMARELO FAZ PARTE DE UMA DAS OBRAS MAIS FAMOSAS DE MONTEIRO LOBATO: *REINAÇÕES DE NARIZINHO*.

VEJA ALGUNS PERSONAGENS CRIADOS POR MONTEIRO LOBATO: SACI, MARQUÊS DE RABICÓ, VISCONDE DE SABUGOSA, CUCA, DONA BENTA, NARIZINHO, PEDRINHO E EMÍLIA.
CIRCULE A NARIZINHO NA CENA.

Parte integrante da coleção **Eu gosto m@is** – Educação Infantil – volume 3 – IBEP.

HOMENAGEM AO INDÍGENA – 19 DE ABRIL

OS INDÍGENAS FORAM OS PRIMEIROS HABITANTES DO BRASIL.

🖍 PINTE A CENA.

ALMANAQUE

DIA DO FOLCLORE - 22 DE AGOSTO

- PESQUISE SOBRE O FOLCLORE BRASILEIRO E ESCOLHA UM PERSONAGEM OU UMA FESTA PARA REPRESENTAR COM UM DESENHO.

DIA DA CRIANÇA – 12 DE OUTUBRO

CONSTRUA UM CATA-VENTO E DIVIRTA-SE NO SEU DIA!

MATERIAL
- 1 PALITO DE CHURRASCO OU VARETA DE PIPA;
- 1 CLIPE.

COMO SE FAZ
- RECORTAR AS LINHAS TRACEJADAS.
- PERFURAR OS PONTOS.
- LEVAR AS PONTAS PERFURADAS ATÉ O CENTRO.
- PRENDER, COM UM CLIPE, NO PALITO DE CHURRASCO OU NA VARETA DE PIPA.

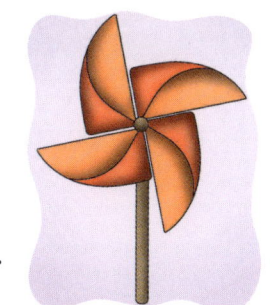

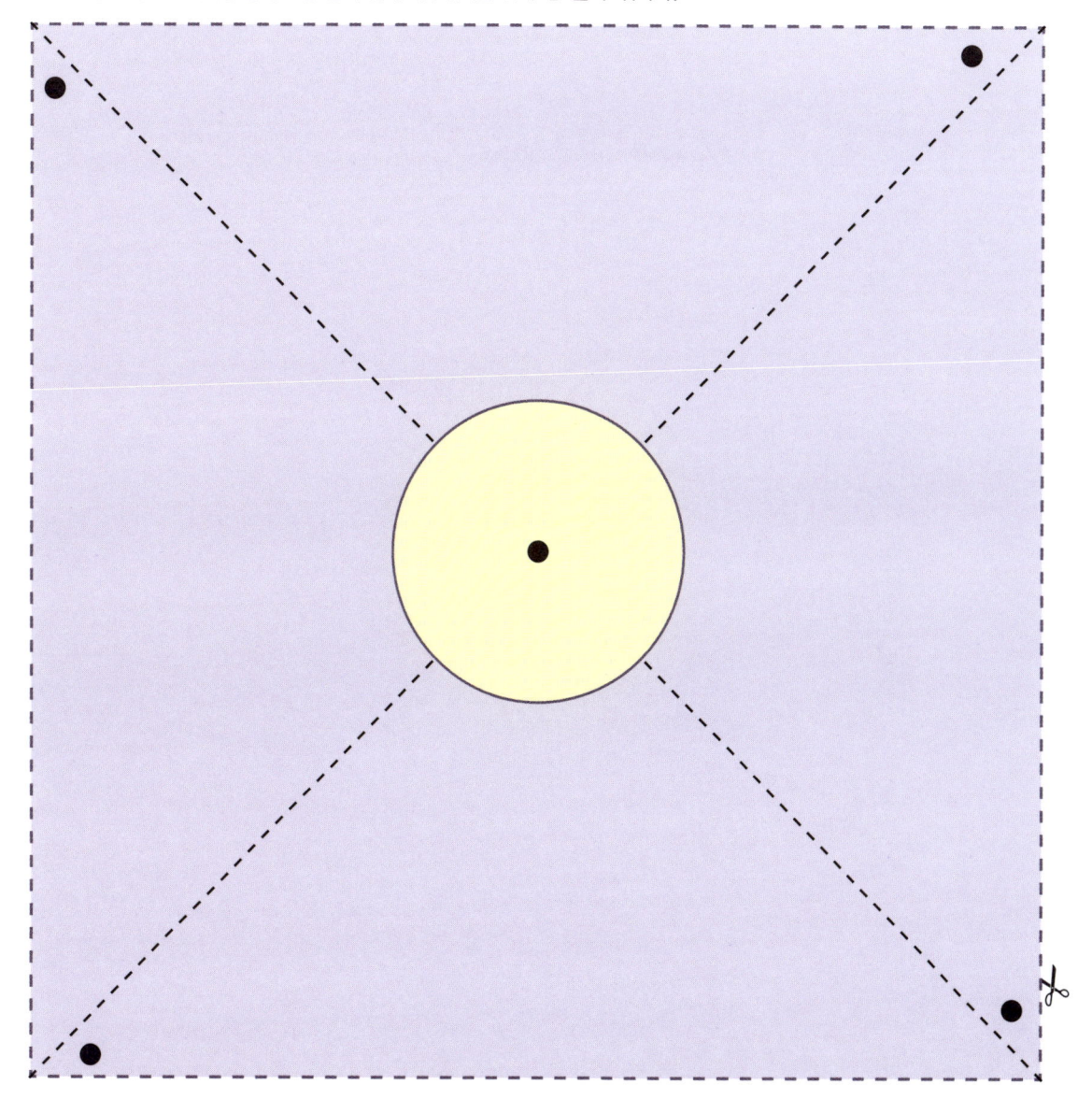

Parte integrante da coleção **Eu gosto m@is** – Educação Infantil – volume 3 – IBEP.

DIA DO PROFESSOR – 15 DE OUTUBRO

PRESENTEIE A PROFESSORA COM UM LINDO DESENHO.

ALMANAQUE

DE: _____

PARA: _____

UM BEIJÃO.

PÁGINA 170

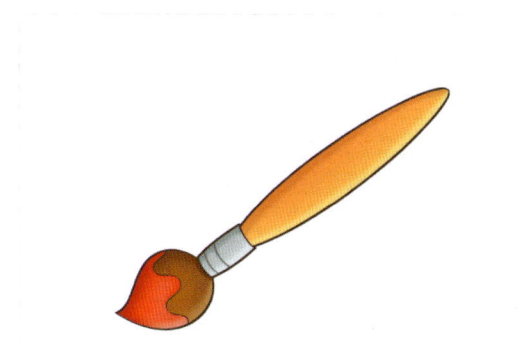

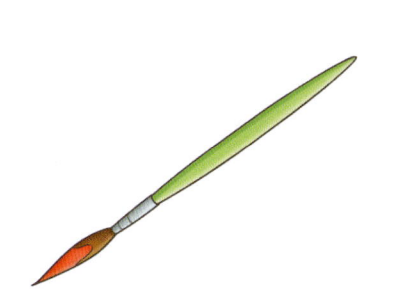

PÁGINA 182

Parte integrante da coleção **Eu gosto m@is** – Educação Infantil – volume 3 – IBEP.

ADESIVOS

PÁGINA 225

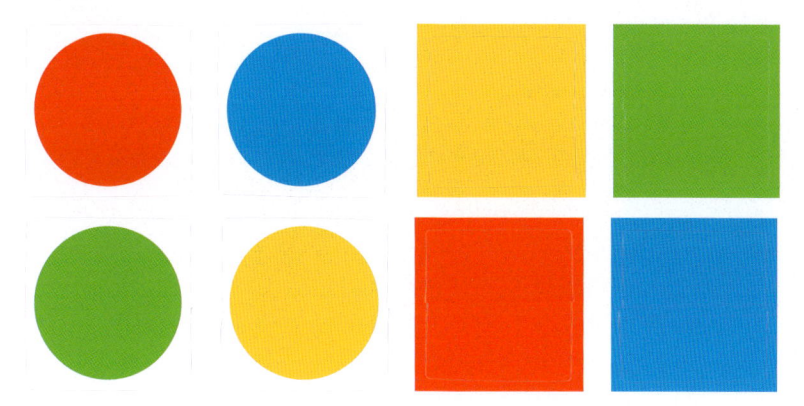

PÁGINA 307

PEITO	BARRIGA	PERNA	PÉ
JOELHO	DEDO	MÃO	BRAÇO
	PESCOÇO	OMBRO	CABEÇA

PÁGINA 339

Parte integrante da coleção **Eu gosto m@is** – Educação Infantil – volume 3 – IBEP.

PÁGINA 311

PÁGINA 323

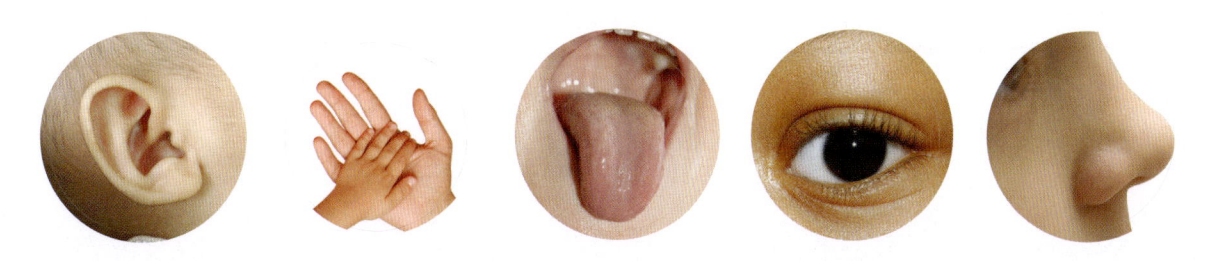

Parte integrante da coleção **Eu gosto m@is** – Educação Infantil – volume 3 – IBEP.

PÁGINA 360

PÁGINA 361

Parte integrante da coleção **Eu gosto m@is** – Educação Infantil – volume 3 – IBEP.

ADESIVOS